创新型人才跨境电子商务专业

跨境电子商务通关实务

肖新梅　高　洁◎主编

蔡小敏　龚　鸿◎副主编

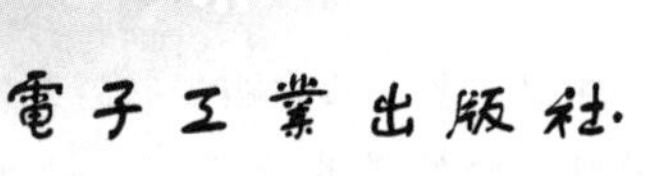

Publishing House of Electronics Industry

北京 • BEIJING

内 容 简 介

本书包含跨境电商通关基础知识和跨境电商通关技能两部分，其中，跨境电商通关基础知识包括跨境电商通关概述、跨境电商参与主体注册登记；跨境电商通关技能包括跨境电商商品税费、跨境电商主要商品归类、报关单证填制、跨境电商 B2C 监管方式、跨境电商 B2B 监管方式、跨境电商通关法规与政策。重点介绍了跨境电商通关技能，该部分内容与国家对跨境电商的管理及通关便利化紧密结合，同时对编者到企业进行实地调研后收集的跨境电商通关的实际案例进行分析解读，深入浅出，能满足高等院校应用型国贸专业、跨境电商专业的学生和外贸工作者的需求。本书配备了习题参考答案及电子课件，若有需要，可登录华信教育资源网免费下载。

图书在版编目（CIP）数据

跨境电子商务通关实务 / 肖新梅，高洁主编. —北京：电子工业出版社，2022.1
ISBN 978-7-121-42317-8

Ⅰ. ①跨… Ⅱ. ①肖… ②高… Ⅲ. ①电子商务－商业服务－高等学校－教材 Ⅳ. ①F713.36

中国版本图书馆 CIP 数据核字（2021）第 226281 号

责任编辑：袁桂春
特约编辑：王　璐
印　　刷：三河市双峰印刷装订有限公司
装　　订：三河市双峰印刷装订有限公司
出版发行：电子工业出版社
北京市海淀区万寿路 173 信箱　邮编：100036
开　　本：787×1 092　1/16　印张：15　字数：365 千字
版　　次：2022 年 1 月第 1 版
印　　次：2022 年 8 月第 2 次印刷
定　　价：54.00 元

凡所购买电子工业出版社图书有缺损问题，请向购买书店调换。若书店售缺，请与本社发行部联系，联系及邮购电话：（010）88254888，88258888。

质量投诉请发邮件至 zlts@phei.com.cn，盗版侵权举报请发邮件至 dbqq@phei.com.cn。

本书咨询联系方式：（010）88254199，sjb@phei.com.cn。

前　言

作为新业态之一，跨境电子商务（以下简称跨境电商）近年来快速发展，成为推动外贸发展的重要力量。跨境电商正在引起世界经济贸易的巨大变革，截至目前，我国跨境电商 B2B 出口监管试点已扩容至 22 家，电商经济的“买全球、卖全球”成为引领我国外贸经济新的增长极。

近年来，我国海关不断提升跨境贸易的便利化，“关”“税”“汇”“检”一体化、线上“单一窗口”平台和线下“综合园区”平台相结合等多措并举，推动关务行业的转型升级，对国际化关务人才提出更加迫切的需求。面对海关的新举措，报关从业人员只有不断更新和学习新政策、新业务、新技能，才能应对报关服务不断发展的挑战。如何适应跨境电商的发展，梳理跨境电商的通关模式及政策，培养“新关务”人才，这些都是跨境电商类教材的重点内容。

本书的编写充分结合了我国海关最新的政策和举措，以更好地满足高等院校应用型国贸专业、跨境电商专业的学生和外贸工作者的需求。本书的编排和组织以企业对报关人才的实际工作需求和学生的认知规律为依据，关注职业能力的培养，具备以下几个特点。

1．“双元”开发，专业性强

本书编写小组成员既有拥有多年报关实务、跨境电商通关实务从教经验的高校教师，也有从事跨境电商通关的企业关务经理。小组成员对本书的知识体系进行建构，采用大量实际工作案例，体现教材的实践性和职业性。本书教学资料丰富且符合工作要求，融合海关对跨境电商通关管理的新政，坚持理论与实践相结合，以实用、够用为原则，为跨境电商参与者提供指导和帮助。

2．内容创新，业务全面

本书为培养既懂跨境电商又懂关务的应用型人才服务，涵盖关务与跨境电商的知识，既有关务的理论基础知识，又有企业跨境电商通关流程的实操；既有跨境电商 B2C 通关模式，又有 2020 年 8 月出台的跨境电商 B2B 通关流程，知识体系完整，有利于读者全面理解与掌握。

3．与时俱进，适应海关变革

在编写体例上，本书融合了海关的最新政策。第 1 章“跨境电商通关概述”，介绍了报关与海关的相关知识，以及跨境通关服务平台；第 2 章“跨境电商参与主体注册登记”，结合海关对报关单位的管理，引入了跨境电商参与主体的注册登记和管理办法；第 3 章“跨境电商商品税费”，介绍了跨境电商商品的关税、消费税、增值税、综合税和行邮税；第 4 章“跨境电商主要商品归类”，与跨境电商平台展示商品类目关联，讲解了商品编码规则；第 5 章“报关单证填制”，结合最新报关单填制规范及申报清单填制内容展开论述；第 6 章“跨境电商 B2C 监管方式”、第 7 章“跨境电商 B2B 监管方式”，针对跨境电商 9610、1210、9710、9810 通关模式进行了专门讲解；第 8 章“跨境电商通关法规与政策”，剖析了跨境电商通关方面的法规与政策。

4．提炼课程思政教育元素，将职业精神教育与专业教育相结合

“诚信守法”“爱岗敬业”是跨境电商通关实务课程的核心思政教育元素。本书联系每章的专业知识和技能，通过拓展思政案例融入思政教育元素，引发读者思考，在传授知识和技能的同时达到育人的目的。

本书由武汉软件工程职业学院副教授肖新梅任第一主编，负责全书的组织及统稿。武汉软件工程职业学院副教授高洁任第二主编，湖北鑫龙吉国际物流有限公司关务经理蔡小敏、中外运跨境电子商务物流有限公司武汉分公司龚鸿任副主编。大连理工大学教授逯宇铎负责稿件的审校。具体分工如下：肖新梅编写第 3 章、第 6 章、第 7 章、第 8 章，高洁编写第 1 章、第 2 章、第 4 章、第 5 章，企业专家蔡小敏指导编写第 3 章、第 6 章和第 7 章，龚鸿指导编写第 1 章、第 4 章和第 5 章。同时湖北鑫龙吉国际物流有限公司为本书的编写小组提供了大量的实务案例素材，使本书内容更加贴近跨境电商通关操作实际，在此一并表示真诚的感谢。

为方便教学，本书配备了电子课件等教学资源。凡选用本书作为教材的教师均可登录华信教育资源网免费下载。

由于跨境电商的海关监管政策在逐步完善，加上编写时间及编者水平有限，书中的疏漏和不足之处在所难免，恳请各位读者批评指正。编者邮箱：731728647@qq.com。

肖新梅

目 录

第 1 章　跨境电商通关概述

学习目标

1. 重点掌握报关和跨境电商通关的含义、种类及内容。
2. 掌握海关的性质、任务和组织机构。
3. 了解通关服务平台。

导入案例

2020 年 3 月，新型冠状病毒肺炎（以下简称新冠肺炎）疫情在全世界蔓延，医用防护口罩成为各国疫情防控的必备品，但是对很多国家来说，口罩生产能力和急剧增长的需求量不对等，只能向中国这个全球最大的口罩生产国求助。中国口罩已经出口到世界各地。韩国直接从中国订购 1 亿只口罩。西班牙从中国采购了 30 亿只口罩。意大利等欧洲国家对防疫物资的需求也日益急迫，中国医药健康产业股份有限公司向意大利紧急出口的 100 万只欧标医用防护口罩从广东运抵北京，搭载包机运往意大利。总部位于巴黎的全球最大奢侈品集团——路威酩轩集团从中国一家口罩供应商订购了 4 000 万只口罩，以帮助法国应对疫情，这批口罩的价值约 2 000 万欧元。

请思考：中国外贸企业出口口罩都需要办理什么手续？中国的救援物资口罩是如何办理出口申报流程到达国外用户的呢？

分析提示：

中国外贸企业出口口罩需要办理以下手续：

生产企业出口医疗器械的，应先办理产品出口备案、出口销售证明。医疗口罩属于二类医疗器械，需要办理二类医疗器械备案才能够出口。出口到国外，一些国家可能需要口罩生产商提供 CE 认证或 FDA 认证等资质，才可以进行货物进出口。

生产企业出口医疗器械的，应当保证其生产的医疗器械符合进口国（地区）的要求，并将产品信息向生产企业所在地区的市级食品药品监督管理部门备案。

申报时注明是防疫物资，出口时按查验指令通关，根据海关现场实施查验的要求提供质量检测报告（或现场抽样送检），且提供三证（医疗器械注册证、医疗器械生产许可证、医疗器械经营许可证）。

1.1 报关概述

1.1.1 报关的内涵

1. 报关的定义

报关是指进出口货物收发货人、进出境物品所有人或其代理人、进出境运输工具负责人向海关办理货物、物品或运输工具进出境手续及相关海关事务的过程。货物、物品或运输工具进出境时必须办理规定的海关手续，报关是履行海关进出境手续的必要环节之一。报关业务的质量直接关系到进出口货物的通关速度、企业的经营成本与经济效益、海关的行政效率。报关活动与国家对外贸易政策法规的实施密切相关。报关业务有着较强的政策性、专业性、技术性和操作性。

例如，出口货物的发货人应根据出口合同的规定，按时、按质、按量备齐出口货物，向运输公司办理租船订舱手续，自行向海关办理报关手续，或者委托专业（代理）报关公司办理报关手续。

2. 报关的范围

（1）进出口货物

进出口货物种类复杂，按照海关监管制度分为一般进出口货物、保税加工货物和保税物流货物、特定减免税货物、暂准进出境货物、货样和广告品、租赁货物、无代价抵偿货物、进出境修理货物、集装箱箱体、出料加工货物、溢卸和误卸货物、退运和退关货物、放弃和超期未报关货物等。

（2）进出境物品

进出境物品包括进出境行李物品、进出境邮递物品和进出境其他物品。进出境行李物品是以进出境人员携带、托运等方式进出境的物品；进出境邮递物品是通过邮局邮寄的包裹、小包邮件、保价信函、印刷品和国际邮袋等；进出境其他物品主要包括暂时免税进出境物品、享有外交特权和豁免权的外国机构或人员的公务用品或自用物品等。

（3）进出境运输工具

进出境运输工具是用以载运人员、货物和物品进出境，并在国际运营的各种境内或境外的船舶、航空器、车辆和驮畜等。

跨境电商商品进出口是当前的新兴贸易业态，是指不同国家的交易双方，借助互联网渠道达成交易，进行支付结算，并通过跨境物流送达商品、完成交易的一种国际商业活动。具体来说，跨境电商商品进出口是指通过速卖通、Amazon 等电商平台实现商品展示、买卖双方沟通协商、意见达成一致、买家依约付款、卖家依约发货等一系列买卖行为。

跨境电商进出口商品通关与外贸进出口货物报关既有联系，又有区别。随着跨境电商的发展，跨境电商进出口商品也被纳入海关监管的范畴，分为跨境电商 B2C 零售进出口货物和跨境电商 B2B 出口货物。

3. 报关的主体

报关的主体是指报关行为的承担者，包括进出口货物收发货人及其代理人、进出境运输工具负责人及其代理人、进出境物品所有人及其代理人。

（1）进出口货物收发货人及其代理人

进出口货物收发货人是指依法直接进口或出口货物的我国境内的法人、其他组织或个人，是进口货物的收货人和出口货物发货人的统称。一般而言，进出口货物收发货人依法取得对外贸易经营权，并向海关注册登记获得报关权后，只能为本单位进出口的货物报关。

进出口货物收发货人的代理人即报关企业。目前，我国从事代理报关服务的进出口货物收发货人的代理人主要有经营国际货物运输代理等业务兼营进出口货物代理报关业务的国际货物运输代理公司和主营报关业务的报关行两类。

（2）进出境运输工具负责人及其代理人

进出境运输工具负责人及其代理人包括国际航行船舶的船长及其代理人，进出境航空器的机长及其代理人，国际联运火车的车长及其代理人，进出境汽车的驾驶员，进出境驮畜的所有人及其代理人，以管道、输电网等特殊运输方式运输进出境货物的经营单位等。海关检查进出境运输工具时，运输工具负责人或其代理人应当到场，并根据海关的要求开启舱室、房间、车门等。

（3）进出境物品所有人及其代理人

进出境物品所有人及其代理人包括进出境行李物品的携带人及其委托人，分离运输行李物品的旅客，进出境邮递物品的境内收件人、境内寄件人等。

知识链接 1-1

外贸新业态蓬勃发展，成为稳外贸的重要力量

2020 年 5 月，十三届全国人大三次会议正式开幕，国务院总理李克强在政府工作报告中指出，应促进外贸基本稳定，围绕支持企业增订单、稳岗位、保就业，加大信贷投放，扩大出口信用保险覆盖面，降低进出口合规成本，支持出口产品转内销；加快跨境电商等新业态发展，提高国际货运能力；积极扩大进口，发展更高水平面向世界的大市场。

2021 年 1 月 14 日，在国务院新闻办召开的发布会上，海关总署公布，从 2020 年 6 月起，我国外贸进出口连续 7 个月实现正增长，货物贸易第一大国地位进一步巩固。2020 年前 10 个月，我国进出口、出口、进口国际市场份额分别达 12.8%、14.2%、11.5%，均创历史新高。2020 年我国外贸进出口总值 32.16 万亿元，同比增长 1.9%，是全球唯一实现货物贸易正增长的主要经济体。其中出口 17.93 万亿元，同比增长 4%。2020 年全年跨境电商进出口 1.69 万亿元，跨境电商增速达到 31%……新冠肺炎疫情大考之年，我国进出口多指标逆势破纪录，标志着外贸发展的新高度。外贸新业态蓬勃发展，已经成为稳外贸的重要力量。

2020 年以来，我国推出了多重举措推进跨境电商发展，从跨境电商综试区扩围，到海关监管新规出台，从外贸创新发展实施意见的发布，到区域全面经济伙伴关系协定的签署等。全国共拥有105个跨境电商综试区，跨境电商综试区在外贸发展中的作用也日益凸显。海关总署增列海关监管方式代码“9710”“9810”，试点城市增加至22个。在新的监管方式下，跨境电商企业出口拥有简化申报、便利通关、允许转关、优先查验等多项便利。

资料来源：中华人民共和国海关总署网站。

1.1.2 报关的分类

1. 自理报关与代理报关

根据报关实施者的不同，可将报关分为自理报关和代理报关。自理报关是指进出口货物收发货人、进出境物品所有人自行办理报关业务的行为；代理报关是指报关企业接受进出口货物收发货人的委托，代理其办理报关业务的行为。根据法律责任承担者的不同，代理报关又分为直接代理报关和间接代理报关。直接代理报关是指报关企业接受委托人的委托，以委托人的名义办理报关业务的行为；间接代理报关是指报关企业接受委托人的委托，以报关企业自身的名义向海关办理报关业务的行为。在直接代理中，代理人代理行为的法律后果直接作用于被代理人；而在间接代理中，报关企业应当承担与进出口货物收发货人自己报关时所应当承担的相同的法律责任。目前，我国报关企业大多采取直接代理形式报关，间接代理报关仅适用于经营快件业务的营运人等国际货物运输代理企业。

2. 口岸报关、属地报关与“属地+口岸”报关

根据报关口岸的不同，可将报关分为口岸报关、属地报关与“属地+口岸”报关。

口岸报关，是指进出境货物由报关人在货物的进出境地海关办理海关手续的报关方式。

属地报关，是指进出境货物由报关人在设有海关的货物指运地或起运地办理海关手续的报关方式。属地报关必须办理相应的转关手续。

“属地+口岸”报关，是指进出境货物由报关人在属地海关办理申报手续，在口岸海关办理验放手续的报关方式。

自全国海关通关一体化全面实施后，企业可以在任意一个海关完成申报、缴税等海关手续。

全国海关设立了风险防控中心和税收征管中心，实现全国海关风险防控、税收征管等关键业务集中、统一、智能处置。对企业而言，无论在哪里通关，都使用同一执法口径和监管标准，为企业提供统一的通关便利待遇。

3. 逐票报关与集中报关

根据报关方式的不同，可将报关分为逐票报关和集中报关。

逐票报关（申报），即以每票货物为单位，按规定的格式向海关申报，是一种传统的报关方式。

集中申报是指对同一口岸多批次进出口的货物，经海关备案，收发货人可以先以清单方式申报办理货物验放手续，再以报关单形式集中办理其他海关手续的一种特殊通关方式。基于跨境电商订单多频次、小批量的特点，采用集中报关可提高跨境电商企业的通关效率。

1.1.3　报关的内容

按照《中华人民共和国海关法》（以下简称《海关法》）规定，所有进出口货物、进出境物品及进出境运输工具都需要办理报关手续。报关的具体内容如下。

1. 进出口货物报关

海关对不同监管性质的进出口货物规定了不同的报关程序。整体而言，进出口货物的报关程序可以分为前期阶段、进出境阶段和后续阶段，前期阶段和后续阶段适用于保税货物、特定减免税货物等部分海关监管货物。对一般进出口货物而言，没有前期阶段和后续阶段，其进出境阶段分为进出口申报、配合查验、缴纳税费、提取或装运货物四个环节。关于进出口货物的报关程序会在第 6 章和第 7 章重点介绍。

2. 进出境物品报关

《海关法》第四十六条规定："个人携带进出境的行李物品、邮寄进出境的物品，应当以自用、合理数量为限，并接受海关监管。""自用、合理数量"原则是海关对进出境物品监管的基本原则，也是对进出境物品报关的基本要求。对行李物品而言，"自用"是指进出境旅客本人自用、馈赠亲友而非为出售或出租，"合理数量"是指海关根据进出境旅客的旅行目的、居留时间所规定的正常数量；对于邮递物品，"自用、合理数量"则是指海关对进出境邮递物品规定的征、免税限制。

（1）行李物品

行李物品报关由进出境旅客申报。进出境旅客申报是进出境旅客为履行《海关法》规定的义务，对其携运进出境的行李物品实际情况依法向海关所做的书面申明。

我国海关对旅客进出境采用"红绿通道"制度。"绿色通道"又称为"无申报通道"，适用于携运物品在数量和价值上均不超过免税限额，且无国家限制或禁止进出境物品的旅客。"红色通道"又称为"申报通道"，适用于携带有应向海关申报的物品的旅客。

旅客在向海关申报时，可以结合自己所携带物品的情况自行选择绿色通道或红色通道。对于选择红色通道的旅客，必须填写"中华人民共和国海关进（出）境旅客行李物品申报单"（以下简称"申报单"）或海关规定的其他申报单证，在进出境地向海关做出书面申报。不明海关规定或不知如何选择通道的旅客，应选择红色通道。

进境旅客携带有以下物品的，应选择红色通道，在"申报单"相应栏目内如实填报，并将有关物品交海关验核，办理有关手续：动植物及其产品、微生物、生物制品、人体组织、血液制品；居民旅客在境外获取的总值超过 5 000 元[①]（含 5 000 元）的自用物品；

① 本书如无特殊说明，"元"均指人民币元。

非居民旅客拟留在我国境内的总值超过2 000元（含2 000元）的物品；酒精饮料超过1 500毫升（酒精含量12度以上），或者香烟超过400支，或者雪茄超过100支，或者烟丝超过500克；人民币现钞超过20 000元，或者外币现钞折合超过5 000美元；分离运输行李；货物、货样、广告品；无线电收发信机、通信保密机；我国禁止或其他限制进境的物品；其他需要向海关申报的物品等。

出境旅客携带有以下物品的，应选择红色通道，在“申报单”相应栏目内如实填报，并将有关物品交海关验核，办理有关手续：文物、濒危动植物及其制品、生物物种资源、金银等贵重金属；居民旅客需复带进境的单价超过5 000元的照相机、摄像机、便携式计算机等旅行自用物品；人民币现钞超过20 000元，或者外币现钞折合超过5 000美元；货物、货样、广告品；无线电收发信机、通信保密机；我国禁止或其他限制出境的物品；其他需要向海关申报的物品。

对于经海关办理手续并签章交由旅客收执的申报单副本或专用申报单证，在有效期内或在海关监管时限内，进出境旅客应妥善保存，并在申请提取分离运输行李物品或购买征、免税外汇商品或办理其他有关手续时，主动向海关出示。

（2）邮递物品

进出境邮递物品以“报税单”或“绿色标签”向海关报关。进出境邮递物品的申报方式由其特殊的邮递运输方式决定。我国是《万国邮政公约》的签约国，为遵守其规定，进出口邮包必须由寄件人填写“报税单”，小包邮件填写“绿色标签”，列明所寄物品的名称、价值、数量。我国进出境邮递物品的“报税单”或“绿色标签”随同物品通过邮政企业或快递公司呈递给海关，向邮包寄达国家的海关申报。

（3）其他物品

① 暂时免税进出境物品。《海关法》第五十条规定：“经海关登记准予暂时免税进境或者暂时免税出境的物品，应当由本人复带出境或者复带进境。”

② 享有外交特权和豁免权的外国机构或人员进出境物品。外国驻中国使馆和使馆人员进出境公用、自用物品应当以海关核准的直接需用数量为限。使馆及使馆人员首次进出境公用、自用物品前，应当持规定材料到主管海关办理备案手续；使馆及使馆人员运进或运出公用、自用物品的，应当填写“中华人民共和国海关外交公/自用物品进出境申报单”随附其他单证，向主管海关提出申请，运进机动车辆的，还应当递交使馆照会；使馆和使馆人员因特殊需要携运中国政府禁止或限制进出境物品进出境的，应事先获得中国政府有关主管部门的批准。

有以下情形之一的，使馆及使馆人员的有关物品禁止进出境：携运进境的物品超出海关核准的直接需用数量范围的；未依照规定向海关办理有关备案、申报手续的；携运中国政府禁止或限制进出境物品进出境，应当提交有关证件而不能提交的；未经海关批准，擅自将已免税进境的物品进行转让、出售等处置后，再次申请进境同类物品的；违反海关关于使馆和使馆人员进出境物品管理规定的其他情形的。

外交代表随身携带自用物品进境时，应向海关口头申报；外交代表随身携带超过规定限额的限制性进境物品进境时，应向海关提出书面申请。

外国驻中国领事馆、联合国及其专门机构和其他国际组织驻中国代表机构及其人员进出境公用、自用物品，由海关按照有关条例、条约和协议办理。

在跨境电商通关实务中，涉及的基本上都是货物或物品，因此本书后面仅对进出口货物和进出境物品的通关内容进行介绍。

3. 进出境运输工具报关

（1）进出境运输工具申报

《海关法》第十四条规定："进出境运输工具到达或者驶离设立海关的地点时，运输工具负责人应当向海关如实申报，交验单证，并接受海关监管和检查。"可见运输工具进出我国关境必须接受海关监管，海关通过运输工具负责人或代理人的进出境申报实现其监管。进出境申报是运输工具报关的基本内容，具体申报情况如下。

① 运输工具进出境的时间、航次（车次）、停靠地点等。

② 运输工具进出境时所载运的货物、旅客、物品情况。

③ 其他需要向海关申报的情况。

进境运输工具在进境以后向海关申报以前，出境运输工具在办结海关手续以后出境以前，应当按照交通主管机关规定的路线行进；交通主管机关没有规定的，由海关指定。运输工具负责人或其代理人向海关申报时还需要提交船舶国籍证书、吨税证书、海关监管簿、签证簿等能说明其从事国际合法性运输的相关证明文件。

（2）舱单申报

进出境运输工具舱单是反映进出境运输工具所载货物、物品及旅客信息的载体，包括原始舱单、预配舱单和装（乘）载舱单。原始舱单是指舱单传输人向海关传输的反映进境运输工具装载货物、物品或乘载旅客信息的舱单；预配舱单是指反映出境运输工具预计装载货物、物品或乘载旅客信息的舱单；装（乘）载舱单是指反映出境运输工具实际配载货物、物品或载有旅客信息的舱单。舱单传输人是指进出境运输工具负责人、无船承运业务经营人、货运代理企业、船舶代理企业、邮政企业及快件经营人等舱单电子数据传输义务人。

舱单传输人可以自主选择通过以下途径向海关传输电子数据：中国电子口岸数据中心、全国海关信息中心、各直属海关对外接入局域网（包括地方电子口岸）。

海关对进出境运输工具舱单实施管理，将运输工具舱单申报作为进出境运输工具报关的重要内容。《关于进出境运输工具监管以及舱单管理相关事项的公告》（海关总署公告 2014 年第 70 号）规定，企业应在规定时限内按照进出境运输工具和舱单数据项填制规范，完整、准确地向海关申报传输运输工具及其载运货物、物品的舱单电子数据。

海关在进境运输工具申报进境且收到进口舱单电子数据并对进境运输工具负责人签章的纸质舱单审核、确认后，方可接受进口货物、物品的申报；海关在出境运输工具实际离境后，及时收取出口清洁舱单及其电子数据，出口货物报关单与出口清洁舱单核销后，才予办理出口退税证明联的签发手续。

1.2 海关概述

1.2.1 海关的定义及性质

1. 海关的定义

海关，是国家的进出关境监督管理机关。我国海关依照《海关法》规定，对进出境运输工具、货物、行李物品、邮递物品和其他物品进行监管；按照《海关法》和国家有关法律、法规，在国家赋予的职权范围内自主地、全权地行使海关监督管理权，不受地方政府和有关部门的干预。

2. 海关的性质

（1）海关是国家行政机关之一

海关是享有国家行政管理权的行政机关之一，是最高国家行政机关——国务院的直属机构，从属于国家行政管理体制，代表国家依法独立行使行政管理权。

（2）海关是国家进出境监督管理机关

海关依照相关法律、行政法规并通过法律赋予的权力，制定具体的行政规章和行政措施，对特定领域的活动开展监督管理，以确保该活动按国家的法律规范进行。

海关实施监督管理的范围是涉及进出关境及与之有关的活动，监督管理的对象是所有进出关境的货物、物品和运输工具。

（3）海关的监督管理是国家行政执法活动

海关的监督管理是国家行政机关保证法律、行政法规顺利实施的直接行政管理行为。我国海关的执法依据采取国家最高权力机关、国务院和海关总署三级立法体制，包括《海关法》及其他法律、行政法规和海关行政规章。同时，我国海关的执法应遵守我国签订或缔结的海关行政互助协议和海关国际公约。目前，我国已与几十个国家缔结了海关行政互助协议。我国作为世界海关组织（World Customs Organization，WCO）和世界贸易组织（World Trade Organization，WTO）成员国，签订或缔结的海关国际公约有《京都公约》、《伊斯坦布尔公约》、WCO 成员国缔结的多边协议和《估价协议》等 WTO 的有关公约。

我国海关关徽由商神手杖与金色钥匙交叉组成，如图 1-1 所示。商神手杖被视为商业及国际贸易的象征，钥匙象征海关为祖国把关。关徽寓意我国海关依法实施进出境监督管理，促进对外经济贸易发展和科技文化交往，保障社会主义现代化建设。

图 1-1　我国海关关徽

1.2.2 海关的任务

海关依照《海关法》和其他有关法律、行政法规，监管进出境的运输工具、货物、行李物品、邮递物品和其他物品，征收关税和其他税、费，查缉走私，并编制海关统计和办理其他海关业务。

1. 监管

海关监管是海关运用国家赋予的权力，依法对进出境运输工具、货物、物品的进出境活动所实施的一种行政管理。其主要目的在于保证一切进出境活动符合国家政策和法律的规范，维护国家主权和国家利益。海关监管包括海关对进出境运输工具的监管、海关对进出口货物的监管和海关对进出境物品的监管三大体系。

2. 征税

海关征税工作所需的数据、资料等是在监管的基础上获取的，监管是征税的基础与保障。征税工作包括征收关税和进口环节海关代征税。关税是由海关代表国家对准许进出关境的货物、物品向纳税义务人征收的一种流转税，是国家中央财政收入的重要来源。目前进口环节海关代征税主要包括进口环节消费税和进口环节增值税。

3. 缉私

海关依照法律赋予的权力，依法查缉走私，即缉私。缉私是海关在海关监管场所和海关附近的沿海、沿边规定地区，为发现、制止、打击和综合治理走私活动而进行的一种调查和惩处活动。进出关境活动的当事人或相关人员违反《海关法》及有关法律、行政法规，逃避海关监管，偷逃应缴税款，逃避国家有关进出境的禁止性或限制性管理，非法运输、携带、邮寄国家禁止、限制进出境或依法应当缴纳税款的货物、物品进出境，或者未经海关许可并且未缴纳应纳税款、交验有关许可证件，擅自将保税货物、特定减免税货物及其他海关监管货物、物品、进境的境外运输工具在境内销售，等等，这些行为都属于走私。

实践案例 1-1

鹰眼缉私·智剑出鞘

上海浦东国际机场是我国最大的国际空港口岸，近年来出入境吞吐量不断攀升，进出境旅客总人数已超过 3 800 万人次，位居全国第一。随着航班量和旅客量的不断增加，走私形势日趋复杂，走私方式不断翻新，走私手法更加隐蔽。上海浦东机场海关旅检处周琰带领他的团队“智剑”缉私工作组砥砺奋进，将大数据的理念引入旅检风控式监管，创新采用“高风险旅客筛选法”，在实现了精确精准打私、保障出入境安全的同时，为全国空港海关缉毒缉私工作打开了新局面，展现了新时代海关“鹰眼”的忠诚与担当。

1. “高风险旅客筛选法”——“鹰眼”发威立功勋，精准命中识罪犯

周琰创新提出了“高风险旅客筛选法”，通过科学分析，实现多部门联防联控，以合力提升打击走私活动的精度和准度。2019 年 6 月 7 日，“智剑”缉私工作组在一架由埃塞俄比亚入境的航班上成功查获一名涉嫌藏毒的外籍男性。队员们运用“高风险旅客筛

选法”，发现了该男子的异常行径。分析研判后，队员们将其拖鞋破拆，在拖鞋夹层发现了疑似毒品的粉末状物，经检测呈可卡因阳性反应，净重 609.75 克。该案件的查获有力地打击了走私分子的嚣张气焰，得到了海关总署、公安部禁毒局的高度赞扬。

2. “立体缉毒模式”——“智剑”缉私工作组海关旅检一线屡立战功

周琰和他的“智剑”缉私工作组灵活运用机动力量与静态监管相配合的“立体缉毒模式”筛选嫌疑人。2017 年 2 月，“智剑”缉私工作组根据前期数据分析，认为某非洲直航航班上一名东南亚籍女性有重大走私嫌疑，于是马上布控。缉私工作组队员发现这名女性是一个孕妇，并且面对缉私工作组显得镇定自若。队员们不被表象所迷惑，果断地将这名正要通关的嫌疑人拦下。经过 X 光机检查，显示嫌疑人携带的满满一箱鞋里都有异物，拆开鞋子后却发现只是一些写了编号的纯塑料模具。嫌疑人发火了，说弄坏了她的模具，必须赔偿。

然而经验丰富的队员们并未就此作罢，他们继续对嫌疑人的行李箱体进行仔细检查，发现箱子不仅超重，边框结构还存在异常。经切割查验，果然发现可疑的灰色粉末状物体，后经鉴定，该粉末为可卡因，涉案可卡因达 10.19 千克。原来这是某走私集团最新工艺的可卡因，他们声东击西，想利用孕妇掩人耳目，另外利用鞋底的假夹层来掩盖箱体边框里的毒品。在这场全国首起“注塑一体可卡因案”中，海关关员精诚协作，以敏锐的查缉技巧和坚持不懈的努力，获得了查毒上的突破，体现了整支队伍业务强、敢担当的卓越风采。

资料来源：中华人民共和国海关总署网站。

---

4. 统计

海关统计是以实际进出口货物作为统计和分析的对象，通过收集、整理、加工处理进出口货物报关单或经海关核准的其他申报单证，对进出口货物的品种、数量、价格、国别（地区）、境内目的地、监管方式、运输方式等项目分别进行统计和综合分析。海关统计有助于强化国家宏观经济管理与宏观调控，有助于国家对进出口情况进行监测和预警，有助于海关对业务管理和执法状况进行监控。

近年来，随着对外贸易的发展，国家通过相关法律、行政法规赋予了海关一些新的职能，这些新的职能也作为海关任务的一个重要组成部分。例如，关检融合后，海关执行检验检疫职能，还有海关对反倾销及反补贴的调查、知识产权海关保护等。

1.2.3 海关的组织结构

国家在对外开放的口岸和海关监管业务集中的地点设立海关，海关的隶属关系不受行政区划的限制。我国海关实行集中统一的垂直领导体制，国务院设立海关总署，统一管理全国海关，海关依法独立行使职权，向海关总署负责。海关机构按海关总署、直属海关和隶属海关三个层级设立。

1. 海关总署

海关总署为全国海关的最高领导机构，统一领导全国海关。海关总署领导全国 42

个直属海关，广东分署，以及天津、上海特派员办事处，还有 2 所海关院校（上海海关学院、中国海关管理干部学院）。

2. 直属海关

直属海关负责管理一定区域范围内的海关业务，就本关区内的海关事务独立行使职权。我国直属海关除中国香港地区、澳门地区、台澎金马关税区外，分布在全国 31 个省、自治区、直辖市。直属海关由海关总署领导，向海关总署负责。

3. 隶属海关

隶属海关负责办理具体海关业务。隶属海关是海关进出境监督管理职能的基本执行单位。我国现有隶属海关 562 个，一般都设在对外开放口岸和海关监管业务集中的地点。隶属海关由直属海关领导，向直属海关负责。

实践案例 1-2

跨境电商公司申报不实受海关处罚

2019 年 11 月 16 日，某跨境电商公司以保税电商 A 方式向海关申报进口洗手液，申报税号 3402.2090，申报数量 46 656 瓶，申报总价人民币 699 840 元。经查，当事人实际进口货物为化妆品，应归入税号 3304.9900，数量 46 656 瓶，实际成交价格为 1 400 955 元。海关根据《中华人民共和国海关行政处罚实施条例》第十五条第（二）项的规定，决定对当事人科处罚款。

在此案例中，当事人申报不实违规，涉及品名与价格申报不实。品名申报不实，可能涉及关税税率的差异，从而漏缴关税；价格申报不实，也可能导致漏缴关税。即使申报不实没有涉及关税的漏缴，也可能因为错误申报而被定性为影响监管秩序。

资料来源：海关法网。

1.3 通关服务平台

通关服务平台，是为外贸企业进出口通关提供便利服务的系统平台。海关总署建设了全国统一版通关服务平台，目的是统一报关流程，实现涵盖企业备案、申报、审单、征税、查验、放行、转关等各个环节的全程通关无纸化作业。本节重点介绍中国国际贸易单一窗口平台和中国电子口岸。

1.3.1 中国国际贸易单一窗口

海关总署对接中国国际贸易单一窗口平台（见图 1-2），强化通关协作。依托电子口岸，海关在国际贸易单一窗口平台的基础上，建设跨境电商“单一窗口”，实现跨境电商

“一点接入、一次递交、统一反馈”，推动跨境电商关检合作“一次申报、一次查验、一次放行”，落实口岸部门“三互”（信息互换、监管互认、执法互助），实现口岸各部门的信息共享。

图 1-2　中国国际贸易单一窗口平台

报关企业通过该平台向海关申报电子清单，跨境电商企业、物流企业、支付企业通过该平台向海关传输“三单”信息（交易、物流、支付电子信息），使清单信息和“三单”信息实现对碰。缴纳税款采用网上支付、电子支付的形式。海关审核、查验、放行后，将验放指令电子回执反馈给报关企业。

海关总署建立了“制度 + 科技 + 人工”三位一体的风险管控机制和“前、中、后”全方位综合监管体系。“制度”即建立规范，对外明确清单和“三单”数据项的内涵和申报要求，对内规范海关作业，为风险管控奠定基础；“科技”即依托大数据、云计算，全面采集清单、“三单”和海关作业及相关部门数据，并创新技术方法，为风险管控提供保障；“人工”即将人工智慧和机器智能相结合，依托信息化手段开展风险分析和处置。“事前”即预设阈值类风险参数，对超量、超额购买等进行有效控制；“事中”即在实施清单和“三单”相关数据自动比对的基础上，下达布控指令和设置风险参数，重点防控安全准入风险，同时提示并处置税收风险；“事后”即适时对企业实施稽查。

1.3.2　中国电子口岸

2014 年 7 月 1 日，全国首个统一版海关总署中国电子口岸跨境贸易电子商务通关服务平台（见图 1-3）在广东东莞正式上线运营。该平台由中国电子口岸搭建，实现企业、海关及相关管理部门之间的数据交换与信息共享。该平台所上传的数据可直接对接海关总署内部系统，节省报关时间，提高通关效率；电子商务企业或个人可运用该平台进行分送集报、结汇退税。

图 1-3　中国电子口岸跨境贸易电子商务通关服务平台

海关总署和地方海关对中国电子口岸跨境贸易电子商务通关服务平台进行监管。在该平台上，货物通关采用“三单对比”的方式进行监管，“三单”数据确认无误后即可放行。通过企业数据与海关数据进行匹配，达到监管统计的目的。

中国电子口岸通关服务平台的服务对象是传统中小型外贸企业、跨境电商企业。从目前的统一版通关服务平台来看，服务对象主要集中在小包裹出口领域。

除了中国电子口岸跨境贸易电子商务通关服务平台，还有两种跨境电商服务平台——跨境电商公共服务平台和跨境电商综合服务平台。这三种平台在进出口流程中扮演不同的角色。跨境电商公共服务平台一方面为各地政府的职能部门之间搭建公共信息平台，另一方面服务于大众（主要服务于外贸企业）。跨境电商综合服务平台，其“综合”的含义囊括了金融、通关、物流、退税、外汇等代理服务，是真正服务于基层的平台。因此，中国电子口岸跨境贸易电子商务通关服务平台、跨境电商公共服务平台、跨境电商综合服务平台是从三个不同的层面出发建设的平台，中国电子口岸跨境贸易电子商务通关服务平台对应的是海关，跨境电商公共服务平台对应的是政府，跨境电商综合服务平台对应的是企业。这三种平台之间相互联系，形成信息数据之间的统一交换和层层传递。

拓展思政案例

强化责任担当，海关全力确保防疫物资“绿色通关”

自 2020 年年初新冠肺炎疫情暴发以来，海关总署坚决贯彻落实习近平总书记关于做好新冠肺炎疫情防控工作的重要指示批示精神，认真落实中央应对疫情工作领导小组部署，连续出台多项促进进口疫情防控物资快速通关的便利措施，开通服务热线，在各通关现场设立快速通关专用窗口和“绿色通道”，选派业务专家值守，采取“门到门”、转关运输等更便捷的方式实施顺势监管，争分夺秒验放进口疫情防控物资，确保“零延时”通关。

海关总署要求全国海关要深入学习贯彻习近平总书记重要指示批示精神，增强大局意识和全局观念，全力以赴做好疫情防控物资快速通关服务，对地方、企业提出的任何查扣、暂扣合法进口疫情防控物资等无理要求，坚决予以抵制，对违反规定的，予以严肃处理。据海关总署统计，2020 年 1 月 24 日至 2 月 12 日，全国共验放防控物资 9.57 亿件，价值 30.7 亿元。

资料来源：中华人民共和国海关总署网站。

实训练习

实训要求：查阅海关总署网站资料，了解海关法律法规、中国主要贸易伙伴及其通关政策，认知海关的任务。

实训内容：查询海关总署网站资料，认知海关的任务和职能。

实训步骤：

1. 学习小组登录海关总署网站。

2. 查阅、下载并学习海关相关法规。

（1）《海关法》（2017 年修正版）。

（2）《关于跨境电子商务零售进出口商品有关监管事宜的公告》（海关总署公告 2018 年第 194 号）。

3. 在“特色服务”模块单击“境外通关指南”选项，查看“主要贸易伙伴通关政策介绍”栏（见图 1-4），至少详细学习 2 个国家的通关政策。

图 1-4　海关总署主要贸易伙伴海关通关介绍界面

4. 学习小组成员进行资料分享与交流。

实训评价：

1. 正确登录海关总署网站，完成海关总署网站资料查询与学习。（20 分）

2. 学习小组成员对海关总署网站的信息进行了解，及时关注海关的政策法规变化，从而进一步认知并讨论海关作为进出境监督管理机关的监管任务和职能。（40 分）

3. 学习小组成员对中国主要贸易伙伴通关政策进行介绍、分享与交流。（40 分）

课后习题

一、判断题

1. 直属海关负责办理具体海关业务，是海关进出境监督管理职能的基本执行单位。（　　）

2. 在 B2C 模式下，我国企业直接面对国外消费者，以销售个人消费品为主，物流方面主要采用航空小包、邮寄、快递等方式，其报关主体是邮政或快递公司。（　　）

3. 直接代理报关是指报关企业接受委托人的委托，以委托人的名义办理报关业务的行为。在直接代理中，代理人代理行为的法律后果直接作用于被代理人。（　　）

4. 海关总署和地方海关对中国电子口岸跨境贸易电子商务通关服务平台进行监管。在该平台上，货物通关采用“三单对比”的方式进行监管，“三单”数据确认无误后即可放行。（　　）

5. 个人携带进出境的行李物品、邮寄进出境的物品，只需以自用条件为限即可，并接受海关监管。（　　）

二、单选题

1. 世界海关组织的英文名称缩写是（　　）。

A. ICC　　B. WTO　　C. CCC　　D. WCO

2. 海关的四项基本任务除了监管、缉私、统计，还包括（　　）。

A. 查验　　B. 审单　　C. 征税　　D. 认证

3. 大连海关隶属大窑湾海关查获一批化工废物，属于国家禁止进口的固体废物，这是海关在履行（　　）职能。

A. 监管　　B. 征税　　C. 缉私　　D. 统计

4. 海关总署向（　　）负责。

A. 全国人大　　B. 国务院　　C. 商务部　　D. 财政部

5. 自全国海关通关一体化全面实施以来，进出口企业可以进行申报的海关（　　）。

A. 仅限货物目的地海关或企业属地海关

B. 仅限企业属地海关或进出口岸海关

C. 可以是全国任一海关

D. 仅限进出口岸海关或货物目的地海关

三、简答题

1. 登录海关总署网站，在“数说海关”模块，查阅进出口贸易统计，简要列出近 2

年的主要进出口数据（包括年进口量、年进口金额、年出口量、年出口金额、不同监管方式进出口额、中国十大贸易伙伴）。

2. 登录海关总署网站，在“特色服务”模块单击“网上海关博物馆”选项，进行在线海关博物馆浏览感知和场景体验，了解我国海关的历史变化和发展历程。简要说明我国海关近10年的发展概况。

3. 登录中国国际贸易单一窗口网站，熟悉中国国际贸易单一窗口作业界面和功能图标，认知中国国际贸易单一窗口功能。简要回答中国国际贸易单一窗口能实现哪些通关作业申报。

第 2 章 跨境电商参与主体注册登记

学习目标

1. 重点掌握报关企业和跨境电商企业的概念及其注册登记。
2. 了解跨境电商平台和跨境电商境内服务商的概念及其注册登记。

导入案例

远程无纸化海关注册登记

因开展跨境电商业务需要，广州佰纳博通物流供应链有限公司需要在海关注册登记为报关企业代理。2021 年 7 月 1 日，该公司法定代表人王女士登陆“互联网+海关”关区特色政务服务（广州）平台，录入企业无纸化验证信息，发送企业注册登记信息。没过多久，该公司就收到了办理成功的短信通知，可以直接登录系统下载报关企业注册登记电子证书，全程用时不到 1 小时。随着通关作业无纸化的推行，如今通过计算机、手机就能远程申请、打印证书，“一条龙”自助办理海关注册登记业务，无须再到海关业务现场递交申请材料和领取证书，实现了零成本、零距离、零跑动办证。企业如需正式的纸质证书，还可向海关申请通过邮政速递免费寄达。

自 2019 年 12 月 1 日起，我国海关对 15 项海关涉企经营许可事项开展“证照分离”改革全覆盖试点，对登记注册在自由贸易试验区的企业申请“报关企业注册登记”实施“审批改为备案”改革。自 2020 年 7 月 1 日起，广州海关在南沙自贸试验区内实施“报关企业注册登记无纸化”改革。

请结合广州佰纳博通物流供应链有限公司王女士办理跨境电商企业海关注册登记这一实例，思考海关当前都有哪些无纸化便利流程。

分析提示：

通关作业无纸化是指海关以企业分类管理和风险分析为基础，按照风险等级对进出口货物实施分类，运用信息化技术改变海关验核进出口企业递交纸质报关单及随附单证办理通关手续的做法，直接对企业通过中国电子口岸系统录入申报的报关单及随附单证的电子数据进行无纸审核、验放处理的通关作业方式。海关总署推行的通关作业无纸化办公已经在全国得到了全面的推广应用，从事进出口贸易作业的关务机构、运营服务商、进出口企业也从中享受了各种高效便捷的业务服务。

外贸企业、进出境运输工具负责人及其代理人等，可以通过中国国际贸易单一窗口平台实现进出境监管业务线上办理，向海关提交联网电子数据。当事人无须到现场即可办理备案、进出境等手续，实现了运输工具进出境监管作业无纸化，减少了人力成本，提高了办事效率。

在这种作业模式下，海关利用中国电子口岸及现代海关业务信息化系统，直接对企业联网申报的电子数据进行审核、放行、核销、反馈，现场不再收取纸质单证、签发纸质回执、签注相关监管簿，从而实现了全流程电子化作业。

海关对开展跨境电商的相关企业进行报关都必须办理海关注册登记，按照《中华人民共和国海关对报关单位注册登记管理规定》进行管理。为便于理解，本章先总体介绍报关单位注册登记，然后按跨境电商参与主体（包括跨境电商企业、跨境电商平台、境内服务商等）的注册登记流程进行详细解读。

2.1 报关单位

2.1.1 报关单位概述

报关单位是指在海关注册登记或经海关批准，向海关办理进出口货物报关纳税等海关事务的境内法人或其他组织。报关单位主要包括进出口货物收发货人和报关企业两类。

《海关法》第九条规定：“进出口货物，除另有规定的外，可以由进出口货物收发货人自行办理报关纳税手续，也可以由进出口货物收发货人委托海关准予注册登记的报关企业办理报关纳税手续。”

1. 进出口货物收发货人

进出口货物收发货人依法向国务院对外贸易主管部门或其委托的机构办理备案登记，成为对外贸易经营者。对于一些未取得对外贸易经营者备案登记表，但按照国家有关规定需要从事非贸易性进出口活动的单位，如境外企业、新闻机构、经贸机构、文化团体等依法在我国境内设立的常驻代表机构，少量货样进出境的单位，国家机关、学校、科研院所等组织机构，临时接受捐赠、礼品、国际援助的单位，国际船舶代理企业等，在进出口货物时，海关也视其为进出口货物收发货人。

2. 报关企业

报关企业是指按照《中华人民共和国海关对报关单位注册登记管理规定》，经海关准予注册登记，接受进出口货物收发货人的委托，以进出口货物收发货人的名义或以自己的名义，向海关办理代理报关业务，从事报关服务的境内企业法人。

2.1.2　报关单位注册登记

1. 注册登记流程

《海关法》第十一条规定："进出口货物收发货人、报关企业办理报关手续，必须依法经海关注册登记。未依法经海关注册登记，不得从事报关业务。报关企业和报关人员不得非法代理他人报关，或者超出其业务范围进行报关活动。"

2019 年，海关总署将"报关单位注册登记证书"（进出口货物收发货人）纳入"多证合一"改革范畴。申请人办理工商注册登记时，需要同步办理"报关单位注册登记证书"（进出口货物收发货人）的，应按照要求勾选进出口货物收发货人的备案登记，并补充填写相关备案信息。市场监管部门按照"多证合一"流程完成登记，并在总局层面完成与海关总署的数据交换。海关确认接收到企业工商注册信息和商务备案信息后即完成企业备案，企业无须再到海关办理备案登记手续。

海关不再核发"报关单位注册登记证书"（进出口货物收发货人）。进出口货物收发货人需要获取书面备案登记信息的，可以通过中国国际贸易单一窗口平台在线打印备案登记回执，并到所在地海关加盖海关印章。"多证合一"改革实施后，企业未选择"多证合一"方式提交申请的，仍可通过中国国际贸易单一窗口平台或"互联网+海关"平台提交进出口货物收发货人备案登记申请，从而实现全流程不见面的"线上审批"模式。企业可以通过中国国际贸易单一窗口平台中的"企业资质"子系统（见图 2-1）或"互联网+海关"平台中的"企业管理"子系统（见图 2-2）查询海关进出口货物收发货人的备案登记结果。

2. 注册登记有效期

2019 年 12 月，海关总署发布了《关于取消报关企业和报关企业分支机构注册登记有效期的公告》（海关总署 2019 年第 213 号），在全国范围内取消了报关企业和报关企业分支机构注册登记的有效期，改为长期有效。

图 2-1　中国国际贸易单一窗口平台"企业资质"子系统

图 2-2 “互联网+海关”平台“企业管理”子系统

2.2 跨境电商企业

2.2.1 跨境电商企业概述

1. 跨境电商企业的定义

跨境电商企业是指自境外向境内消费者销售跨境电商零售进口商品的境外注册企业（不包括在海关特殊监管区域或保税物流中心内注册的企业），或者境内向境外消费者销售跨境电商零售出口商品的企业，为商品的货权所有人。

2. 涉及的单证申报

跨境电商企业作业中涉及的单证主要有电子订单、支付单或收款单、进出口清单及汇总申请单等。电子订单信息包括订购人信息、订单号、支付单号、物流单号及商品信息等。跨境电商企业或电商平台通过中国电子口岸跨境贸易电子商务通关服务平台向监管部门推送订单信息。支付单信息包括支付人信息、支付金额、订单号、支付单号等。电子订单对应的支付单，由支付公司通过中国电子口岸跨境贸易电子商务通关服务平台向监管部门推送支付信息。进出口清单申报包含订单、商品、支付、物流的相关信息，由仓储或物流企业通过中国电子口岸跨境贸易电子商务通关服务平台向监管部门推送清单信息。

2.2.2　跨境电商企业注册登记

1. 跨境电商企业注册登记要求

为进一步规范海关跨境电商监管工作，根据《中华人民共和国海关报关单位注册登记管理规定》，以及商务部、发展改革委、财政部、海关总署、税务总局、市场监管总局联合印发的《关于完善跨境电子商务零售进口监管有关工作的通知》等，2018 年 12 月 29 日，海关总署发布了《关于跨境电子商务企业海关注册登记管理有关事宜的公告》(海关总署公告 2018 年第 219 号)。该公告规定，跨境电商支付企业、物流企业应当按照海关总署 2018 年第 194 号公告的规定取得相关资质证书，并按照主管部门的相关规定，在办理海关注册登记手续时提交相关资质证书。跨境电商出口企业应当依据海关报关单位注册登记管理相关规定，向所在地海关办理注册登记；境外跨境电商企业应委托境内代理人向该代理人所在地海关办理注册登记，承担如实申报责任，依法接受相关部门监管，并承担民事责任。

2. 跨境电商企业注册登记流程

企业可根据其从事的跨境业务类型，选择注册为进出口货物收发货人或报关企业，再进入信息变更系统，勾选跨境电商企业类型。企业采取“多证合一”方式办理进出口货物收发货人备案登记的，相关要求详见海关总署、国家市场监督管理总局 2019 年第 14 号联合公告。

办理报关企业或进出口货物收发货人注册登记的，提交“报关单位情况登记表”，并在“经营范围”栏目中注明跨境电商类型、跨境电商网站网址等信息。办理无报关权其他企业登记的，提交“跨境电子商务信息登记表”。

3. 跨境电商企业管理

① 承担消费者权益保障责任，包括但不限于商品信息披露、提供商品退换货服务、建立不合格或缺陷商品召回制度、对商品质量侵害消费者权益的赔付责任等。当发现相关商品存在质量安全风险或发生质量安全问题时，应立即停止销售，召回已销售商品并妥善处理，防止其再次流入市场，并及时将召回和处理情况向海关等监管部门报告。

② 履行对消费者的提醒告知义务，会同跨境电商平台在商品订购网页或其他醒目位置向消费者提供风险告知书，消费者同意后方可下单购买。

③ 建立商品质量安全风险防控机制，包括收发货质量管理、库内质量管控、供应商管理等。

④ 建立健全网购保税进口商品质量追溯体系，追溯信息应至少涵盖国外启运地至国内消费者的完整物流轨迹，鼓励向海外发货人、商品生产商等上游溯源。

⑤ 向海关实时传输施加电子签名的跨境电商零售进口交易电子数据，可自行或委托代理人向海关申报清单，并承担相应的责任。

⑥ 参与跨境电商零售进出口业务并在海关注册登记的企业，纳入海关信用管理，海关根据企业的信用等级实施差异化的通关管理措施。

知识链接 2-1

跨境电商企业办理注册登记

根据《关于跨境电子商务零售进出口商品有关监管事宜的公告》（海关总署公告2018年第194号）第二条的规定，参加跨境电商业务的企业应当事先向所在地海关提交以下材料：

① 企业法人营业执照副本复印件；

② 组织机构代码证书副本复印件（以统一社会信用代码注册的企业不需要提供）；

③ 企业情况登记表，具体包括企业组织机构代码或统一社会信用代码、中文名称、工商注册地址、营业执照注册号，法定代表人（负责人）、身份证件类型、身份证号码，海关联系人、移动电话、固定电话，跨境电商网站网址等。

企业按照上述规定提交复印件的，应当同时向海关交验原件。如需向海关办理报关业务，应当按照海关对报关单位注册登记管理的相关规定办理注册登记。

资料来源：中华人民共和国海关总署网站。

2.3 跨境电商平台

2.3.1 跨境电商平台概述

跨境电商平台即在境内办理工商登记，为交易双方（消费者和跨境电子商务平台企业）提供网页空间、虚拟经营场所、交易规则、交易撮合、信息发布等服务，设立供交易双方独立开展交易活动的信息网络系统的经营者。进口跨境电商平台如天猫国际、京东国际、淘宝全球购、考拉海购、洋码头、苏宁国际、唯品国际、丰趣海淘、蜜芽、宝贝格子、55海淘、别样海外购、Amazon海外购、五洲会、行云集团、海带、海拍客等；出口跨境电商平台如阿里巴巴国际站、Amazon 全球开店、eBay、全球速卖通、Wish、敦煌网、兰亭集势、环球易购、安克创新、有棵树、通拓科技、环球资源、大龙网、棒谷科技、执御、傲基电商、跨境翼、赛维电商等。

2.3.2 跨境电商平台注册登记

1. 跨境电商平台注册登记要求

根据规定，跨境电商平台运营主体应在境内办理工商登记，并按相关规定在海关办理注册登记，接受相关部门的监管，配合开展后续的管理和执法工作。

2. 跨境电商平台入驻要求

全球速卖通、Amazon、eBay、Wish、Shopee、Lazada是目前主流的跨境电商平台。不同的跨境电商平台入驻要求也不同，如表2-1所示。

表 2-1　不同跨境电商平台的入驻要求

跨境电商平台	入 驻 要 求
全球速卖通	企业账号需完成全球速卖通企业认证（接受个体工商户的入驻申请）。一个通过企业认证的会员仅能拥有 6 个可出售商品的全球速卖通账户（特殊情况除外）。2017 年 1 月 1 日起，该平台关闭个人账户转为企业账户的申请入口，所有新账户必须以企业身份注册认证。一家企业在一个经营大类下可经营店铺数量限 6 家
Amazon	1．已经拥有境内或境外注册商标（R 标）或正在申请/有意愿申请境外注册商标的卖家（只对注册国有效） 2．公司营业执照彩色照片或扫描件（文件要高清完整，不可缺角、缺边） 3．法人身份证彩色照片（正反面放在同一个文档里） 4．付款信用卡（国内双币信用卡，首选 VISA；要确认开通了销售国币种的支付功能，如开通美国站就要用能支付美元的信用卡） 5．收款账号（海外银行账户或第三方收款，如连连支付、iPayLinks、PingPong、World First、Payoneer 等）
eBay	1．工商税务信息，无异常的注册企业 2．申请账号需通过 eBay 卖家账号认证且连接到已认证的 PayPal 账号 3．准备一张双币信用卡（VISA、MasterCard），信用卡开通网上银行功能，方便日后操作 4．最好在跨国认证之后再进行销售 5．跨国认证需要的资料包括身份证、个人近照、地址证明　（地址证明要和注册地址一致） 6．使用 Hotmail、Gmail、163 等国际通用的邮箱作为注册邮箱，以确保顺利接受来自 eBay 及海外买家的邮件
Wish	1．个人和企业属于一个实体，一个实体只能注册一个店铺，严禁重复注册，多开的店铺会被关闭 2．SKU 要求：150 个/店铺
Shopee	1．中国内地或香港地区企业营业执照、个体户营业执照 2．店铺近 3 个月内的订单流水或资金流水截图（只需提供总体数据，无须精细） 3．需开通首站是马来西亚或菲律宾站点的，目前正在运营其他跨境电商平台及产品数量一定要达到 100 款以上 4．法人身份证正反面扫描件照片
Lazada	1．企业营业执照、支付宝账号 2．企业需要有 Payoneer 卡，同时必须以企业形式注册 Payoneer 卡，在入驻 Lazada 时收到的第二封邮件中会提供 Payoneer 卡注册通道 3．企业必须有一定的电商销售经验，如在 Amazon、全球速卖通、Wish、eBay 等平台有开店经验 4．平台对产品有一定的要求，如 3C 消费电子产品（手机、平板、相机、智能穿戴设备等）液体产品、药品等属于禁售产品

3．跨境电商平台管理

① 向海关实时传输施加电子签名的跨境电商零售进口交易电子数据，并对交易的真实性、消费者身份的真实性进行审核，承担相应责任。

② 建立平台内交易规则、交易安全保障、消费者权益保护、不良信息处理等管理制度。对申请入驻平台的跨境电商企业进行主体身份真实性审核，在网站上公示主体身份信息和消费者评价、投诉信息，并向监管部门提供平台入驻商家等信息。与申请入驻平台的跨境电商企业签署协议，就商品质量安全主体责任、消费者权益保障及其他相关要

求等明确双方的责任、权利和义务。

③ 对平台入驻企业既有跨境电商企业也有国内电商企业的，应建立相互独立的区块或频道为两者提供平台服务，或者以明显的标识对跨境电商零售进口商品和非跨境商品予以区分，避免误导消费者。

④ 建立消费纠纷处理和消费维权自律制度，消费者在平台内购买商品，其合法权益受到损害时，平台须积极协助消费者维护其合法权益，并履行先行赔付责任。

⑤ 建立商品质量安全风险防控机制，在网站醒目位置及时发布商品风险监测信息、监管部门发布的预警信息等。督促跨境电商企业加强质量安全风险防控，当商品发生质量安全问题时，敦促跨境电商企业做好商品召回处理，并做好报告工作。对不采取主动召回处理措施的跨境电商企业，可采取暂停其跨境电商业务的处罚措施。

2.4 境内服务商

2.4.1 境内服务商概述

1. 境内服务商的定义

境内服务商是指在境内办理工商登记，接受跨境电商企业委托，为其提供申报、支付、物流、仓储等服务，具有相应运营资质，直接向海关提供有关支付、物流和仓储信息，接受海关、市场监管等部门的后续监管，承担相应责任的主体，包括支付企业、物流企业、报关企业、监管场所等。中国邮政、顺丰速运、京东物流、菜鸟网络、斑马物联网、PayPal、连连支付、一达通、卓志等都是跨境电商境内服务商。

支付企业是指在境内办理工商登记，接受跨境电商平台企业或跨境电商企业境内代理人委托，为其提供跨境电商零售进口支付服务的银行、非银行支付机构及银联等。

物流企业是指在境内办理工商登记，接受跨境电商平台企业、跨境电商企业或其代理人委托，为其提供跨境电商零售进出口物流服务的企业。

报关企业在此指为跨境电商企业提供清单申报的代理报关企业。

监管场所的全称为“海关监管作业场所经营企业”，是指符合海关设置标准的特定区域，进出境货物的装卸、交付、查验、收发等活动，都在这个区域进行。

2. 涉及的单证申报

支付企业申报业务单证涉及支付单。物流企业申报业务单证涉及运单和出口离境单/进口入库明细单。报关企业申报业务单证涉及进出口清单和汇总申请单。监管场所申报业务单证仅涉及运抵单。

2.4.2 境内服务商注册登记

1. 境内服务商注册登记要求

境内服务商中，支付企业需在境内办理工商登记，向海关提交相关资质证书并办理注册登记。其中提供支付服务的银行机构应具备银保监会或原银监会颁发的“金融许可证”，非银行支付机构应具备中国人民银行颁发的“支付业务许可证”，支付业务范围应包括互联网支付。物流企业应取得国家邮政局颁发的“快递业务经营许可证”。直邮进口模式下，物流企业应为邮政企业或进出境快件运营人。

2. 境内服务商管理

① 支付企业、物流企业应如实向监管部门实时传输施加电子签名的跨境电商零售进口支付、物流电子信息，并对数据的真实性承担相应责任。

② 报关企业接受跨境电商企业委托向海关申报清单，承担如实申报的责任。

综上所述，跨境电商企业在进行清单申报的过程中，如果是自行申报，此时跨境电商企业是进出口货物收发货人；如果是代理报关，则境内服务商（如货代或报关行、报关公司）是报关企业。跨境电商参与主体涉及的业务单证如表 2-2 所示。

表 2-2　跨境电商参与主体涉及的业务单证

序　号	业务单证	进口报关	出口报关
1	清单	跨境电商企业或代理人	
2	电子订单	跨境电商企业或电商平台、受委托的快件运营人、邮政企业	跨境电商企业或电商平台
3	支付单	支付企业或受委托的快件运营人、邮政企业	
4	运单	物流企业	
5	收款单	—	跨境电商企业
6	入库明细单	海关监管作业场所经营企业	—
7	运抵单	—	海关监管作业场所经营企业
8	离境单	—	物流企业
9	清单总分单	—	跨境电商企业或代理人
10	汇总申请单	—	跨境电商企业或代理人

拓展思政案例

贯彻新发展理念，拓展国际合作空间：RCEP 签署

2020 年 11 月 15 日，东盟十国、中国、日本、韩国、澳大利亚、新西兰 15 个亚太国家，正式签署了《区域全面经济伙伴关系协定》（以下简称 RCEP），标志着当前世界上人口最多、经贸规模最大、最具发展潜力的自由贸易区正式成立。

RCEP 生效后，区域内 90%以上的货物贸易最终实现零关税，主要是立刻降税到零和逐步降税到零。进出口企业实现降税及零关税的前提是产品符合 RCEP 原产地规则，并且按进口缔约方海关要求申报享受相关协定税率。

RCEP 有以下四个重点值得关注。

1. RCEP 原产地累积规则

RCEP 实现了 15 个成员国之间的累积，打破了原先中韩、中澳、中国-东盟等不能跨协定累积的限制。产品在加工过程中，实现的增值部分只要属于 15 个成员国，且价值增值超过 40%，即视为原产地产品。

关注点：RCEP 结合了之前自由贸易协定的先进经验，原产地规则更加丰富，规定更加细致。累积规则允许商品原产成分在 15 个缔约方构成的区域内进行累积。由于此次 RCEP 涉及 15 个国家，区域成分累积的适用将进一步增强产业价值链布局的灵活性和多样性，协定红利将得到充分释放。

2. 首次提出背对背原产地证明概念

中间缔约方的出口商对已出具原产地证明的货物再次分批、分期灵活出具原产地证明，相关货物在销售给其他缔约国时仍然享受协定税率。

关注点：这表示缔约国出口商品在中间缔约国拆分后，可在不超过初始原产地证明所载数量和有效期的情况下使用背对背原产地证明，再次出口商品并在进口国享受协定税率，从而极大地提高了企业在销售策略和物流安排方面的灵活性。

3. 原产地声明大规模使用

经核准，出口商出具的原产地声明将与传统的原产地证书一起于 RCEP 生效之日起并轨使用。

关注点：企业自主原产地声明是指在传统的由签证机构所签发的原产地证书之外，经核准的出口商自主出具的原产地声明。它是有效的享惠凭证，该制度将切实提高自由贸易协定实施的便利化程度。

4. 新增中日自贸伙伴关系

RCEP 整合了东盟与中国、日本、韩国、澳大利亚、新西兰多个“10+1”自贸协定，以及中国、日本、韩国、澳大利亚、新西兰五国之间已有的多对自贸伙伴关系，中国和日本首次达成双边关税减让安排，实现了历史性突破。

关注点：在 RCEP 框架下，进口关税进一步下调，为需要从日本进口的企业提供了更加坚实的进口来源保障；同时，日方在 RCEP 项下承诺逐步下调部分商品关税，直至 15 年后关税下降至零。

全国首个 RCEP 跨境电商专项政策《广州市把握 RCEP 机遇促进跨境电子商务创新发展的若干措施》于 2021 年 3 月 29 日发布，从优化口岸营商环境、培育创新主体、加强自主创新能力、拓展国际营销网络和强化专业人才培训 5 个方面提出了 25 条创新措施，促进贸易便利，降低企业经营的不稳定性。

 实训练习

实训要求：浏览中国国际贸易单一窗口平台，熟悉办理企业注册登记的手续。

实训内容：在中国国际贸易单一窗口平台办理企业注册登记手续。

实训步骤：

1. 登录中国国际贸易单一窗口平台。
2. 熟悉办理企业注册登记的手续。

（1）企业用户注册。登录中国国际贸易单一窗口网站。单击网页右上方的“立即注册”选项，按照系统提示完成企业用户注册（见图 2-3）。

图 2-3　中国国际贸易单一窗口平台注册界面

（2）进行海关注册登记。完成用户注册后，通过“账号登录”进入系统，单击左侧的“企业资质”→“海关企业通用资质”→“企业注册登记”→“注册登记申请”选项，以工商营业执照为依据，正确选填相关信息，确认真实无误后方可提交。

（3）提交申报。填写完成后，单击左上方的“申报”按钮，致电所在地海关申请审核。企业可在“查询”页面自行查询是否审核通过。

（4）备案回执打印。审核通过后，企业可进入“注册登记申请”页面，单击“电子签章打印”→“申请证书”选项，等待一段时间后点击下载，下载完毕后即可打印自带电子印章的“海关收发货人备案回执”。

实训评价：

1. 正确登录中国国际贸易单一窗口网站，按照系统提示完成企业用户注册。（30 分）
2. 完成海关注册登记信息填报并申报。（30 分）
3. 学习小组成员分享独立完成在国际贸易单一窗口平台办理企业注册登记的流程，并归纳总结。（20 分）

4. 将相关操作截图上传至班级作业群打卡。(20分)

课后习题

一、判断题

1. 跨境电商平台运营主体应在境内办理工商登记，并按相关规定在海关办理注册登记，接受相关部门的监管，配合开展后续的管理和执法工作。 ( )

2. 申请人办理工商注册登记时，无须办理“报关单位注册登记证书”。 ( )

3. 支付企业、物流企业应如实向监管部门实时传输施加电子签名的跨境电商零售进口支付、物流电子信息，并对数据的真实性承担相应责任。 ( )

4. 报关企业可接受跨境电商企业的委托向海关申报清单，但报关企业本身无须承担相关申报责任。 ( )

5. 跨境电商出口企业应当依据海关报关单位注册登记管理相关规定，向口岸海关办理注册登记。 ( )

二、单选题

1. 跨境电商作业中涉及的单证主要有电子订单、支付单或收款单、( )及汇总申请单等。

A. 运单　　B. 提单　　C. 合同　　D. 备案清单

2. 进出口货物收发货人、报关企业办理报关手续，必须依法经( )注册登记。

A. 外经贸委　　B. 海关　　C. 商务部　　D. 外管局

3. 下列关于报关企业和报关企业分支机构注册登记有效期的说法正确的是( )。

A. 两年有效　　B. 一年有效　　C. 半年有效　　D. 长期有效

4. 以下不属于RCEP缔约国的是( )。

A. 韩国　　B. 日本　　C. 美国　　D. 澳大利亚

5. 参与跨境电商零售进出口业务并在海关注册登记的企业，纳入海关( )管理，海关根据企业的信用等级实施差异化的通关管理措施。

A. 信用　　B. 等级　　C. 差异　　D. 通关

三、简答题

1. 跨境电商参与主体都需要向海关进行注册登记吗？如何进行注册登记？
2. RCEP是什么？简述RCEP如何影响跨境电商。
3. 跨境电商企业的管理措施有哪些？

第 3 章　跨境电商商品税费

学习目标

1. 了解进出口货物税费的含义和种类。
2. 依据海关对货物和物品征税的相关管理规定，确定完税价格。
3. 按照原产地规则的规定，选择正确的税率。
4. 合规核算跨境电商商品的税费。

导入案例

李军在某跨境电商企业工作，近期接到经理布置的任务，在跨境电商平台进行进口产品上架，经理要求其在展示前把所有商品的进口商品相关税费计算出来，并加到产品的价格中，平台展示含税价。李军有点懵，赶紧查阅《中华人民共和国进出口税则》(以下简称《进出口税则》)[①]。

每种商品对应的税率有普通税率、最惠国税率、协定税率等，但跨境电商商品的税率如何选择？进口完税价格如何确定？如何计算区别于一般贸易的税费？

请帮助李军解决以下问题:

1. 跨境电商商品的税费具体包括哪些？
2. 商品的完税价格如何审定？
3. 不同的税率如何选择？
4. 各种税费的计算，与一般贸易的税费如何区别？

分析提示：

海关针对货物或物品一般征收进出口关税和进口环节海关代征税、综合税、行邮税。针对一般进口货物征收进口关税和进口环节海关代征税（包括进口环节消费税和进口环节增值税）。根据财政部、海关总署、税务总局联合发布的《关于完善跨境电子商务零售进口税收政策的通知》(财关税〔2018〕49 号)，跨境电商零售进口货物的税收政策适用于综合税。对进境旅客的行李物品和个人邮递物品征收行邮税。

---

① 现行《进出口税则》为 2021 年版。

一般进口货物完税价格由海关以该货物的成交价格为基础审查确定，并应包括货物运抵我国境内输入地点起卸前的运输及相关费用、保险费；对跨境电商零售进口货物，海关按照国家关于跨境电商零售进口的税收政策征收关税和进口增值税、消费税，完税价格为实际交易价格，包括商品零售价格、运费和保险费。

进口货物的原产地不同，适用的税率也不同。税率分设最惠国税率、协定税率、特惠税率、普通税率、关税配额税率等。针对货物出口商提供的原产地证书，确定对应的原产地，一般按照从低适用的原则选择与之适应的税率，按相应的公式核算税费。

一般来说，大部分货物实行从价税进行计税，按照货物的完税价格乘以税率计算不同的税费，具体如下所示。

$$\text{关税税额} = \text{关税完税价格} \times \text{关税税率}$$

$$\text{消费税税额} = \frac{\text{关税完税价格}+\text{关税税额}}{1-\text{消费税税率}} \times \text{消费税税率}$$

$$\text{增值税税额} = (\text{关税完税价格}+\text{关税税额}+\text{消费税税额}) \times \text{增值税税率}$$

$$\text{跨境电商综合税税额} = \text{完税价格} \times [(\text{消费税税率}+\text{增值税税率}) / (1-\text{消费税税率})] \times 0.7$$

$$\text{行邮税应征税额} = \text{完税价格} \times \text{税率}$$

海关对商品的监管主要划分为货物监管和个人自用物品两大类，对一般贸易和加工贸易采取货物监管的原则，对个人行邮采取个人自用物品的监管原则，对于个人通过跨境电商渠道购买的商品，[依据《关于完善跨境电子商务零售进口监管有关工作的通知》（财关税〔2018〕49 号）]，按照个人自用进境物品监管。本章的税费核算从货物和个人自用物品两方面展开进行介绍。

3.1 进出口货物税费概述 

3.1.1 税费的种类

通过跨境电商方式进出口的货物和物品有 B2B 和 B2C 等方式，而针对这些进出口的货物和物品，海关一般征收进出口关税和进口环节海关代征税（包括进口环节消费税和进口环节增值税）、综合税、行邮税。

1. 进出口关税

关税是海关代表国家，按照国家制定的关税政策和公布实施的税法及《进出口税则》，对准许进出关境的货物和物品向关税纳税义务人征收的一种流转税。按照货物的流向，关税可分为进口关税和出口关税。进口关税是指一国海关以进境货物或物品为征税对象所征收的关税。出口关税是指一国海关以出境货物和物品为征税对象所征收的关税。征收出口税的目的主要是限制、调控某些商品的出口。一般不征出口税，只对鳗鱼苗、铅矿砂、锌矿砂、钢坯、尿素等部分出口商品征收出口关税。

关税纳税义务人也称为关税纳税人或关税纳税主体，包括进出口货物的收发货人、进出境物品的所有人。进口关税分为进口正税和进口附加税。进口正税是指按照《进出口税则》规定的进口税率征收的关税。进口附加税是由于一些特定需要对进口货物除征收关税正税之外另行加征的一种进口税，一般具有临时性，如反倾销税、反补贴税、保障措施关税、报复性关税等。

知识链接 3-1

进口附加税率

国家针对某些特殊情况下进口货物的税款征收规定了反倾销税率、反补贴税率、保障措施税率、报复性关税税率等附加税率，该类税率一般具有临时性特点。附加税税种及税率由国务院关税税则委员会决定，由海关负责征收。WTO 不准许其成员国在一般情况下随意征收进口附加税，只有符合其有关规定的才可以征收。目前我国征收反补贴税的商品主要有汽车产品、白羽肉鸡、取向性硅电钢、太阳能级多晶硅等。

一般情况下，执行进口附加税之前，国家相关部门均对外发布征收公告。按照有关法律、行政法规的规定对进口货物采取反倾销、反补贴、保障措施的，其反倾销、反补贴、保障措施税率的适用按照《中华人民共和国反倾销条例》《中华人民共和国反补贴条例》《中华人民共和国保障措施条例》的有关规定执行。

任何国家或地区违反与我国签订或共同参加的贸易协定及相关协定，对我国在贸易方面采取禁止、限制、加征关税或其他影响正常贸易的措施的，对原产于该国家或地区的进口货物可以征收报复性关税，适用报复性关税税率。征收报复性关税的货物、适用国别、税率、期限和征收办法，由国务院关税税则委员会决定并公布。反倾销、反补贴、保障措施、报复性关税税率，只能作为附加税率另行征收。例如，在对某进口货物按照最惠国税率计征的基础上，另行按照反倾销税率加征反倾销税。

2. 进口环节海关代征税

（1）进口环节消费税

进口环节消费税是以消费品或消费行为的流转额作为课税对象而征收的一种流转税。消费税由税务机关征收，进口环节消费税是在货物、物品进口时，由海关依法向进口货物的法人或自然人征收的税费。进口环节消费税除国务院另有规定的外，一律不得给予减税、免税。

在我国境内生产、委托加工和进口《中华人民共和国消费税暂行条例》规定的消费品的单位和个人，进口环节为消费税的纳税人，应当依照该条例缴纳消费税。进口的应税消费品，由纳税人向报关地海关申报纳税。进口环节消费税的缴纳期限与关税相同。

目前我国规定应征进口环节消费税的商品共有以下几种类型。

① 一些过度消费会对人的身体健康、社会秩序、生态环境等方面造成危害的特殊消费品（如烟、酒精、鞭炮、焰火、电池、涂料等）。

② 奢侈品等非生活必需品（如贵重首饰及珠宝玉石、化妆品等）。

③ 高能耗的消费品（如小轿车、气缸容量 250 毫升以上的摩托车等）。

④ 不可再生和替代的资源类消费品（如汽油、柴油等）。

⑤ 高尔夫球及球具、高档手表、游艇、木制一次性筷子、实木地板、石脑油、溶剂油、燃料油、航空油等。

（2）进口环节增值税

增值税是以商品的生产、流通和劳务服务各个环节所创造的新增价值为课税对象的一种流转税。课税对象为境内销售货物或提供加工、修理修配劳务和进口货物取得的增值额。增值税一般由税务机关征收，进口环节增值税由海关征收。自 2017 年 7 月 1 日起，货物进口环节增值税税率原适用 13%的，调整为 11%。自 2018 年 5 月 1 日起，进口环节增值税税率原适用 17%、11%的，分别调整为 16%、10%。财政部、税务总局、海关总署联合发布的《关于深化增值税改革有关政策的公告》(财政部　税务总局　海关总署公告 2019 年第 39 号）指出，增值税一般纳税人发生增值税应税销售行为或进口货物，原适用 16%税率的，税率调整为 13%；原适用 10%税率的，税率调整为 9%。目前我国增值税采取基本税率再加一档低税率的征收模式。

基本税率（13%）适用于纳税人销售或进口除适用低税率的货物以外的货物，以及提供加工、修理修配劳务。

对于纳税人销售或进口下列货物的，按低税率 9%计征进口环节增值税。

① 农产品（含粮食）、食用植物油。

② 自来水、暖气、冷气、热水、煤气、石油液化气、天然气、沼气、居民用煤炭制品。

③ 图书、杂志、报纸。

④ 饲料、农药、化肥、农机、农膜。

⑤ 国务院规定的其他货物。

3. 综合税

根据财关税〔2018〕49 号公告，跨境电商零售进口商品的税收政策适用于综合税，即将关税、进口环节增值税、消费税三税合并征收。

跨境电商综合税税额=（关税税额+消费税税额+增值税税额）×70%

根据跨境电商零售进口税收政策，个人单笔交易限值为 5 000 元，个人年度交易限值为 26 000 元以内进口的跨境电商零售进口商品，关税税率暂设为 0%；进口环节增值税、消费税取消免征税额，暂按法定应纳税额的 70%征收。如果单笔订单金额超过 5 000 元，但年度累计交易金额不超过 26 000 元，且订单仅含一件商品时，按照货物税率全额征收关税和进口环节增值税、消费税后，可以自跨境电商渠道进口，交易额计入年度交易总额。

财政部、发展改革委、海关总署等相关部委于 2016 年发布了《跨境电子商务零售进口商品清单》(以下简称《正面清单》)，之后为了顺应消费升级趋势，更好地满足人民对美好生活的需要，国家先后 3 次扩容了《正面清单》。目前最新的《正面清单》为财政部、发展改革委、工业和信息化部等多部委于 2019 年 12 月 24 日发布的 2019 年第 96 号公告。只有《正面清单》中列举的货物，才能自跨境电商渠道进口。

对跨境电商零售进口商品，海关按照国家关于跨境电商零售进口税收政策征收关税和进口环节增值税、消费税，完税价格为实际交易价格，包括商品零售价格、运费和保险费；购买跨境电商零售进口商品的个人作为纳税义务人。在海关注册登记的跨境电商平台企业、物流企业或申报企业作为税款的代收代缴义务人，代为履行纳税义务，并承担相应的补税义务及相关法律责任。

4. 行邮税

行邮税是行李和邮递物品进口税的简称，是海关对入境旅客携带的行李物品和个人邮递物品（满足自用合理数量）征收的进口税。进境物品纳税义务人是指携带物品进境的入境人员、进境邮递物品的收件人，以及以其他方式进口物品的收件人。

（1）入境旅客携带的行李物品

游客从境外带回国内的“个人合理自用物品”，可享受 5 000 元的免税额。如果算上口岸进境免税店的 3 000 元免税额度，个人游客从境外回国时，可以免税带回的“个人合理自用物品”的额度是 8 000 元。超过额度的按行邮税进行征收。

（2）邮递入境的个人物品

根据海关总署发布的《关于调整进出境个人邮递物品管理措施有关事宜》（海关总署公告 2010 年第 43 号），进境个人邮递物品的监管规定如下。

① 个人邮寄进境物品，海关依法征收进口税，但应征进口税税额在 50 元（含 50 元）以下的，海关予以免征。

② 个人寄自港、澳、台地区的物品，每次限值为 800 元；寄自其他国家和地区的物品，每次限值为 1 000 元。

例如，高小姐从国外购物网站购买奶粉、化妆品若干，后采用快递方式寄送。根据个人购物凭证发票、小票、交易记录等，商品总价为 2 000 元。依据海关总署公告 2010 年第 43 号，该邮包按货物报关或退运处理。

③ 个人邮寄进境物品超出规定限值的，应办理退运手续或按照货物规定办理通关手续。但邮包内仅有一件物品且不可分割的，虽超出规定限值，经海关审核确属个人自用的，可以按照个人物品规定办理通关手续。

例如，高小姐通过境外网站购买一个价格为 5 000 元的品牌手提包，通过邮递渠道进境，虽然手提包的完税价格超过每次邮包限值 1 000 元，但邮包内仅有一件物品且不可分割，经现场海关审核确属个人自用，仍可按照个人邮递物品办理进境通关手续。

④ 邮运进口的商业性邮件，应按照货物规定办理通关手续。

综上所述，可将货物和物品征收税种总结如表 3-1 所示。

表 3-1　货物和物品征收税种

报关对象	方　式	税　种
货物	一般贸易	关税+进口环节海关代征税
	跨境电商零售进口	综合税
物品	行李	行邮税
	邮递	

5. 滞纳金

滞纳金是指应纳税的单位或个人因逾期向海关缴纳税款而依法应缴纳的款项。对进口货物要求自海关填发税款缴款书之日起 15 日内必须向指定银行缴纳税款，逾期缴纳的，海关依法在原应纳税款的基础上，从第 16 日开始至缴清之日止按日加收缴纳税款万分之五的利息。在实际计算纳税期限时，应从海关填发税款缴款书之日的第二天起计算，当天不计入。缴纳期限的最后一日是周末或法定节假日的，则关税缴纳期限顺延至周末或法定节假日后的第一个工作日。国务院临时调整休息日与工作日的，则按照调整后的情况计算缴纳期限。滞纳天数按照实际滞纳天数计算，如果税款缴纳期限内含有周末或法定节假日，则不予扣除，一并计算。相关滞纳金的计算公式为：

关税滞纳金金额=滞纳关税税额×0.5‰×滞纳天数

进口环节海关代征税滞纳金金额=滞纳进口环节海关代征税税额×0.5‰×滞纳天数

例 3-1（单选题）

海关于 2021 年 8 月 6 日（周五）填发税款缴款书，纳税人应当最迟于（　　）到指定银行缴纳关税。

A. 8 月 20 日　　B. 8 月 21 日　　C. 8 月 22 日　　D. 8 月 23 日

解析：答案选 D。纳税人本应最迟于 8 月 21 日缴纳税款，由于 8 月 21 日是周六，缴纳期限顺延至 8 月 23 日周一。如果纳税人 8 月 24 日（周二）缴纳税款，即构成滞纳，滞纳天数为 1 天。滞纳天数的计算如表 3-2 所示。

表 3-2　滞纳天数的计算

	周一	周二	周三	周四	周五	周六	周日
日期（8 月）					6 日	7 日（税款缴纳起始日）	8 日
	9 日	10 日	11 日	12 日	13 日	14 日	15 日
	16 日	17 日	18 日	19 日	20 日	21 日（截止日遇周末）	22 日
	23 日（截止日顺延至周末后的第一个工作日）	24 日（滞纳开始）					

3.1.2 计税方法

1. 进出口关税的计税方法

目前，按照计税方法，可将进出口关税的征收分为从价计征、从量计征、从价和从量复合计征，下面分别介绍。

（1）从价计征

从价计征是指以货物、物品的价格为计税标准，按一定比例征税。从价税的价格和税额成正比，我国主要采用从价征税标准。

从价计征的关税计算公式为：

应纳关税税额=完税价格×进口关税税率

其中，对出口货物征收关税时，货物的完税价格计算公式为：

货物完税价格=FOB/（1+出口关税税率）

式中，FOB 为船上交货价。

（2）从量计征

从量计征是指以货物和物品的计量单位（如重量、数量、容量等）作为计税标准。目前，我国采用从量税征收的货物有石油原油、啤酒、胶片、冻鸡等。

从量税征的关税计算公式为：

应纳关税税额=完税数（重）量×从量税税率

（3）从价和从量复合计征

从价和从量复合计征是指一个税目中的商品同时使用从价、从量两种计税方法，按两种税率合并计征。这样可避免当价格下降时，利用从价计征使征收税额减少，而当价格上升时，利用从量税税额不变带来税负的降低，从而抵消从价计征和从量计征对税负的影响，确保合理征收税款。目前，我国采用从价和从量复合计征方法的货物有进口价格高于 2 000 美元的磁带录像机、磁带放像机，进口价格高于 5 000 美元的非特种用途电视摄像机、非特种用途部分数字照相机等。

从价和从量复合计征的关税公式为：

应纳关税税额=从价计征部分的关税税额+从量计征部分的关税税额
=完税价格×进口关税税率+完税数（重）量×从量税税率

2. 进口环节消费税的计税方法

根据商品的不同，进口环节消费税的计税方法有从价定率、从量定额、从价定率和从量定额的复合计税三种，计算时需要根据具体的应税商品选择正确的计税方法。不属于应征进口环节消费税征收范围的，无须进行消费税计算。

（1）采用从价定率计税方法计征进口环节消费税的公式

消费税应纳税额=消费税组成计税价格×消费税比例税率

其中，

消费税组成计税价格=（关税完税价格+关税税额）÷（1-消费税比例税率）

（2）采用从量定额计税方式计征进口环节消费税的公式

消费税应纳税额=应征消费税进口数量×消费税定额税率

目前，我国对啤酒、黄酒、成品油等进口商品实行从量定额计征方式。

（3）采用从价定率和从量定额的复合计税方式计征进口环节消费税的公式

消费税应纳税额=消费税组成计税价格×消费税比例税率+应征消费税进口数量
×消费税定额税率

其中，

消费税组成计税价格=（关税完税价格+关税税额+应征消费税进口数量
×消费税定额税率）÷（1-消费税税率）

目前，我国对香烟、烈性酒（如白酒、威士忌、白兰地等）等进口商品实行复合计税方式，应缴税款是从价定率与从量定额计税方式应缴税款的总和。

3. 进口环节增值税的计税方法

进口环节增值税采用从价税方式征收，计算公式为：

增值税应纳税额=增值税组成计税价格 × 增值税税率

其中，

增值税组成计税价格=关税完税价格+关税税额+消费税税额

4. 综合税的计税方法

在规定限值以内的跨境电商零售进口商品，综合税采用从价税计征，计算公式为：

跨境电商综合税税额=完税价格 × 跨境电商综合税税率

其中，

跨境电商综合税税率=［(消费税税率+增值税税率)÷(1-消费税税率)］×0.7

5. 行邮税的计税方法

行邮税的计税方法为从价税。海关应根据海关总署发布的《关于调整〈中华人民共和国进境物品归类表〉和〈中华人民共和国进境物品完税价格表〉的公告》(海关总署公告 2019 年第 63 号),对超过海关总署规定的数额但仍在合理数量以内的个人自用进境物品进行归类，确定完税价格和适用税率，征收行邮税。

应税个人自用物品由海关按照填发税款当日有效税率和完税价格计征进口税。在“税则归类表”中已列明的物品，归入其列名类别；“税则归类表”中未列明的物品，按其主要功能(或用途)归入相应类别；不能按照上述原则归入相应类别的物品，归入“其他物品”类别。

进出口关税、进口环节消费税、进口环节增值税、行邮税起征额为 50 元，低于 50 元的免征。

3.2 完税价格

3.2.1 完税价格概述

1. 完税价格与海关审价

我国海关依据《海关法》《中华人民共和国进出口关税条例》(以下简称《关税条例》)、《中华人民共和国海关审定进出口货物完税价格办法》(以下简称《审价办法》)和《中华人民共和国海关进出口货物征税管理办法》(以下简称《征管办法》)等有关规定审定进出口货物的完税价格。此种由一国海关根据统一的、法定的估价标准和程序，确定某一进出口货物的价格的活动或作业程序叫海关估价。由海关估价所确定的价格就是该货物的完税价格，完税价格是凭以计征进出口货物应纳税额的基础，国际上通常称其为“海关价格”。海关估价是我国全面履行 WTO《海关估价协议》的体现，也是海关依法行政的体现。

《海关法》第五十五条规定：“进出口货物的完税价格，由海关以该货物的成交价格为基础审查确定。成交价格不能确定时，完税价格由海关依法估定。”

海关审价的法律依据分为三个层次。分别是：法律层次，如《海关法》；行政法规层次，如《关税条例》；部门规章层次，如《审价办法》《征管办法》等。

出口货物海关估价程序同进口货物海关估价程序基本一致，因此本章重点介绍如何运用进口货物成交价格估价方法确定进口货物完税价格。

2. 进出口货物完税价格的定义

《审价办法》规定，进出口货物的完税价格是海关对进出口货物征收从价税时审查估价的应税价格，是凭以计征进出口货物关税及进口环节海关代征税的基础。进口货物完税价格由海关以该货物的成交价格为基础审查确定，并应包括货物运抵我国境内输入地点起卸前的运输及相关费用、保险费。

出口货物完税价格由海关以该货物的成交价格为基础审查确定，包括货物运至我国境内输出地点装载前的运输及其相关费用、保险费。其中出口货物的成交价格指该货物出口销售时，卖方为出口该货物向买方直接收取或间接收取的价款总额。

3.2.2　进口货物完税价格的确定

从上述进口货物完税价格的概念出发，确定进口货物的完税价格应从成交价格的审查确定和运输及相关费用、保险费的审查方面进行。

一般进口货物成交价格的确定方法有 6 种，依序为：成交价格估价方法—相同货物成交价格估价方法—类似货物成交价格估价方法—倒扣价格估价方法—计算价格估价方法—合理估价方法。以上方法依次采用时，经纳税义务人申请，并经海关同意，倒扣价格估价方法和计算价格估价方法可以颠倒使用。

1. 成交价格估价方法

成交价格是指卖方向我国境内销售货物时，买方为进口该货物向卖方实付、应付的，并按有关规定调整后的价款总额，包括直接支付的价款和间接支付的价款。其中，“实付、应付”的价款总额是指买方为购买进口货物而直接或间接支付的价款总额，作为卖方销售进口货物的条件，由买方向卖方或为履行卖方义务向第三方已经支付或将要支付的全部款项；“间接支付”是指买方根据卖方的要求，将货款全部或部分支付给第三方，或者冲抵买卖双方之间的其他资金往来的付款方式。

（1）进口货物适用成交价格估价方法必须满足的条件

成交价格与完税价格是两个不同的概念，根据《审价办法》的规定，进口货物成交价格必须满足以下四个条件，否则不能适用成交价格估价方法确定完税价格。

① 买方对进口货物的处置权和使用权不受限制，但是法律、行政法规规定实施的限制、对货物销售地域的限制和对货物价格无实质性影响的限制除外。

例如，进口货物只能用于展示或免费赠送的，或者只能销售给指定第三方的，则可认定买方对进口货物处置或使用受到了限制。

② 进口货物的价格不得受到导致该货物成交价格无法确定的条件或因素的影响。

导致进口货物成交价格无法确定的条件或因素有以下两种。

- 进口货物的价格是以买方向卖方购买或销售一定数量的其他货物为条件而确定

的，如搭配出售（卖方的销售价格取决于买方同时向其购买特定数量的其他货物）和相互出售（买卖双方可能同时提高或降低进出口货物的价格）。

- 其他经海关审查，认定货物的价格受到使该货物成交价格无法确定的条件或因素影响的。

具有以上情节之一者即视为进口货物的价格受到了导致货物成交价格无法确定的条件或因素的影响。

③ 卖方不得直接或间接地从买方获得因转售、处置或使用进口货物而产生的任何收益，除非上述收益能够被合理确定。

④ 买卖双方之间没有特殊关系，或者虽然有特殊关系，但是按照规定未对成交价格产生影响。

依据进口货物成交价格确定进口货物完税价格是海关估价中使用最多的一种估价方法，但是如果货物的进口非因销售引起或销售不能符合成交价格须满足的条件，就不能采用成交价格估价方法，而应该依次采用其他方法审查确定进口货物的完税价格。

知识链接 3-2

买卖双方特殊关系认定

根据海关总署令第 213 号《中华人民共和国海关审定进出口货物完税价格办法》第十六条的规定，有下列情形之一的，应当认为买卖双方存在特殊关系。

（1）买卖双方为同一家族成员的。

（2）买卖双方互为商业上的高级职员或董事的。

（3）一方直接或间接地受另一方控制的。

（4）买卖双方都直接或间接地受第三方控制的。

（5）买卖双方共同直接或间接地控制第三方的。

（6）一方直接或间接地拥有、控制或持有对方 5%以上（含 5%）公开发行的有表决权的股票或股份的。

（7）一方是另一方的雇员、高级职员或董事的。

（8）买卖双方是同一合伙的成员的。

此外，买卖双方在经营上相互有联系，一方是另一方的独家代理、经销或受让人，若与以上规定相符，也应当视为有特殊关系。

（2）进口货物成交价格的调整因素

成交价格不完全等同于贸易中实际发生的发票价格，需要按有关规定进行调整。

① 依据《关税条例》的规定，应计入成交价格的项目包括以下几种。

- 除购货佣金外的未纳入成交价格中的佣金和经纪费。佣金分为购货佣金和销售佣金。购货佣金也称买方佣金，是由买方向其采购代理人支付的佣金，购货佣金不计入进口货物的完税价格；销售佣金也称卖方佣金，是由卖方向其销售代理人支付的佣金，但是如果销售佣金由买方替卖方直接付给卖方的代理人，则此销售佣金应计入进口货物的完税价格。经纪费是买方为买进进口货物向代表买卖双方利益的经纪人支付的劳务费用，经纪费应计入进口货物的完税价格。

- 与进口货物视为一体的容器费用。此处所称的容器与进口货物归入同一个海关商品编码，制成特殊形状，仅适用于盛装特定货物，与所装货物构成一个不可分割的整体，同时进口，一同出售，长期使用，如饮料瓶与饮料、乐器盒与乐器等。
- 包装费（包装材料费用和包装劳务费用等）。
- 协助的价值。协助的价值是指与进口货物的生产和向我国境内销售有关的，未包括在进口货物的实付或应付价格之中，由买方以免费或以低于成本的方式直接或间接提供，并可以按适当比例分摊的货物或服务的价值。具体包括：进口货物包含的材料、部件、零件和类似货物的价值；在生产进口货物的过程中所消耗的材料的价值；在生产进口货物的过程中使用的工具、模具和类似货物的价值；在境外完成的为生产该进口货物所需的工程设计、技术研发、工艺及制图等工作的价值。
- 特许权使用费。进口货物的买方为取得专利权、商标权、著作权、专有技术、分销权和销售权等的许可或转让而向知识产权权利人或权利人的有效授权人支付的费用，即为特许权使用费。但是如果特许权使用费与该货物无关，或者特许权使用费的支付不构成该货物向中华人民共和国境内销售的条件，则该费用不作为计入因素。
- 买方返回给卖方的转售收益。卖方如果直接或间接从买方对该货物进口后销售、处置或使用所得中获得了收益，则该部分收益的价格应该作为计入因素。

注意，作为计入项目，必须同时满足以下三个条件：由买方负担；有客观量化的数据资料；未包括在进口货物的实付或应付价格之中。否则不予计入。

② 依据《关税条例》的规定，应扣减的项目有以下几种。

- 厂房、机械、设备等货物进口后进行建设、安装、装配、维修或技术援助费用（保修费用除外）。
- 货物运抵境内输入地点起卸后的运输及其相关费用、保险费。
- 进口关税、进口环节海关代征税及其他国内税。
- 为在境内复制进口货物而支付的费用。
- 境内外技术培训及境外考察费用。
- 利息费用。

利息费用应同时满足下列条件：利息费用是由买方为购买进口货物而融资所产生的；有书面融资协议；利息费用单独列明；利率不高于当时当地利率水平。

例 3-2（单选题）

在确定进口货物的完税价格时，下列哪项费用或价值不应计入？（　　）

A. 买方负担的除购货佣金外的佣金和经纪费

B. 作为销售条件，由买方直接或间接支付的特许权使用费

C. 厂房、机械等货物进口后的基建、安装等费用

D. 卖方直接或间接从买方转售、处置或使用中获得的收益

解析：进口货物完税价格由海关以该货物的成交价格为基础审查确定，并应包括货物运抵我国境内输入地点起卸前的运输及相关费用、保险费。题目中的 A、B、D 都是

成交价格中应计入的项目，C是应扣减的项目，因此答案选C。

例 3-3（单选题）

某工厂从美国某企业购买了一批机械设备，成交条件为CIF广州，该批货物的发票列示如下：机械设备USD 500 000，运保费USD 5 000，卖方佣金USD 25 000，培训费USD 2 000，设备调试费USD 2 000。该批货物向海关申报的总价应是（　　）。

A. USD 527 000　　B. USD 530 000　　C. USD 532 000　　D. USD 552 000

解析：向海关申报的总价即完税价格。进口货物的完税价格由海关以该货物的成交价格为基础审查确定，并应包括货物运抵我国境内输入地点起卸前的运输及相关费用、保险费。因此，完税价格包括成交价格，加上境外的运费、保险费。题目中的计入项目为卖方佣金。培训费和调试费不计入该货物的完税价格中。因此，完税价格=机械设备+卖方佣金+运保费=USD500 000+ USD25 000+ USD5 000=USD530 000，因此答案选B。

例 3-4（多选题）

进口货物时，在货物的价款中列明的下列税收、费用，不计入货物完税价格的有（　　）。

A. 厂房、机械、设备等货物进口后进行建设、安装、装配、维修和技术服务的费用

B. 进口货物运抵境内输入地点起卸后的运输及相关费用、保险费

C. 进口关税及国内税收

D. 作为该货物向我国境内销售的条件，买方必须支付的，与该货物有关的特许权使用费

解析：特许权使用费属于货物完税价格的计入项目。

成交价格必须满足以下四个条件，否则不能适用成交价格方法。

① 买方对进口货物的处置和使用权不受限制。

② 货物的价格不应受到导致该货物成交价格无法确定的条件或因素的影响。

③ 卖方不得直接或间接地从买方获得因转售、处置或使用进口货物而产生的任何收益，除非上述收益能够被合理确定。

④ 买卖双方之间的特殊关系不影响价格。

因此，答案选A、B、C。

例 3-5（判断题）

某公司从境外进口清凉饮料2 000箱（24×300ml/箱），申报价格为CIF广州45港币/箱，海关审核单证时发现合同规定：货售完后，买方须将销售利润的20%返还给卖方。此时，海关应按45港币/箱的成交价格审定。（　　）

解析：根据适用成交价格估价方法的条件可判定，该进口货物成交价格受到影响，海关不应按照该公司的申报价格45港币/箱来确定完税价格，而应按销售利润的20%分摊到每箱饮料上，最后的成交价格一定大于45港币/箱。因此此题错误。

例 3-6（多选题）

在下列哪些情况下，海关可以拒绝接受申报价格而另行估价？ （ ）

A. 买方对进口货物的处置受到了卖方的限制，具体表现在买方必须将进口货物转售给卖方指定的第三方

B. 买卖双方达成的销售价格以买方同时向卖方购买一定数量的其他货物为前提

C. 进口方在国内销售进口货物所产生的收益中有一部分返还给出口方，而且这一部分收益的具体金额尚不能确定

D. 进口方和出口方是母子公司，但上述关系并未对成交价格产生影响

解析：选项 A、B、C 都客观影响了成交价格。而在选项 D 中，进口货物的买卖双方虽然存在特殊关系，但上述关系并未对成交价格产生影响，可以作为海关审定完税价格的基础。因此，答案为 A、B、C。

2. 相同货物成交价格估价方法

当不能采用成交价格估价方法时，应按照顺序考虑采用相同进口货物的成交价格估价方法。相同货物是指进口货物在同一国家或地区生产的，在物理性质、质量和信誉等所有方面都相同的货物，但是允许存在表面的微小差异。

3. 类似货物成交价格估价方法

当不能采用相同货物成交价格估价方法时，应按照顺序考虑采用类似进口货物的成交价格估价方法。

类似货物是指与进口货物在同一国家或地区生产的，虽然不是在所有方面都相同，但是具有相似的特征、相似的组成材料、相同的功能，并且在商业中可以互换的货物。类似货物与相同货物要求的时间要素相同，即在海关接受申报之日之前和之后各 45 天内与被估货物同时或大约同时进口。

4. 倒扣价格估价方法

倒扣价格估价方法是指以进口货物、相同或类似进口货物在境内第一环节的销售价格为基础，扣除境内发生的有关费用来估定完税价格。用以倒扣的上述销售价格应同时符合以下条件。

① 在被估货物进口时或大约同时，将该货物、相同或类似进口货物在境内销售的价格。

② 按照该货物进口时的状态销售的价格。

③ 在境内第一环节销售的价格。

④ 向境内无特殊关系方销售的价格。

⑤ 按照该价格销售的货物合计销售总量最大。

在运用倒扣价格估价方法时，涉及的以下项目必须倒扣。

① 在境内第一环节销售时通常支付的佣金或利润和一般费用。

② 货物运抵境内输入地点之后的运保费。

③ 进口关税及在境内销售有关的国内税。

④ 加工增值额。

例 3-7（讨论题）

某进口商在货物进口后按不同的价格分 7 批销售 400 单位的该货物：按 200 元的单价销售 80 单位的货物；按 180 元的单价销售 60 单位的货物；按 200 元的单价销售 30 单位的货物；按 190 元的单价销售 100 单位的货物；按 210 元的单价销售 50 单位的货物；按 180 元的单价销售 70 单位的货物；按 200 元的单价销售 10 单位的货物。请问：按照什么价格销售的货物销售总量最大？

解析：按照倒扣价格估价方法的要求，最大销售总量单价确定如下。

1. 把以同一价格销售的所有货物数量相加，即：

按 180 元的单价销售货物两批，总量 130 单位；

按 190 元的单价销售货物一批，总量 100 单位；

按 200 元的单价销售货物三批，总量 120 单位；

按 210 元的单价销售货物一批，总量 50 单位；

2. 对按照不同价格销售的货物数量进行比较，找出其中销售数量最大的情况下的单价。因为 130 单位为最大销售总量，所以对应的价格 180 元为最大销售总量时的价格。

5. 计算价格估价方法

计算价格估价方法是指以发生在生产国或地区的生产成本作为基础审定进口货物的完税价格。如果进口货物纳税义务人提出要求，并经海关同意，计算价格估价方法可以与倒扣价格估价方法颠倒顺序使用。

采用计算价格估价方法时，其价格由以下项目之和核定。

① 生产该货物所使用的料件成本和加工费用。

② 境外出口商向境内销售同等级或同种类货物通常的利润和一般费用。

③ 该货物运抵境内输入地点起卸前的运输及相关费用、保险费。

6. 合理估价方法

当海关不能根据前面 5 种估价方法确定进口货物完税价格时，根据公平、统一、客观的估价原则，应以客观量化的数据资料为基础审查确定进口货物的完税价格，此为合理估价方法。

在运用合理估价方法时，不得根据下列情况确定海关估价。

① 在进口国生产地该种货物的售价。

② 为海关完税目的规定接受两个备选价格中较高的一种方法。

③ 货物在出口国国内市场上的价格。

④ 以计算价格估价方法为相同或类似货物确定的估计价值之外的生产成本。

⑤ 向进口国之外的国家出口的货物价格。

⑥ 最低海关估价。

⑦ 可变价格或虚假价格。

合理估价方法实际上不是一种具体的估价方法，而是规定了使用估价方法的范围和原则。运用合理估价方法时，首先应当依次使用前 5 种估价方法。

另外，进口货物的完税价格应包括货物运抵我国境内输入地点起卸前的运输及相关费用、保险费。若起卸前的运输及相关费用、保险费已经包括在进口货物的成交价格中，且买方没有另行支付，则无须重复计算；若未包括在进口货物的实付或应付价格中，则应按照买方实际支付价格计算。

依据海关总署公告 2018 年第 194 号《关于跨境电子商务零售进出口商品有关监管事宜的公告》第十二条，跨境电商零售进口货物的完税价格为实际交易价格，实际交易价格包括货物零售价格、运费和保险费。

3.2.3　出口货物完税价格的确定

出口货物完税价格由海关以该货物的成交价格为基础审查确定，包括货物运至我国境内输出地点装载前的运输及其相关费用、保险费。若出口货物成交价格不能确定，海关经了解有关情况，并与纳税义务人进行价格磋商后，依次以下列价格审查确定该货物的完税价格。

① 同时或大约同时向同一国家或地区出口的相同货物的成交价格。

② 同时或大约同时向同一国家或地区出口的类似货物的成交价格。

③ 根据境内生产相同货物的成本、利润和一般费用（包括直接费用和间接费用）、境内发生的运输及相关费用、保险费计算所得的价格。

④ 按照合理方法估定的价格。

计算公式为：

出口货物完税价格=FOB−出口关税=FOB/（1+出口关税税率）

不计入出口货物完税价格的税收、费用如下。

① 出口关税。

② 输出地点装载后的运费及相关费用、保险费。

③ 在货物价款中单独列明由卖方承担的佣金。

3.3　进出口货物原产地规则与税率适用

3.3.1　进出口货物原产地规则

原产地规则指一国（地区）为确定货物的原产地而实施的普遍适用的法律、法规和行政决定。从适用目的的角度划分，原产地规则可分为两大类：优惠原产地规则和非优惠原产地规则。优惠原产地规则是指一国为了实施国别优惠政策而制定的原产地规则，优惠的范围以原产地为受惠国的进口产品为限。

非优惠原产地规则是指一国根据实施其海关税则和其他贸易措施的需要，由本国立法自主制定的原产地规则，也叫“自主原产地规则”。

一般而言，能够确定进口货物属于优惠贸易协定或安排的国家（地区）商品范围，并能提供符合规定要求的原产地证明文件的，则该进口货物可适用优惠原产地规则。反之，则适用非优惠原产地规则。

案例 3-8（讨论题）

在我国台湾地区纺成的纱线，运到日本织成棉织物，并进行冲洗、烫、漂白、染色、印花。上述棉织物又被运往越南制成睡衣，后又经我国香港地区更换包装转销我国内地。我国海关应以哪个国家（地区）为该货物的原产地？

解析：该货物的原产地在越南，因为制成成衣后，最后一次税则归类改变在越南。

知识链接 3-3

原产地证书

原产地证书是出口商应进口商要求而提供的、由公证机构、政府或出口商出具的证明货物原产地或制造地的一种证明文件。

原产地证书是贸易关系人交接货物、结算货款、索赔理赔、进口国通关验收、征收关税的有效凭证，它还是出口国享受配额待遇、进口国对不同出口国实行不同贸易政策的凭证。

原产地证书可分为非优惠原产地证书、优惠原产地证书。

（1）非优惠原产地证书俗称一般原产地证书或普通原产地证书，英文名称为 Certificate of origin，简称 C/O 或 CO。

（2）优惠原产地证书包括绝大多数发达国家给予我国的普惠制待遇（FORM A 证书），以及我国与一些国家或地区签订的双边或多边优惠贸易协定（FORM B 证书、FORM E 证书、FORM F 证书、FORM P 证书、FORM N 证书、FORM X 证书等），具体如下。

- 普惠制原产地证书（FORM A 证书）。
- 《亚太贸易协定》原产地证书（FORM B 证书）。
- 中国-东盟自由贸易区原产地证书（FORM E 证书）。
- 中国-巴基斯坦自贸协定原产地证书（FORM P 证书）。
- 中国-智利自贸协定原产地证书（FORM F 证书）。
- 中国-新西兰自贸协定原产地证书（FORM N 证书）。
- 中国-新加坡自贸协定原产地证书（FORM X 证书）。
- 中国-瑞士自贸协定原产地证书（FORM S 证书）。
- 中国-秘鲁自贸协定原产地证书（中国-秘鲁 FTA 证书）。
- 中国-韩国自贸协定原产地证书（FORM K 证书）。

3.3.2 税率适用

税率适用是指进出口货物在征税、补税、追税或退税时选择适用何种税率。税率适用尤其是关税税率适用的确定与税率适用时间、商品归类、货物原产国（地区）的关系十分密切。

1. 税率适用时间

按照《关税条例》规定，进出口货物应当适用海关接受该货物申报进口或出口之日实施的税率。除了该基本规定，还需要注意以下几类特殊情形。

① 进口货物到达前，经海关核准先行申报的，应当适用装载该货物的运输工具申报进境之日实施的税率。

② 进口转关运输货物，应当适用指运地海关接受该货物申报进口之日实施的税率；货物运抵指运地前，经海关核准先行申报的，应当适用装载该货物的运输工具抵达指运地之日实施的税率。

③ 出口转关运输货物，应当适用启运地海关接受该货物申报出口之日实施的税率。

④ 经海关批准，实行集中申报的进出口货物，应当适用每次货物进出口时海关接受该货物申报之日实施的税率。

⑤ 因超过规定期限未申报而由海关依法变卖的进口货物，其税款计征应当适用装载该货物的运输工具申报进境之日实施的税率。

2. 税率种类

进口税率分设最惠国税率、协定税率、特惠税率、普通税率、关税配额税率等。对进口货物在一定期限内可以实行暂定税率。进口税率及其适用范围如表 3-3 所示。

表 3-3 进口税率及其适用范围

税率名称	适用范围
最惠国税率	原产于与我国共同适用最惠国待遇条款的 WTO 成员国或地区的进口货物，或者原产于与我国签订有相互给予最惠国待遇条款的双边贸易协定的国家或地区的进口货物，或者原产于我国境内的进口货物
协定税率	原产于我国加入的含有关税优惠条款的区域性贸易协定的国家或地区的进口货物
特惠税率	原产于与我国签订含有特殊关税优惠条款的贸易协定的国家或地区的进口货物
普通税率	原产于上述国家或地区以外的国家或地区的进口货物，或者原产地不明的进口货物
关税配额税率	适用于有相对数量限制的进口货物

3. 税率选择

税则号列对应全部税率中设有协定或特惠税率，且进口单位能提供符合要求的原产地及直接运输规定的文件的，应适用优惠原产地规则，并按各自的优惠贸易协定或安排适用协定税率或特惠税率。税则号列对应全部税率中没有协定税率、特惠税率的，或者虽设有协定税率、特惠税率，但不能提供符合要求的原产地及直接运输规定的文件的，适用非优惠原产地规则，一般适用最惠国税率。

依据《关税条例》第十一条的规定，适用最惠国税率的进口货物有暂定税率的，应当适用暂定税率；适用协定税率、特惠税率的进口货物有暂定税率的，应当从低适用税率；适用普通税率的进口货物，不适用暂定税率；适用出口税率的出口货物有暂定税率的，应当适用暂定税率。

对于同时适用多种税率的进口货物，基本原则是"从低适用"，特殊情况除外。进出口货物可选税率及适用税率如表 3-4 所示。

表 3-4　进出口货物可选税率及适用税率

进出口货物	可 选 税 率	适 用 税 率
进口货物	同时适用最惠国税率、进口暂定税率	暂定税率
	同时适用协定税率、特惠税率、进口暂定税率	按"从低适用"原则确定税率
	同时适用最惠国税率、减征税率国家优惠政策、进口暂定税率	优先适用减征税率
	适用普通税率的进口货物，存在进口暂定税率	适用普通税率
	适用关税配额税率、其他税率	配额内的适用配额税率，在配额内税率的基础上还设有暂定税率的，适用暂定税率；配额外的税率适用按照《关税条例》第十条和第十一条执行
出口货物	同时适用出口税率、出口暂定税率	优先适用出口暂定税率

商品的多种税率可登录海关总署网站，在 "互联网+海关"页面进行查询。相应的税率如图 3-1 和图 3-2 所示。

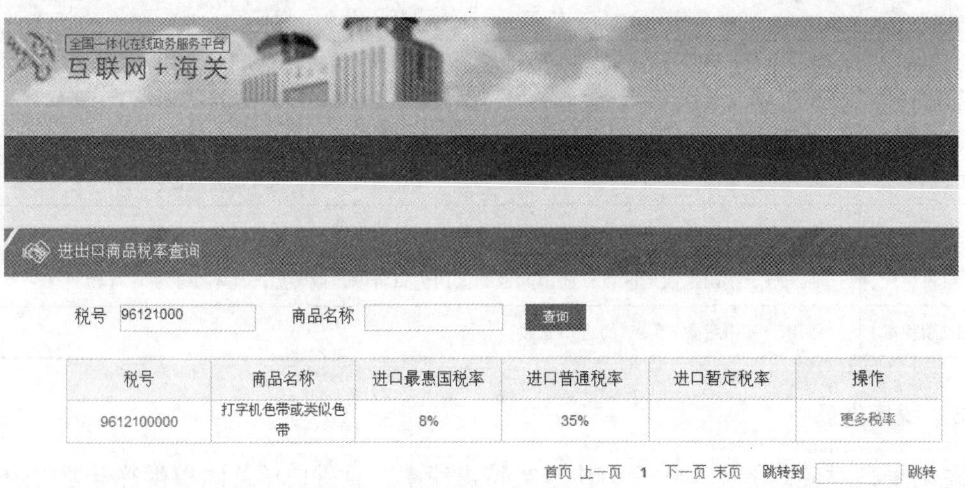

图 3-1　最惠国税率与普通税率

更多税率

进口最惠国税率、普通税率、暂定税率

税号	商品名称	进口最惠国税率	进口普通税率	进口暂定税率
9612100000	打字机色带或类似色带	8%	35%	

进口消费税税率、增值税税率

进口反倾销税税率

进口反补贴税税率

进口废弃电器电子基金、保障措施关税税率

进口协定税率

协定名称	进口协定税率
中国韩国自贸协定	6.3%
特别协定	18%
中国-瑞士自由贸易协定	3.2%
中国澳大利亚自贸协定	0
中国-哥斯达黎加自贸协定	0
中国-冰岛自由贸易协定	0

图 3-2 协定税率

例 3-9（单选题）

境内某公司从香港购进孟加拉国产的某商品一批，设该商品的最惠国税率为 10%，普通税率为 30%，亚太贸易协定税率为 9.5%，香港 CEPA 项下税率为 0，则该商品进口时适用的税率是（　　）。

A. 10%　　B. 30%　　C. 9.5%　　D. 0

解析：孟加拉国属于《亚太贸易协定》成员国，最惠国税率为 10%，普通税率为 30%，亚太贸易协定税率为 9.5%。依据从低适用原则，应选择税率 9.5%，因此答案选 C。

3.4 跨境电商商品税费核算

3.4.1 关税计算

计算关税时按以下步骤进行。

① 将应税货物归入恰当的税号。

② 查询《进出口税则》，按货物的原产地确定应税货物适用的税率。

③ 确定货物的完税价格（适用从价计征）或进出口量（适用从量计征）。

④ 若为外币，将外币折算成人民币（适用上月第三周周三的汇率）。

⑤ 按照计算公式计算税款。

1. 进口关税计算公式

从价计征：

进口关税税额 = 完税价格 × 进口关税税率

从量计征：

进口关税税额 = 进口货物数量 × 单位税率

从价和从量复合计征：

进口关税税额 = 完税价格 × 进口关税税率 + 进口货物数量 × 单位税率

减税征收的进口关税税额=完税价格 × 减按进口关税税率

例 3-10（计算题）

境内某公司从我国香港地区购进一批日本某品牌小轿车，成交价格为 FOB 香港 120 000.00 美元，实际支付运费 5 000 美元，保险费 800 美元。已知该批小轿车的规格为 4 座位，汽缸容量 2 000cc，已知外汇折算率 1 美元= 6.810 1 元，要求计算该批小轿车的进口关税。

解析：计算步骤如下。

确定税则归类，汽缸容量 2 000cc 的小轿车归入税目 8703.2341。

查询税率，如图 3-3 所示。原产国日本适用最惠国税率 15%。

更多税率

进口最惠国税率、普通税率、暂定税率

税号	商品名称	进口最惠国税率	进口普通税率	进口暂定税率
8703234110	仅装有1.5<排量≤2升的点燃往复式活塞内燃发动机小轿车	15%	230%	

进口消费税税率、增值税税率

进口消费税税率	增值税税率
5%	13%

图 3-3　该批小轿车的税率

审定完税价格为 125 800 美元（120 000 美元+5 000 美元+800 美元）。

将外币折算成人民币，125 800 × 6.810 1=856 710.58（元）

正常征收的进口关税税额=完税价格 × 进口关税税率

=856 710.58 × 15%

=128 506.587（元）

进口时，当采用不同贸易术语报价时，可进行以下换算：

进口完税价格=CIF 价格

=CFR 价格/［1-（1+投保加成）× 保险费率］

=（FOB 价格+运费）/［1-（1+投保加成）× 保险费率］

2. 出口关税计算公式

出口货物完税价格=FOB−出口关税

出口关税税额=出口货物完税价格×出口关税税率

$$出口关税税额 = \frac{FOB}{1+出口关税税率} \times 出口关税税率$$

例 3-11（计算题）

某进出口公司以 FOB 上海 600 美元/吨的价格出口锌砂 200 吨到日本，经查，锌砂的出口关税税率为 30%，计算该批锌砂的出口关税（已知外汇牌价为 1 美元=6.873 7 元）。

解析：计算步骤如下。

出口货物的完税价格=FOB/（1＋出口关税税率）

=200×600×6.873 7/（1＋30%）

=634 495.38（元）（保留小数点后两位）

出口关税税额=出口货物完税价格×出口关税税率

=634 495.38×30%

=190 348.614（元）

3.4.2　消费税计算

《中华人民共和国消费税暂行条例》第九条规定："进口的应税消费品，按照组成计税价格计算纳税。"

实行从价定率办法计算纳税的组成计税价格计算公式为：

消费税组成计税价格=（关税完税价格＋关税税额）/（1−消费税比例税率）

消费税应纳税额＝消费税组成计税价格×消费税比例税率

实行从量定额办法计算纳税的计算公式为：

消费税应纳税额＝应征消费税进口数量×消费税定额税率

实行复合计税法计算纳税的计算公式为：

消费税应纳税额=消费税组成计税价格×消费税比例税率+应征消费税进口数量×消费税定额税率

例 3-12（计算题）

某工厂从德国购得一批小轿车，以 CIF 广州价格条件成交。完税价格是 530 000 美元，其关税税率 30%，消费税税率 8%，（已知外汇牌价为 1 美元=6.50 元）。该设备的进口消费税是多少？

解析：计算步骤如下。

因小轿车采用从价计征税，另题中税率已知，故不用查税号。

（1）完税价格=6.5×530 000 =3 445 000（元）

（2）关税税额=完税价格×关税税率=3 445 000×30% =1 033 500（元）

(3)从价消费税税额 $= \dfrac{\text{关税完税价格+关税税额}}{1-\text{消费税税率}} \times \text{消费税税率}$

$= \dfrac{3\,445\,000 + 1\,033\,500}{1-8\%} \times 8\%$

$=389\,434.78$(元)

例 3-13(计算题)

某贸易公司从某国进口了 5 000 箱啤酒，规格为 24 支 × 330 毫升/箱，申报价格为 FOB 神户 USD 10/箱，发票列明：运费为 USD 5 000，保险费率为 0.3‰，经海关审查属实。已知外汇牌价为 1 美元=6.50 元。请计算该商品的消费税。

解析：经相关资料证明该啤酒为麦芽酿造的，HS 编码为 2203000000。

查询关税税率和消费税税率如图 3-4 和图 3-5 所示。

进口最惠国税率、普通税率、暂定税率

税号	商品名称	进口最惠国税率	进口普通税率	进口暂定税率
2203000000	麦芽酿造的啤酒	0元/升	7.5元/升	

图 3-4　进口商品关税税率

税则号列	货品名称	税率(%)	备　注
2106902000	制造饮料用的复合酒精制品	5	
2203000000	麦芽酿造的啤酒	(进口完税价格≥370 美元/吨的麦芽酿造啤酒，税率为 250 元/吨)(进口完税价格<370 美元/吨的麦芽酿造啤酒，税率为 220/元/吨)	1 千克=0.988 升

图 3-5　进口商品消费税税率

从该国进口的啤酒关税税率为 0，其消费税税率为：进口完税价格≥370 美元/吨的麦芽酿造啤酒，税率为 250 元/吨；进口完税价格<370 美元/吨的麦芽酿造啤酒，税率为 220 元/吨，并已知 1 吨啤酒为 988 升。

完税价格=[(10 × 5 000+5 000)/(1−0.3‰)]=55 165.496 5(美元)

重量吨=[(5 000 × 24 × 330/1 000)/988]=40.081(吨)

完税价格=55 165.496 5/40.081

=1 376.350 3(美元/吨)>370(美元/吨)

消费税税额=40.081 × 250

=10 020.25 (元)

3.4.3　增值税计算

《中华人民共和国增值税暂行条例》第十四条规定："纳税人进口货物，按照组成计税价格和增值税税率计算应纳税额。"

增值税组成计税价格和应纳税额计算公式为：

增值税组成计税价格=进口关税完税价格 + 关税税额 + 消费税税额

增值税应纳税额=增值税组成计税价格 × 增值税税率

例 3-14（计算题）

2021 年 11 月，武汉某公司从德国购进 200 个传动轴，其中 EXW 交易价为 1.513 8 欧元/个，运费为 542.48 元，保费率为 0.3%（已知汇率为 1 欧元=7.895 元）。该商品的 HS 编码为 8483109000，请计算该商品的增值税税额。

解析：首先计算完税价格，然后计算关税税额，接着计算消费税税额，最后计算增值税税额。

经查，该传动轴适用进口最惠国税率 6%，进口普通税率 30%，增值税税率 13%，无消费税。如图 3-6 所示为该商品的适用税率。因从德国购进，故享受最惠国税率，进口关税税率为 6%。

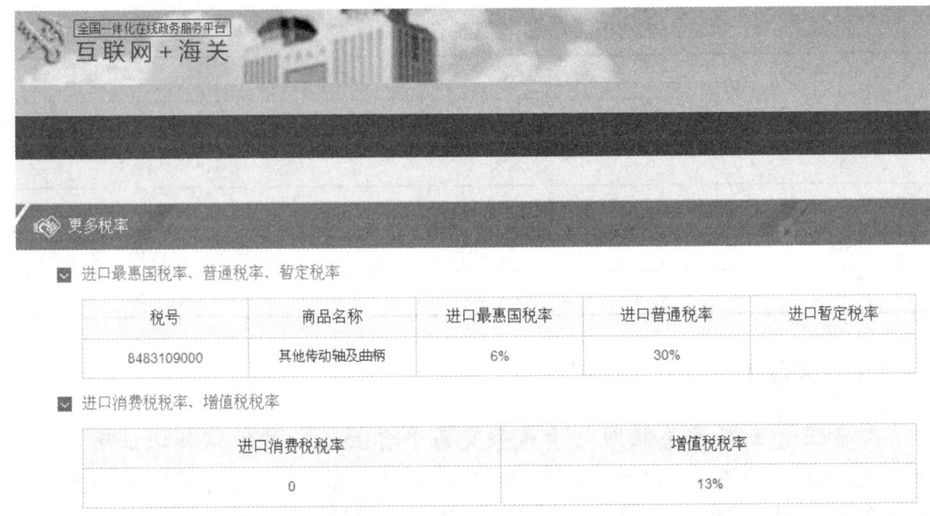

进口最惠国税率、普通税率、暂定税率

税号	商品名称	进口最惠国税率	进口普通税率	进口暂定税率
8483109000	其他传动轴及曲柄	6%	30%	

进口消费税税率、增值税税率

进口消费税税率	增值税税率
0	13%

图 3-6　传动轴的适用税率

（1）计算完税价格：

完税价格=（1.513 8 × 200 × 7.895+542.48）/（1−0.3%）=2 941.59（元）

（2）计算关税税额：

应征关税税额=完税价格 × 关税税率=2 941.59 × 6% =176.50（元）

（3）计算消费税税额：

应征消费税税额为 0 元。

（4）计算增值税税额：

应征增值税税额=（关税完税价格+关税税额+消费税税额）× 增值税税率

=（2 941.59+176.50）× 13%

=405.35（元）

3.4.4 综合税计算

对按保税备货/直邮进口的方式进口的货物，征收综合税。实际货物清关时，关税给予免除，而增值税和消费税则给予 7 折优惠。

计算公式为：

跨境电商综合税=完税价格 × 跨境电商综合税税率

跨境电商综合税税率=［（消费税税率+增值税税率）/（1-消费税税率）］×70%

应纳税额=进口货物完税价格 ×［（消费税税率+增值税税率）/（1-消费税税率）］×70%

对于无消费税的商品，进口综合税税率为 9.1%。但对于有消费税的商品，其进口综合税税率则受较大的影响。按是否有消费税和最新的增值税税率可得出跨境电商综合税税率，如表 3-5 所示。

表 3-5 跨境电商综合税税率变化

消费税税率	综合税税率	
	增值税税率 13%	增值税税率 9%
15%	23.05%	19.76%
10%	17.89%	14.78%
5%	13.26%	10.32%
0	9.1%	6.3%

例 3-15（计算题）

国内消费者王女士在海关联网电子商务交易平台上进行身份信息认证后，单次购买了一套进口化妆品，价值 3 000 元（完税价格）。其中，化妆品的消费税税率为 30%，增值税税率为 16%，关税税率为 25%。问该商品的综合税税额是多少？

解析：王女士单次购买化妆品价值 3 000 元，因未超过 5 000 元，故关税适用税率暂为 0%，则关税税额为 0。

综合税应纳税额=3 000 ×［（16%+30%）/（1-30%）］×70%=1 380（元）

例 3-16（计算题）

某跨境电商平台上显示某款面膜的价格如图 3-7 所示。

图 3-7 中显示，该面膜的税费为 95.69 元，下面就来看看这个金额是怎么计算出来的。

该面膜售价为 415 元，运费为 0，规格为 6 片，单价为 69.166 66 元/片，大于 15 元/片，属于高档消费品，需征收消费税，那消费税税率是多少呢？

该面膜对应的 HS 编码为 3304990049，可在网上查询此 HS 编码对应的税率信息，如图 3-8 所示，消费税税率为 15%，增值税税率为 13%。

综合税应纳税额=（415+0）×［（15%+13%）/（1-15%）］×70%

=95.69（元）

该结果与平台计算的税费一致。

图 3-7　某跨境电商平台上显示的某款面膜的价格

商品编码	3304990049				
商品名称	包装标注规格为“片”或“张”的其他美容品或化妆品及护肤品				
申报要素	0:品牌类型;1:出口享惠情况;2:用途;3:包装规格;4:品牌;5:GTIN;6:CAS;				
法定第一单位	千克	法定第二单位	件		
最惠国进口税率	1%	普通进口税率	150%	暂定进口税率	-
消费税税率	完税价格≥15元/片(张)的,税率为15%	出口关税率	0%	出口退税率	13%
增值税税率	13%	海关监管条件	AB	检验检疫类别	M/N
商品描述	包装标注规格为“片”或“张”的其他美容品或化妆品及护肤品包括防晒油或晒黑油,但药品除外				

图 3-8　面膜适用税率查询

思考：如果例 3-16 中的面膜实际售价只需要 88 元，运费保持 0 元，则换算为 14.67 元/片，小于 15 元/片，不征收消费税。HS 编码不会随着价格的调整而变化，即增值税税率仍为 13%，那么税费是多少呢？

3.4.5　行邮税计算

根据海关的相关政策规定，进境物品进口税从价计征。进口行邮税的计算公式为：

进口行邮税应纳税额=完税价格 × 进口税税率

行邮税的征收步骤如下。

1. 确定完税价格

依据海关总署 2019 年第 63 号公告，进境物品完税价格遵循以下原则确定。

①《中华人民共和国进境物品完税价格表》(以下简称《完税价格表》)已列明完税价格的物品，按照《完税价格表》确定。

②《完税价格表》未列明完税价格的物品，按照相同物品相同来源地最近时间的主要市场零售价格确定其完税价格。

③ 实际购买价格是《完税价格表》列明完税价格的 2 倍及以上，或者是《完税价格表》列明完税价格的 1/2 及以下的物品，进境物品所有人应向海关提供销售方依法开具的真实交易的购物发票或收据，并承担相关责任。海关可以根据物品所有人提供的上述相关凭证，依法确定应税物品完税价格。

针对上述第③项原则，解析如下。

以奶粉为例，依据《中华人民共和国进境物品归类表》(以下简称《物品归类表》)和《完税价格表》(见表 3-6)，奶粉应归入税号 01010700，完税价格为 200 元/千克，税率为 13%。

表 3-6 《完税价格表》(节选)

税　　号	品名及规格	单　　位	完税价格（人民币：元）	税　　率
01000000	食品、饮料、药品			
01010000	-食品			
01010400	—参	千克	2 000	13%
01010700	—奶粉	千克	200	13%
01010800	—调味品	千克	200	13%
01019900	—其他食品	件、千克	另行确定	13%
01020000	-饮料			
01020100	—茶叶	千克	200	13%
01020200	—咖啡	千克	200	13%
01029900	—其他饮料	千克	另行确定	13%
01030000	-药品			
01030100	—抗癌药品	件	另行确定	3%
01030200	—中药酒	瓶	另行确定	13%
01030300	—罕见病药品	件	另行确定	3%
01039900	—其他药品	件	另行确定	13%
02000000	酒			
02010000	-啤酒			
02100100	—12 度以下（不含 12 度）	瓶(不超过 750 毫升)	5	50%
02010200	—12 度至 22 度（不含 22 度）	瓶(不超过 750 毫升)	10	50%
02020000	-葡萄酒			
02020100	—12 度以下（不含 12 度）	瓶(不超过 750 毫升)	100	50%
02020200	—12 度至 22 度（含 22 度）	瓶(不超过 750 毫升)	200	50%

如王先生从境外网站购买 1 千克奶粉，价格为 300 元/千克，是《完税价格表》中列明价格的 1.5 倍，大于奶粉完税价格的 1/2（100 元/千克）且小于完税价格的 2 倍（400 元/千克），海关确定完税价格为 200 元/千克，应缴税款为 26（200×13%）元，因税额不足 50 元，故海关予以免征。

如果王先生购买的奶粉价格为 460 元/千克，大于《完税价格表》中完税价格的 2 倍（400 元/千克），进境物品所有人向海关提供真实的发票、小票、购物记录等，海关依据其购买的零售价格来确定完税价格，即 460 元/千克，应缴税款为 59.8（460×13%）元。如果王先生购买的奶粉价格为 90 元/千克，小于《完税价格表》中完税价格的 1/2（100 元/千克），海关依据其提供的购物凭证，确定奶粉的完税价格为 90 元/千克，应缴税款为 11.7（90×13%）元。因税额不足 50 元，故海关予以免征。

2. 查询物品税率

根据税委会〔2019〕17 号《国务院关税税则委员会关于调整进境物品进口税有关问题的通知》，行邮税共 3 档税率，分别是 13%、20%和 50%。

① 书报、食品、金银、家具、玩具和药品的行邮税税率是 13%。

② 运动用品（不含高尔夫球及球具）、钓鱼用品、纺织品及其制成品的行邮税税率是 20%。

③ 烟、酒、贵重首饰及珠宝玉石、高档手表、高档化妆品的行邮税税率是 50%。

3. 计算行邮税

行邮税应纳税款=完税价格×行邮税税率

举个例子。小王出国旅游时买了一个包，在回国时经海关确认完税价格为 10 000 元，已知包的行邮税税率为 20%，则行邮税应纳税款为 2 000（10 000×20%）元，即实际需要支出 12 000 元。

若国外的人买了个包，寄到国内，商品价格 400 元，打折后 300 元，包属于纺织品，适用行邮税第二档税率 20%，则行邮税应纳税额为 60（300×20%）元，即实际需要支出 360 元。

3.5　进出口税费的减免与退税

3.5.1　进出口税费的减免

进出口税费的减免是指按照《海关法》《关税条例》和其他有关法律、行政法规的规定，对进出口货物的税费给予减征和免征。关税的减免分为法定减免税、特定减免税和临时减免税。

1. 法定减免税

法定减免税有明确的范围。海关对法定减免税货物一般不需前期审批，也不用进行后续管理。《海关法》第五十六条规定，下列进出口货物、进出境物品，减征或免征关税。

（1）关税税额在 50 元以下的一票货物。
（2）无商业价值的广告品和货样。
（3）外国政府、国际组织无偿赠送的物资。
（4）在海关放行前遭受损坏或损失的货物。
（5）规定数额以内的物品。
（6）法律规定减征、免征关税的其他货物、物品。
（7）我国缔结或参加的国际条约规定减征、免征关税的货物、物品。

2. 特定减免税

特定减免税是指海关根据国家规定，对特定企业、特定地区、特定用途（“三个特定”）的进出口货物给予减免关税和进口环节海关代征税的优惠，也称政策性减免税。特定减免税的范围和办法由国务院规定，海关根据国务院的规定单独或会同国务院其他主管部门制定具体实施办法并加以贯彻执行。

（1）外商投资项目投资额度内进口自用设备

中外合资经营企业、中外合作经营企业和外资企业（以下统称外商投资企业）所投资的项目符合《外商投资产业指导目录》中鼓励类或《中西部地区外商投资优势产业目录》的产业条目，在投资总额内进口的自用设备及随设备进口的配套技术、配件、备件（以下简称自用设备），除《外商投资项目不予免税的进口商品目录》《进口不予免税的重大技术装备和产品目录》所列商品外，免征关税，进口环节增值税照章征收。

（2）特定区域物资

保税区、出口加工区等特定区域进口的区内生产性基础设施项目所需的机器、设备和基建物资，可以免税；区内企业进口企业自用的生产、管理设备和自用合理数量的办公用品及其所需的维修零配件，生产用燃料，建设生产厂房、仓储设施所需的物资、设备，可以免税；行政管理机构自用合理数量的管理设备和办公用品及其所需的维修零配件，可以免税。

（3）科教用品

为了促进科学研究和教育事业的发展，推动科教兴国战略的实施，国务院规定对国务院部委和直属机构，以及省、自治区、直辖市、计划单列市所属专门从事科学研究工作的科学研究机构和国家承认学历的实施专科及以上高等学历教育的学校，或者财政部会同国务院有关部门核定的其他科学研究机构和学校，以科学研究和教学为目的，在合理数量范围内进口国内不能生产或性能不能满足需要的科学研究和教学用品，免征进口关税和进口环节消费税、增值税。

还有诸如外商投资企业自有资金项目、无偿援助项目进口物资、救灾捐赠物资、扶贫慈善捐赠物资、残疾人专用品等均属于特定减免税范畴。财政部、海关总署、税务总局联合发布的《关于防控新型冠状病毒感染的肺炎疫情进口物资免税政策的公告》（财政部　海关总署　税务总局公告 2020 年第 6 号）适度扩大了《慈善捐赠物资免征进口税收暂行办法》规定的免税进口范围，对捐赠用于新冠肺炎疫情防控的进口物资，免征进口关税和进口环节消费税、增值税。

3. 临时减免税

临时减免税是指除法定减免税和特定减免税外的其他减免税，国务院根据某个单位、某类商品、某个时期的特殊情况，给予特别的临时性减免。

为了进一步满足居民的消费需求，提升群众获得感，财政部、海关总署、税务总局联合发布了《关于不再执行 20 种商品停止减免税规定的公告》（财政部 海关总署 税务总局公告 2020 年第 36 号），规定自 2020 年 8 月 5 日起，不再执行《国务院批转关税税则委员会、财政部、国家税务总局关于第二步清理关税和进口环节税减免规定意见的通知》（国发〔1994〕64 号）中关于 20 种商品“无论任何贸易方式、任何地区、企业、单位和个人进口，一律停止减免税”的规定，即 20 种商品实行减免税。

这 20 种商品包括电视机、摄像机、录像机、放像机、音响设备、空调器、电冰箱和电冰柜、洗衣机、照相机、复印机、程控电话交换机、微型计算机及外设、电话机、无线寻呼系统、传真机、电子计算器、打字机及文字处理机、家具、灯具、餐料（指调味品、肉禽蛋菜、水产品、水果、饮料、酒、乳制品）。

举个例子。进境居民旅客高某，从境外购买价值 400 元的手机，从深圳皇岗口岸进境。手机（税率为 13%）属于上述 20 种商品范畴，故可予免税放行。

3.5.2　税款缴纳

1. 税费征收方式

自 2017 年 7 月 1 日后，海关税费征收方式由海关审核纳税方式全面向自报自缴方式转变，仅个别类型单据实施海关审核纳税方式。

（1）自报自缴方式

自报自缴是海关税收征管方式改革的重要内容，以企业诚信管理为前提，由企业、单位依法如实、规范、正确申报报关单税收要素，并自主计算、申报税费后自行缴税。税费缴纳后，货物即可放行（如需查验，则查验后放行）。海关在放行后根据风险分析结果对纳税义务人申报的价格、归类、原产地等税收要素进行抽查审核。

自报自缴是海关为守法企业提供快速通关服务的便利措施，可进一步缩短货物通关时间，降低企业贸易成本，是海关提升贸易便利化水平的重要举措。

（2）海关审核纳税方式

海关审核纳税方式是指海关在货物放行前对纳税义务人申报的价格、归类、原产地等税收要素进行审核，并进行相应的查验，核定货物应缴税款，纳税义务人缴纳税款后货物方可放行。

2. 税费缴纳方式

（1）汇总征税

汇总征税是一种便利的征税方式，企业向纳税地海关提交税款总担保。企业在进口货物通关时，凭借商业银行出具的保函，便可以不再“逐票缴税”，而是先提货，再按月集中缴税。汇总征税的期限为 1 个月。企业应于每月第 5 个工作日结束前，完成上月应纳税款的汇总电子支付。税款缴库后，企业担保额度自动恢复。

为优化海关税费电子支付作业流程，提高海关征税作业无纸化水平，提高海关税款入库的及时性，海关总署开发了“海关税费新一代电子支付系统”（简称“新一代电子支付系统”）。根据海关总署 2018 年第 117 号公告，企业可选择柜台支付方式或登录中国国际贸易单一窗口平台、“互联网+海关”平台，使用新一代电子支付系统缴纳海关税费，具体操作见海关总署 2018 年第 74 号公告。新一代电子支付系统目前可支付的税费种类有进出口关税、反倾销税、反补贴税、进口环节海关代征税、缓税利息、滞纳金等。

（2）逐票缴纳

逐票缴纳即海关以纳税义务人纳税申报行为为单元，针对每次申报应纳税款单独缴纳。以往采用“逐票审核、先税后放”的征管模式，现在采用汇总征税。

3. 税单信息查询

可通过海关总署网站查询电子税单的信息并打印。先单击海关总署网站上的“互联网+海关”栏目；然后单击“我要查（电子税率）”，进入 IC 卡登录界面，登录后进行查询。也可通过单一窗口进行查询。

3.5.3 税款退税

有下列情形之一的，进出口货物的收发货人或他们的代理人，可以自缴纳税款之日起一年内，书面声明理由，连同原纳税收据向海关申请退税，逾期不予受理。

① 因海关误征，多纳税款的。

② 海关核准免验进口的货物，在完税后，发现有短卸情事，经海关审查认可的。

③ 已征出口关税的货物，因故未装运出口，申报退关，海关查验属实的。

海关应当自受理退税申请之日起 30 日内做出书面答复并通知退税申请人。

进出口货物完税后，如发现少征或漏征税款的，海关应当自缴纳税款或货物放行之日起一年内，向收发货人或他们的代理人补征。因收发货人或他们的代理人违反规定而造成少征或漏征的，海关在三年内可以追征。

依据财政部、税务总局发布的《关于提高部分产品出口退税率的公告》（财政部　税务总局公告 2020 年第 15 号），自 2020 年 3 月 20 日开始，国家税务总局将瓷制卫生器具等 1 084 项产品的出口退税率提高至 13%；将植物生长调节剂等 380 项产品的出口退税率提高至 9%。具体产品清单请查阅该公告。公告所列货物适用的出口退税率，以出口货物报关单上注明的出口日期界定。退税率提高后，除了高耗能、高污染和资源型的一些产品，其他所有产品都实现了增值税税率和退税率相等，实现了出口产品零税率。本次提高出口退税率涉及农药、化工和不锈钢等多项产品，政策范围较广。通过提高出口退税率，能够降低外贸企业经营成本，缓解企业现金流压力，提高企业出口积极性，促进稳外贸。

拓展思政案例

加强服务意识，减税降费惠企利民

退税 3 亿元，减税 64 亿元，免税和减担保 468 亿元！这三个数字，是北京海关 2020 年认真交出的答卷，是为企业带来的真金白银。在过去的一年中，北京海关聚焦“六稳”“六保”，持续释放业务改革红利，为企业带来了实实在在的好处。不少企业乘着减税降费的政策“春风”，探索转型升级的新模式、新路径，逐渐走出了新冠肺炎疫情带来的困境。

据了解，2020 年北京海关坚决打好疫情防控阻击战，快速审核进口防疫物资征免税证明，助力防疫物资驰援一线，及时、准确地为疫情防控物资及疫情防控期间的出口退运货物办理退税手续。通过“一窗通办”模式，安排专人专岗一次性办结相关业务，确保退税政策执行到位。为企业纾困解难，对开展加工贸易业务的生产型企业暂免征收内销缓税利息。2020 年全年，北京海关累计为企业办理各类退税近 3 亿元，退税额同比增长近 5 倍，切实帮助企业减轻了负担。

北京海关运用关税技术精准发力，通过税政调研，采纳多项减税建议，多项涉及资源类进口原材料、“卡脖子”技术关键零部件、改善民生的医药产品都享受了降税红利。“公司长期进口的原料药关税税率从 4%降到了 0，以后每年我们可以减少支出 300 万元，这种政策上的‘重点帮扶’为我们降低了生产成本，提高了我们在行业内的竞争力，给公司带来了实实在在的好处！”北京泰德制药股份有限公司负责人表示。2020 年，北京海关通过报送降税建议、帮助企业享受进出口优惠贸易协定税率等服务方式，共计为企业降低税负成本近 13 亿元，全年共签发出口原产地证书 3.9 万份，为企业有效降低了境内外税负成本。

资料来源：马婧.减免税款担保 468 亿元——北京海关去年为企业省下真金白银[N].北京日报，2021-2-11（3）.

实训练习

依据财关税〔2018〕49 号公告，跨境电商零售进口商品的单次交易限值为 5 000 元，年度交易限值为 26 000 元。在限值以内进口的跨境电商零售进口商品，关税税率暂设为 0%；进口环节增值税、消费税取消免征税额，暂按法定应纳税额的 70%征收。完税价格超过 5 000 元单次交易限值但低于 26 000 元年度交易限值，且订单下仅一件商品时，可以自跨境电商零售渠道进口，按照货物税率全额征收关税和进口环节消费税、增值税，交易额计入年度交易总额，但年度交易总额超过年度交易限值的，应按一般贸易管理。

基于此，个人在通过跨境电商平台“买买买”之前，需要先了解自己的免税额度。可通过中国国际贸易单一窗口平台查询跨境电商零售进口商品个人免税额度的使用情况。

实训要求：

熟悉中国国际贸易单一窗口平台，查询跨境电商进口商品个人免税额度、个人税款及个人通关数据信息。

实训内容：

1. 登录中国国际贸易单一窗口平台，了解该平台的功能。
2. 注册个人用户。
3. 查询跨境电商进口商品个人免税额度的使用情况。
4. 形成一份实训报告并以姓名为文件名，通过邮件发送给老师审阅。

实训步骤：

1. 登录中国国际贸易单一窗口平台，进入标准版应用界面，如图 3-9 所示。

图 3-9 中国国际贸易单一窗口平台标准版应用界面

2. 单击“跨境电商”图标，选择“公共服务”选项，如图 3-10 所示，进入跨境电商公共服务平台。

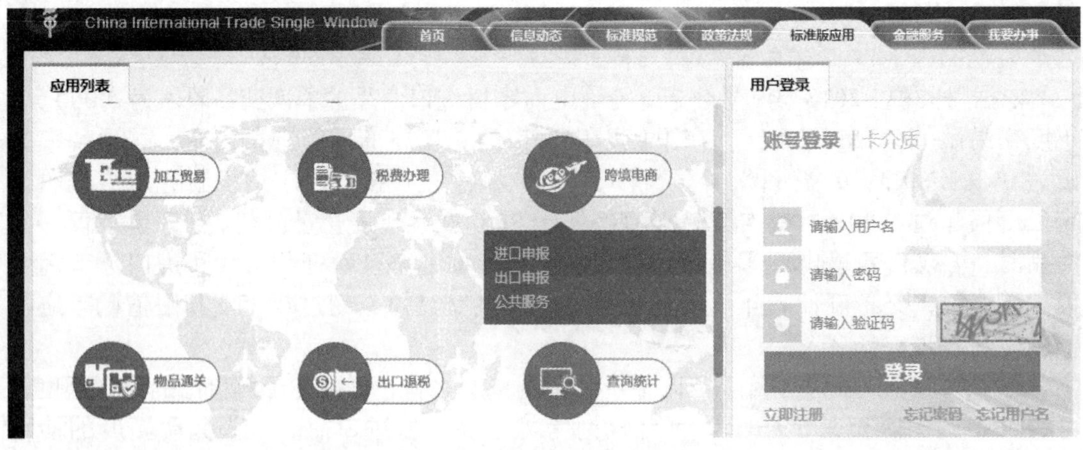

图 3-10 “跨境电商”图标的下拉菜单

3. 若已经注册，直接登录。若没有注册，单击“立即注册”，进入注册界面，选择个人用户注册，注册流程如图 3-11 ~ 图 3-14 所示。

企业用户包括管理员与操作员两种账号。
一家企业只能注册一个管理员、可注册多个操作员；须先注册管理员才能注册操作员。

注册方式选择

企业用户注册	个人用户注册

从事国际贸易进出口环节各类业务的企业法人或其他组织	从事国际贸易进出口环节各类业务的自然人用户

图 3-11　选择个人用户注册

账号信息

*用户名	6-18位英文字母或字母与数字组合
*密码	8-16位大小写字母、数字和符号任意三种及以上组合
*确认密码	
*手机	
*图片验证码	RT65
*手机验证码	获取验证码
邮箱	

个人用户信息

图 3-12　填写账号信息

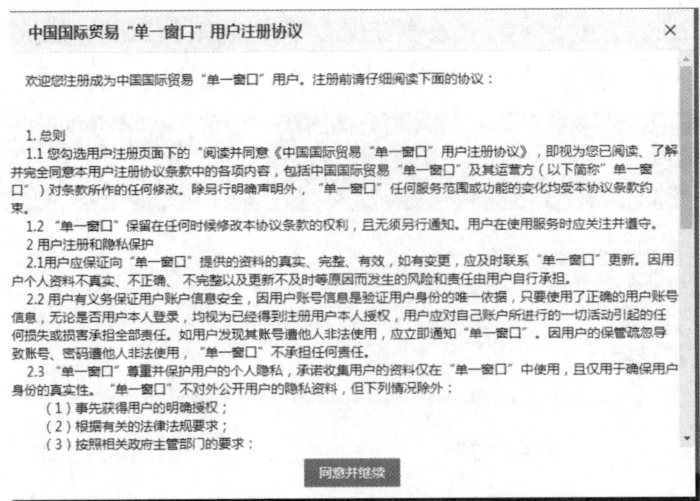

中国国际贸易"单一窗口"用户注册协议 ×

欢迎您注册成为中国国际贸易"单一窗口"用户。注册前请仔细阅读下面的协议：

1. 总则

1.1 您勾选用户注册页面下的"阅读并同意《中国国际贸易"单一窗口"用户注册协议》，即视为您已阅读、了解并完全同意本用户注册协议条款中的各项内容，包括中国国际贸易"单一窗口"及其运营方（以下简称"单一窗口"）对条款所作的任何修改。除另行明确声明外，"单一窗口"任何服务范围或功能的变化均受本协议条款约束。

1.2 "单一窗口"保留在任何时候修改本协议条款的权利，且无须另行通知。用户在使用服务时应关注并遵守。

2 用户注册和隐私保护

2.1用户应保证向"单一窗口"提供的资料的真实、完整、有效，如有变更，应及时联系"单一窗口"更新。因用户个人资料不真实、不正确、不完整以及更新不及时等原因而发生的风险和责任由用户自行承担。

2.2 用户有义务保证用户账户信息安全，因用户账号信息是验证用户身份的唯一依据，只要使用了正确的用户账号信息，无论是否用户本人登录，均视为已经得到注册用户本人授权，用户应对自己账户所进行的一切活动引起的任何损失或损害承担全部责任。如用户发现其账号遭他人非法使用，应立即通知"单一窗口"。因用户的保管疏忽导致账号、密码遭他人非法使用，"单一窗口"不承担任何责任。

2.3 "单一窗口"尊重并保护用户的个人隐私，承诺收集用户的资料仅在"单一窗口"中使用，且仅用于确保用户身份的真实性。"单一窗口"不对外公开用户的隐私资料，但下列情况除外：

（1）事先获得用户的明确授权；

（2）根据有关的法律法规要求；

（3）按照相关政府主管部门的要求；

同意并继续

图 3-13　同意用户注册协议

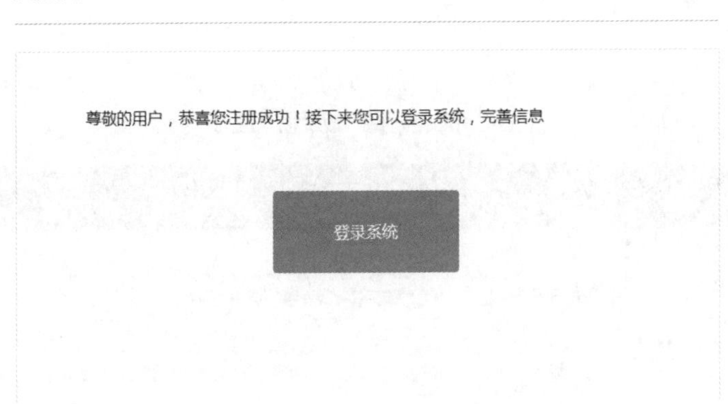

图 3-14　注册完成

4. 注册成功后，可完善相关信息，用户信息管理界面如图 3-15 所示。

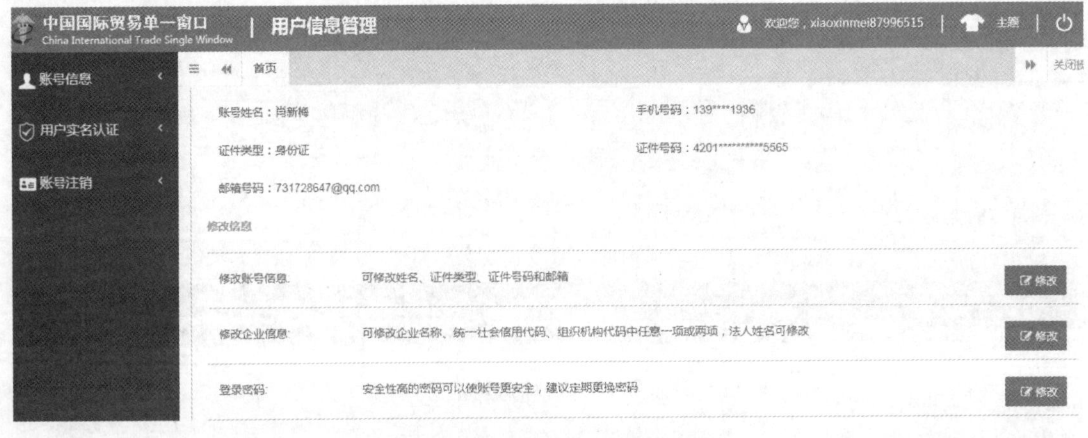

图 3-15　用户信息管理界面

5. 再次回到跨境电子商务公共服务平台界面登录，如图 3-16 所示。

图 3-16　跨境电子商务公共服务平台登录界面

6. 查询个人额度，如图 3-17 所示。

图 3-17　查询个人额度

7. 查询个人税款，如图 3-18 所示。

图 3-18　查询个人税款

8. 查询个人通关数据，如图 3-19 所示。

图 3-19　查询个人通关数据

实训评价

1. 熟悉中国国际贸易单一窗口平台，能登录跨境电子商务公共服务平台。（10 分）
2. 完成个人注册。（30 分）
3. 查询跨境电商进口商品个人额度、个人税款及个人通关数据信息，并核实。（20 分）若查询结果与自己的消费情况不符，确定是否有外借身份证信息的情况并及时与老师沟通。
4. 提交实训报告。（20 分）
5. 实训报告主题突出，条理清晰。（20 分）

课后习题

一、判断题

1. 进口货物成交价格经海关审查未能确定的，海关依次按相同货物成交价格估价方法、类似货物成交价格估价方法、计算价格估价方法、倒扣价格估价方法、合理估价方法进行确定。（　　）

2. 一般进出口货物由 SEAN 轮载运进境，进境后停上海港，然后驶往武汉，在武汉卸货，海关计算完税价格的运费时，运费应计算至上海港为止。（　　）

3. 若买卖双方有特殊经济关系，海关可以不接受进口方的申报价格。（　　）

4. 跨境电商综合税税率=（消费税税率+增值税税率）/（1-消费税税率）×70%。（　　）

5. CIF 与 FOB 之间的换算公式为：CIF=FOB/（1-保费率）。（　　）

6. 跨境电商零售进口货物完税价格超过 5 000 元单次交易限值但低于 26 000 元年度交易限值，且订单下仅一件商品时，可以自跨境电商零售渠道进口，按照货物税率的 70% 征收关税和进口环节消费税、增值税，交易额计入年度交易总额，但年度交易总额超过年度交易限值的，应按一般贸易管理。（　　）

7. 在计算综合税时，税额的免征额是 50 元。（　　）

8. 进口货物的完税价格由海关以该货物的成交价格为基础审查确定，并应包括货物运抵我国境内输入地点起卸前的运输及相关费用、保险费。（　　）

9. 进口货物成交价格就是其完税价格。　（　　）

10. 已缴纳出口关税的货物，因故未出口申报退关的，可办理退税手续。　（　　）

二、单选题

1. 纳税人应当自海关填发税款缴纳书之日起（　　）内到指定银行缴纳税款。

A. 7 日　B. 7 个工作日　C. 15 日　D. 15 个工作日

2. 纳税义务人超过（　　）个月仍未缴纳税款的，海关可以依法采取强制措施扣缴。

A. 1　B. 2　C. 3　D. 6

3. 从价计征的关税计算公式为（　　）。

A. 货物价格 × 关税税率　B. 货物成交价格 × 关税税率

C. 货物成交价格 × 从价税税率　D. 货物完税价格 × 关税税率

4. 出口货物从价计征的关税计算公式为（　　）。

A. 商品 FOB 价 × 出口关税税率

B. FOB/（1+出口关税税率）× 出口关税税率

C. FOB/（1-出口关税税率）× 出口关税税率

D. 商品 CIF 价 × 出口关税税率

5. 某公司从英国进口一套设备，发票内容如下：成交价格为 USD 1 000 000 CIF 上海，设备进口后的安装和调试费为 USD 50 000，包含在成交价格中，该设备的完税价格应为（　　）。

A. USD 950 000　B. USD 50 000

C. USD 1 050 000　D. USD 1 000 000

6. 出口货物应当以海关审定的（　　）作为完税价格。

A. FOB　B. CIF

C. FOB—出口关税　D. CIF—出口关税

7. 对跨境电商零售进口商品征税时，下列说法正确的是（　　）。

A. 按一般贸易进行全额征税

B. 全额征收关税、消费税、增值税

C. 关税税率为 0%，消费税、增值税按一般贸易进行征收

D. 关税为 0%，综合税税额=完税价格 × 综合税税率

8. 下列关于行邮税的征收描述错误的是（　　）。

A. 行邮税的完税价格即为货物的发票价格

B. 行邮税针对行李物品和邮递物品进口进行征收

C. 行邮税的计征方法为从价税

D. 行邮税的税率分为 13%、20%、50%三个档次

9. 对于滞纳海关税款的，由海关自到期之日起至缴清税款之日止，按日加收滞纳税款（　　）的滞纳金。

A. 1%　B. 0.5‰　C. 5%　D. 10%

10. 税率的选择遵循（　　）原则。

A. 适用最惠国税率的进口货物有暂定税率的，应当适用最惠国税率

B. 适用协定税率、特惠税率的进口货物有暂定税率的，应当适用特惠税率

C. 适用普通税率的进口货物，适用暂定税率

D. 适用出口税率的出口货物有暂定税率的，应当适用暂定税率

三、简答题

1. 进出口货物的完税价格应如何确定？

2. 进口货物成交价格需满足的条件是什么？

3. 查阅《进出口税则》，进口货物税率应如何选择？

四、计算题

1. 浙江某外贸公司从日本进口排气量为 300 毫升，装有往复式活塞内燃发动机摩托车 10 辆，以每辆 3 500 美元 CFR 上海价格条件成交，由买方自行投保，支付保险费 185 美元，海关以 CIF 价估定该货物的完税价格。已知该商品 HS 编码为 87113010，进口关税最惠国税率为 45%，进口环节消费税税率为 10%，增值税税率为 16%，当时的计征汇率为 1 美元=6.80 元。请计算该批进口货物的应征进口税。

2. 国内消费者小林在跨境电商平台上购买了 1 瓶日本珂润保湿滋养乳霜（4 毫升/瓶），每瓶价格 138 元（不含税）。该商品 HS 编码为 3304990039。请计算该商品的应征进口税。

3. 某进出口货物收发货人缴纳税款 20 000 元的最后期限为 2021 年 8 月 8 日，但其直到 2021 年 8 月 18 日才缴纳税款，请问海关该征收多少滞纳金？

第 4 章 跨境电商主要商品归类

学习目标

1. 重点掌握《商品名称及编码协调制度》和商品归类总规则。
2. 明确进出口商品归类申报要素和规范申报要求。
3. 运用进出口商品归类总规则对跨境电商主要商品进行归类。

导入案例

2021 年 7 月，上海外高桥保税区海关开出了一份行政处罚决定书，当事人向海关申报进口一般贸易项下榛子牛奶巧克力制品等 8 批货物，申报商品编码均为 1806.3100，进口关税税率为 8%。经查，上述货物实际应归入商品编码 1806.3200，进口关税税率为 10%。当事人因违反了海关进出口货物监管规定，最终被科处罚款 10 000 元。

请结合案例分析，榛子牛奶巧克力制品进出口商品编码 1806.3100 和 1806.3200 意义有何不同？不同的进出口商品编码涉及的海关征税和监管又有何异同？

分析提示：

本案例中商品编码 1806.3100 与 1806.3200 的区别主要在于是否夹心。关于“夹心”的定义，《进出口税则商品及品目注释》子目 1806.3100 中有相应的定义：“本子目所称‘夹心’，包括用巧克力包裹，中心有馅（例如，用奶油、糖壳、干椰子肉、水果、果子膏、酒、蛋白杏仁糖果、坚果、牛轧糖、焦糖或上述产品的混合物做馅）的块或条状食品。如果谷物、水果或坚果（无论是否成块）嵌于整个巧克力当中的实心块状或条状巧克力，不视为‘夹心’。”

从定义中可以看出，所谓“夹心”，需将坚果等馅完全包裹在巧克力中心，而配料仅铺设在上面或嵌于其中的实心块状或条状巧克力则不能算作夹心。本案例中榛子牛奶巧克力制品因为巧克力没有完全包裹住榛子等坚果，所以应视为“非夹心”，不能归入商品编码 1806.3100。

不同的进出口商品编码涉及的海关征税和监管各异。例如，我们日常食用的白巧克力是由可可脂、糖及奶粉制成的，虽然被称作巧克力，但实际是不含有可可粉的，故不属于《进出口税则商品及品目注释》第十八章“可可及可可制品”的范围，应归入品目 1704.9000，海关征收最惠国税率为 10%，普通税率为 50%。而面包、糕点、饼干及其他烘焙糕饼，无论是否含可可，都应归入品目 19.05，海关征收最惠国税率为 10%，普通税率为 80%。由此可见，进行食品归类时，应综合分析其成分含量、加工方式、用途、包装规格等信息，仔细阅读章注、类注及品目注释，不可盲目归类。

4.1 《商品名称及编码协调制度》

4.1.1 《商品名称及编码协调制度》简介

《商品名称及编码协调制度》（以下简称《协调制度》）是在海关合作理事会商品分类目录（CCCN）（我国在 1985—1992 年采用的商品分类目录）和联合国《国际贸易标准分类目录》（SITC）的基础上，协调了国际上多种主要的税则、统计、运输等商品分类目录而制定的一部多用途的国际贸易商品分类体系。1983 年海关合作理事会会议通过了《商品名称及编码协调制度的国际公约》和《协调制度》，并于 1988 年 1 月 1 日起正式实施。世界上主要发达国家都采用了《协调制度》，我国海关自 1989 年正式开始由 CCCN 向《协调制度》转换，并于 1992 年 1 月 1 日起正式实施《协调制度》。

我国在《协调制度》的基础上增设本国子目（三级和四级子目），分别编制了《进出口税则》和《中华人民共和国海关统计商品目录》（以下简称《统计商品目录》）。《进出口税则》中商品的号列称为税号，每项税号后列出了该商品的税率。《统计商品目录》中为了统计需要，列出了商品的计量单位，并增加了第 22 类，22 类分为第 98 章、99 章。

《协调制度》中规定的前 4 位数级货品名称称为品目条文（或税目条文），主要限定了 4 位编码所包括商品的名称、规格、成分、用途、加工程度或方式等，是《协调制度》具有法律效力的归类依据。第 5、6 位数级货品名称称为子目条文，限定了税目条文项下子目所包括的具体的商品名称、规格、成分等，也是具有法律效力的归类依据。我国海关在《协调制度》六位编码的基础上增设了第 7、8 位编码，即我国的本国子目。对一些有特殊规定的商品，我国又增设了第 9、10 位编码。

4.1.2 进出口商品归类申报要求

进出口商品归类是指在《商品名称及编码协调制度的国际公约》商品分类目录体系下，以《进出口税则》为基础，按照《进出口税则商品及品目注释》《中华人民共和国进出口税则本国子目注释》及海关总署发布的关于商品归类的行政裁定、商品归类决定的规定，确定进出口商品税则号列的事项。与进出口商品相关的国家标准，也可以作为商品归类的参考。

进出口货物的商品归类应当遵循客观、准确、统一的原则。收发货人应当按照法律、行政法规及海关规定，如实、准确申报其进出口货物的商品归类、商品名称、规格型号等。

为确定商品归类，海关根据《进出口税则》、《进出口税则商品及品目注释》、《中华人民共和国进出口税则本国子目注释》、国家标准及行业标准等有关规定，对进出口货物涉及的属性、成分、含量、结构等进行检测分析，做出鉴定结论，并作为执法依据。

进出口货物的商品归类应当按照收发货人向海关申报时货物的实际状态确定。以提前申报方式进出口的货物，商品归类应当按照货物运抵海关监管场所时的实际状态确定。法律、行政法规和海关总署规章另有规定的，按照有关规定办理。

为了规范进出口企业的申报行为，提高通关数据质量，加快通关速度，促进贸易便利化，适应贸易发展及海关监管需要，中国海关出版社组织相关业务专家按照《海关法》和《中华人民共和国海关进出口货物报关单填制规范》的要求，根据《进出口税则》的变化情况，编制了《中华人民共和国海关进出口商品规范申报目录》（以下简称《目录》）。进出口货物收发货人或其代理人在填报海关进出口货物报关单的“商品名称、规格型号”栏目时，应当按照本《目录》中所列商品申报要素的内容填报。《目录》将申报要素分为归类要素、价格要素和其他要素，帮助企业提高商品税则归类的准确性。

2020 年海关总署对《目录》进行了修订。例如，近年来进口水果种类迅速增加，为便利企业快捷通关，更好地满足人民生活需要，海关总署将部分水果类申报要素进行了调整，更加突出商品特征。例如，樱桃新增种类（如 Bing，Lambert，Van，Tulare，Chelan，Tieton，Skeena 等）、品牌（中文及外文名称）、注册厂商、尺寸（按果径最大处以毫米为单位计算）申报要素，如表 4-1 所示。

表 4-1　申报要素

税则号列	商品名称	申报要素			说明举例
		归类要素	价格要素	其他要素	
08.09	鲜的杏、樱桃、桃（包括油桃）、李及黑刺李				
0809.1000	—杏	1．品名；2．制作或保存方法（鲜）	3．等级		
	—樱桃：				
0809.2100	——欧洲酸樱桃	1．品名；2．制作或保存方法（鲜）	3．等级		
0809.2900	——其他	1．品名；2．制作或保存方法（鲜）	3．等级；4．种类（如 Bing，Lambert，Van，Tulare，Chelan，Tieton，Skeena 等）；5．品牌（中文及外文名称）；6．注册厂商；7．尺寸（按果径最大处以毫米为单位计算）		
0809.3000	—桃，包括油桃	1．品名；2．制作或保存方法（鲜）	3．等级		
0809.4000	—李及黑刺李	1．品名；2．制作或保存方法（鲜）	3．等级		

4.2 商品归类总规则

4.2.1 商品归类总规则概述

《协调制度》将各类、章商品分类的规则单独列出，称为商品归类总规则。商品归类总规则共有六个，作为指导整个《协调制度》商品分类的总原则。

学习商品归类总规则时，应在正确理解各条规则原文的基础上，理解该条规则的实质，特别关注运用各规则时的注意事项及相互关系，按照六大规则依次使用。当对商品进行归类时，必须按照以下顺序运用归类总规则。首先要考虑规则一是否能确定商品归类，如果可以，就不能用下一条。如果不能，则继续考虑规则二是否能确定商品归类，以此类推。另外，这六大规则各有侧重，规则一至规则四是关于四位品目的归类规则的，规则五是关于包装材料的归类规则的，规则六是关于子目的归类规则的。

为履行作为《商品名称及编码协调制度的国际公约》缔约方的义务，我国以《协调制度》为基础制定了《进出口税则》，其由海关总署关税征管司组织编写，是海关及进出口企业工作人员查阅本国税目、税率的必备工具书。《进出口税则》以税率表为主体，通常还包括实施税则的法令、适用税则的有关说明和附录等。海关对进出口货物必须按所列税率计征税款，《进出口税则》是我国征收关税的主要法律依据之一，也是我国关税政策的具体体现。

4.2.2 商品归类总规则内容

货品在《协调制度》中的归类，应遵循以下六大规则。

1. 规则一

（1）规则一条文

规则一条文为：

“类、章及分章的标题，仅为查找方便而设；具有法律效力的归类，应按品目条文和有关类注或章注确定，如品目、类注或章注无其他规定，则按以下规则确定。”

（2）规则一解析

《协调制度》系统地列出了国际贸易的货品，并将这些货品分为类、章及分章，每类、章或分章都有标题，尽可能确切地列明所包括货品种类的范围。但在许多情况下，归入某类或某章的货品种类繁多，类、章标题不可能将其一一列出，全都包括进去。因此，规则一明确说明，标题“仅为查找方便而设”。据此，标题对商品归类不具有法律效力。

根据规则一，商品归类应按以下原则确定。

① 按照品目条文及任何相关的类、章注释确定。其中，类注位于类标题下的注释；章注位于章标题下的注释；子目注释位于类注、章注或章标题下的注释，子目注释一般会进行说明。

② 如品目条文或类、章注释无其他规定，则按规则二、三、四、五的规定确定。

（3）规则一的运用

根据规则一，类、章及分章的标题只是大致将商品分组，仅仅是为查找方便而设的一种指南，不具有法律效力。例如，15 类标题为“贱金属及其制品”，但很多贱金属制品却不归入此类。机电设备归入第 16 类；车辆归入第 17 类；铜纽扣归入第 20 类等。

类注、章注、品目条文是具有法律效力的归类依据，许多商品可直接按照类注、章注、品目条文确定归类，而无须借助归类总规则的其他条款即可归入《协调制度》中，如活马（品目 01.01）、第三十章注释四所述的医药用品（品目 30.06）。

规则一所称“如品目和类、章注释无其他规定”，旨在明确品目条文及任何相关的类、章注释是最重要的。换言之，它们是在确定归类时应首先考虑的规定。例如，第三十一章的注释规定该章某些品目仅包括特定的货品，因此，这些品目就不能够扩大为包括根据规则二②的规定可归入这些品目的货品。

2. 规则二

（1）规则二条文

规则二条文为：

“（一）品目所列货品，应视为包括该项货品的不完整品或未制成品，只要在报验时该项不完整品或未制成品具有完整品或制成品的基本特征；还应视为包括该项货品的完整品或制成品（或按本款规则可作为完整品或制成品归类的货品）在报验时的未组装件或拆散件。

“（二）品目中所列材料或物质，应视为包括该种材料或物质与其他材料或物质混合或组合的物品。品目所列某种材料或物质构成的货品，应视为包括全部或部分由该种材料或物质构成的货品。由一种以上材料或物质构成的货品，应按规则三的原则归类。”

（2）规则二解析

① 规则二（一）将所有列出物品的品目范围扩大为不仅包括完整的物品，还包括该物品的不完整品或未制成品，只要报验时它们具有完整品或制成品的基本特征。

规则二（一）的规定也适用于毛坯，除非该毛坯已在某一品目具体列名。所称“毛坯”，是指已具有制成品或零件的大概形状或轮廓，但还不能直接使用的物品。除极个别的情况外，它们仅可用于加工成制成品或零件。例如，初制成型的塑料瓶，为管状的中间产品，其一端封闭而另一端为带螺纹的瓶口，瓶口可用带螺纹的盖子封闭，螺纹瓶口下面的部分准备膨胀成所需尺寸和形状。尚未具有制成品基本形状的半制成品（如常见的杆、盘、管等），不应视为“毛坯”。

规则二（一）第二部分规定，完整品或制成品的未组装件或拆散件应归入已组装物品的同一品目。货品以未组装或拆散形式报验，通常是由于包装、装卸或运输上的需要，或者是为了便于包装、装卸或运输。

规则二（一）第二部分也适用于以未组装或拆散形式报验的不完整品或未制成品，只要按照本规则第一部分的规定，它们可作为完整品或制成品看待。所称“报验时的未组装件或拆散件”，是指其各种部件仅仅通过紧固件（螺钉、螺母、螺栓等），或者通过铆接、焊接等组装方法即可装配起来的物品。组装方法的复杂性可不予考虑，但其各种部件无须进一步加工成制成品。某一物品的未组装部件如超出组装成品所需数量的，超出部分应单独归类。

② 规则二（二）是关于材料或物质的混合品及组合品，以及由两种或多种材料或物质构成的货品。它所适用的品目是列出某种材料或物质的品目（如品目 05.07 列出“象牙”）和列出某种材料或物质制成的货品的品目（如品目 45.03 列出“天然软木制品”）。应注意，只有在品目条文和类、章注释无其他规定的情况下才能运用本款规则。例如，品目 15.03 列出“液体猪油，未经混合”，这就不能运用本款规则。

在类、章注释或品目条文中列为调制品的混合物，应按规则一的规定进行归类。

（3）规则二的运用

根据规则二（一），不完整品或未制成品，只要具有完整品或制成品的特征，仍可按完整品或制成品归入相应品目；未组装件和拆散件同样适合于本条款。例如，没有轮子的小客车属于不完整品或未制成品，但是从外形来看它已经具备整车的基本特征，应按完整的车归入品目 8703；如果自行车以零件形式（轮子、挡泥板、车座、车架等）进口后再由零售商或购买者进行组装的，则视为成套散件，按自行车归入品目 8712。

规则二（二）明确了税目中所列材料或物质应视为该种材料或物质与其他材料或物质混合或组合的物品。其适用条件是加进去的东西或组合后的东西不能失去原品目所列商品的特征。例如，装有塑料帽盖的软木塞，是软木塞和塑料的组合物，但并未改变软木塞的基本特征，因此仍然按照软木塞归入品目 4503。

3. 规则三

（1）规则三条文

规则三条文为：

“当货品按规则二（二）或由于其他原因看起来可归入两个或两个以上品目时，应按以下规则归类：

“（一）列名比较具体的品目，优先于列名一般的品目。但是，如果两个或两个以上品目都仅述及混合或组合货品所含的某部分材料或物质，或零售的成套货品中的部分货品，即使其中某个品目对该货品描述得更为全面、详细，这些货品在有关品目的列名应视为同样具体。

“（二）混合物、不同材料构成或不同部件组成的组合物以及零售的成套货品，如果不能按照规则三（一）归类时，在本款可适用的情况下，应按构成货品基本特征的材料或部件归类。

“（三）货品不能按照规则三（一）或（二）归类时，应按号列顺序归入其可归入的最末一个品目。”

（2）规则三解析

规则二（二）的最后一句指出，由一种以上材料或物质构成的货品，应按规则三归类。因此，不同材料或物质的混合品及组合品，以及由一种以上材料或物质构成的货品，如果看起来可归入两个或两个以上品目的，必须按规则三的原则进行归类。只有在品目条文和类、章注释无其他规定的情况下，才能运用本规则。例如，第九十七章章注四（二）规定，根据品目条文既可归入品目 97.01 至 97.05 中的一个品目，又可归入品目 97.06 的货品，应归入品目 97.01 至 97.05 中的其中一个品目。这些货品应按第九十七章注释四（二）的规定归类，而不应根据本规则进行归类。

规则三（一）即具体列名，规定列名比较具体的品目优先于列名一般的品目。规则三（二）即基本特征，规定混合物、不同材料的组合货品、不同部件的组合货品及零售的成套货品。只有在不能按规则三（一）归类时，才能运用本款规则。无论如何，在本款可适用的条件下，这些货品应按构成货品基本特征的材料或部件归类。规则三（三）即从后归类，指的是货品如果不能按照规则三（一）或（二）归类时，应按号列顺序归入其可归入的最后一个品目。

这三种方法应按其在本规则中出现的先后次序加以运用。据此，只有在不能按照规则三（一）归类时，才能运用规则三（二）；只有在不能按照规则三（一）和（二）归类时，才能运用规则三（三）。因此，它们的优先次序为：①具体列名；②基本特征；③从后归类。

应特别注意的是，对于不同的货品，确定其基本特征的因素会有所不同。例如，可根据所含材料或部件的性质、体积、数量、重量或价值来确定货品的基本特征，也可根据所含材料对货品用途的作用来确定货品的基本特征。

规则三所称“不同部件组成的组合物”，不仅包括各部件相互固定组合在一起，构成了实际不可分离的整体的货品，还包括其部件可相互分离的货品，但这些部件必须是相互补足、配合使用、构成一体且通常不单独销售的。

规则三所称“零售的成套货品”，是指同时符合以下三个条件的货品。

① 由至少两种看起来可归入不同品目的不同物品构成的。例如，六把乳酪叉不能视为本款规则所称的成套货品。

② 为了迎合某项需求或开展某项专门活动而将几件产品或物品包装在一起的。

③ 其包装形式适于直接销售给用户而无须重新包装的。例如，装于盒、箱内或固定于板上的货品。

“零售”不包括那些旨在经进一步加工、制作、重新包装、与其他货品组合或加入其他货品后再销售的货品。

因此，规则三所称“零售的成套货品”，仅包括由各项货品组成、旨在销售给最终用户一起使用的成套货品。例如，将不同食品配在一起制作而成，一起打包，供消费者食用的即食饭菜，属于“零售的成套货品”。

（3）规则三的运用

根据规则三（一），如果某一品目所列名称更加明确地述及某一货品，则该品目要比所列名称不那么明确地述及该货品的其他品目更加具体。举例如下。

① 品目 8510 已经明确写明“电动剃须刀、电动毛发推剪器及电动脱毛器”，所以根据具体列名优先的原则，电动剃须刀应直接归入品目 85.10，而不应作为家用电动机械器具归入品目 85.09。

② 用于小汽车的簇绒地毯，不应作为小汽车附件归入品目 87.08，而应归入品目 57.03，因品目 57.03 所列地毯更加具体。

③ 钢化或层压玻璃制的未镶框安全玻璃，已制成一定形状并确定用于飞机上。该货品不应作为品目 88.01 或 88.02 所列货品的零件归入品目 88.03，而应归入 70.07，因为

品目 70.07 所列安全玻璃更加具体。

但是,如果两个或两个以上品目都仅述及混合或组合货品所含的某部分材料或物质,或者零售成套货品中的部分货品，即使其中某个品目比其他品目描述得更为全面、详细，这些货品在有关品目的列名应视为同样具体。在这种情况下,货品的归类应按规则三(二)或（三）的规定加以确定。可按规则三（二）的规定进行归类的成套货品实例如下。

① 由一个夹牛肉（无论是否夹奶酪）的小圆面包构成的三明治（品目 16.02）和法式炸土豆片（品目 20.04）包装在一起的成套货品。该货品应归入品目 16.02。

② 配制一餐面条的成套货品，由装于一纸盒内的一包未煮的面条（品目 19.02）、一小袋乳酪粉（品目 04.06）及一小罐番茄酱（品目 21.03）组成。该货品应归入品目 19.02。

③ 由一个电动理发推子（品目 85.10）、一把梳子（品目 96.15）、一把剪子（品目 82.13）、一把刷子（品目 96.03）及一条毛巾（品目 63.02）装在一个皮匣子（品目 42.02）内所组成的成套理发工具。查阅类、章注释，并无提到这类商品的具体列名，因此根据规则三（二），在这个商品中最具有主要特征的货品是电动理发推子和剪子，所以应该归入 8510.2000。

④ 由一把尺子（品目 90.17）、一个圆盘计算器（品目 90.17）、一个绘图圆规（品目 90.17）、一支铅笔（品目 96.09）及一个卷笔刀（品目 82.14）装在一个塑料片制的盒子（品目 42.02）内所组成的成套绘图器具。该货品应归入品目 90.17。以上成套货品应按其构成整套货品基本特征的部件进行归类。

但规则三不适用于将可选择的不同产品包装在一起组成的货品。例如，将一罐小虾（品目 16.05）、一罐肝酱（品目 16.02）、一罐乳酪（品目 04.06）、一罐火腿肉片（品目 16.02）及一罐开胃香肠（品目 16.01）包装在一起；一罐品目 22.08 的烈性酒和一瓶品目 22.04 的葡萄酒包装在一起。对于以上两例所列及类似货品，应将每种产品分别归入其相应品目。

如果商品不能按照规则三（一）或（二）归类，应按号列顺序归入其可归入的最后一个品目（数字顺序的最后一个）。例如，有一套梳理工具，由一个塑料盒子（42.02）、带塑料手柄的小镜子（70.09）、发刷（96.03）和梳子（96.15）组成，如何归类？由于没有一项物品构成该成套工具的基本特征，因此，依据归类总规则三（三），该套梳理工具应从后归入品目 96.15 。又如，“由 200 克巧克力糖果和 200 克的奶糖混合而成的一袋 400 克的糖果”，由于其中奶糖和巧克力糖果的含量相等，基本特征无法确定，因此应从后归类，奶糖归入品目 17.04，巧克力糖果归入品目 18.06，那么这一袋糖果就归入后一个品目 18.06。

4. 规则四

（1）规则四条文

规则四条文为：

“根据上述规则无法归类的货品，应归入与其最相类似的货品的品目。”

（2）规则四解析

规则四适用于不能按照规则一至规则三归类的货品，这些货品应归入与其最类似的货品的品目中。在按照规则四归类时，有必要将报验货品与类似货品加以比较，以确定其与哪种货品最类似。所报验的货品应归入与其最类似的货品的同一品目。所谓“类似”取决于许多因素，如货品名称、特征、用途。

（3）规则四的运用

一种货品的归类在前三个规则都不适用的情况下，可采用与其最类似的商品的品目进行归类，该条规则主要是针对商品目录不适应一些新产品归类而设定的，以便解决各类疑难问题。

5. 规则五

（1）规则五条文

规则五条文为：

“除上述规则外，本规则适用于下列货品的归类：

“（一）制成特殊形状或适用于盛装某一或某套物品，适合长期使用的照相机套、乐器盒、枪套、绘图仪器盒、项链盒及类似容器，如果与所装物品同时报验，并通常与所装物品一同出售的，应与所装物品一并归类。但本款不适用于本身构成整个货品基本特征的容器。

“（二）除规则五（一）规定的以外，与所装货品同时报验的包装材料或包装容器，如果通常是用来包装这类货品的，应与所装货品一并归类。但明显可重复使用的包装材料和包装容器不受本款限制。”

（2）规则五解析

规则五解决的是某包装材料或包装容器在什么情况下单独归类，在什么情况下与所装的物品一并归类的问题。

（3）规则五的运用

规则五（一）仅适用于同时符合以下各条规定的容器。

① 制成特定形状或适用于盛装某个或某套物品的，即按所要盛装的物品专门设计的。有些容器还制成所装物品的特殊形状。

② 适合长期使用的，即在设计上容器的使用期限与所盛装的物品相称。在物品不使用期间（如运输或储藏期间），这些容器还起到保护物品的作用。本条标准使其与简单包装区别开来。

③ 与所装物品一同报验的，无论其是否为了运输方便而与所装物品分开包装。单独报验的容器应归入其相应品目。

④ 通常与所装物品一同出售的。

⑤ 本身并不构成整个货品基本特征的。

与所装物品一同报验并可按照规则五（一）进行归类的容器的举例如下：首饰盒及箱（品目 71.13）、电动剃须刀套（品目 85.10）、望远镜盒（品目 90.05）、乐器盒、箱及袋（如品目 92.02）、枪套（如品目 93.03）。

规则五（一）不包括某些容器。例如，银制的茶叶罐装入茶叶，这个茶叶罐相对于茶叶来说比较贵重，那么就构成了这个货品的基本特征，因此应按照银制品归类入 7114.1100，而不是按茶叶来归类。

规则五（二）对通常用于包装有关货品的包装材料及包装容器的归类做了规定。例如，装有铅晶质玻璃制高脚杯的纸板箱应按包装物玻璃制高脚杯进行归类，归入7013.2200。但明显可重复使用的包装材料和包装容器，如某些金属桶及装压缩或液化气体的钢铁容器，不受本款限制。规则五（一）优先于规则五（二），因此，规则五（一）所述的箱、盒及类似容器的归类，应按该款规定确定。

6. 规则六

（1）规则六条文

规则六条文为：

"货品在某一品目项下各子目的法定归类，应按子目条文或有关的子目注释以及以上各条规则来确定，但子目的比较只能在同一数级上进行。除条文另有规定的以外，有关的类注、章注也适用于本规则。"

（2）规则六解析

规则六主要用于解决如何确定商品的子目的归类原则。先确定一级子目，然后确定二级子目，接着确定三级子目，最后确定四级子目。确定子目时，应遵循"同级比较"的原则。一级子目与一级子目比较，确定一级子目后，再将二级子目与二级子目比较，确定二级子目，以此类推。

规则一至规则五在必要的地方稍加稍改后，可适用于同一品目项下的各项子目。

①"同一数级"子目，是指五位数子目（一级子目）或六位数级子目（二级子目）。据此，当按照规则三（一）的规定考虑某一物品在同一品目项下的两个或两个以上五位数级子目的归类时，只能依据对应的五位数级子目条文来确定哪个五位数级子目所列名称更加具体或更加类似。选定了哪个五位数级子目加名更加具体后，该子目条文本身又细分了六位数级子目，只有在这种情况下，才能根据有关的六位数级子目条文考虑物品应归入这些六位数级子目中的哪个子目。例如，品目5309项下子目如图4-1所示，一级子目（-按重量计亚麻含量在 85%及以上）与另一个一级子目（-其他）进行同级比较，其他以此类推。

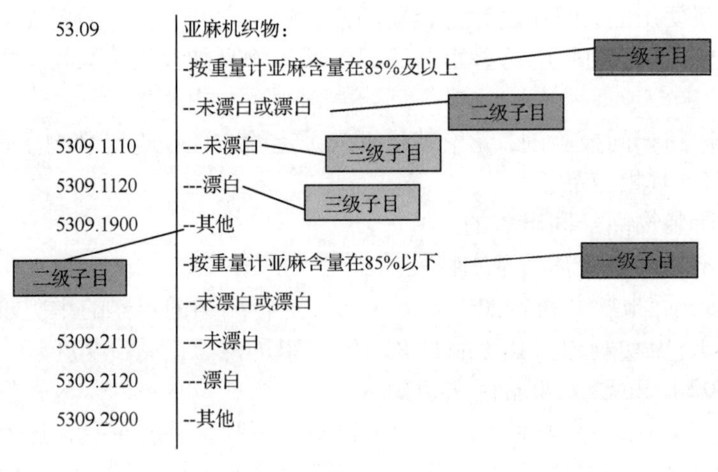

图4-1　品目5309项下子目

②"除条文另有规定的以外"，是指除类、章注释与子目条文或子目注释不相一致的

外。例如，第七十一章注释四（二）所规定“铂”的范围与子目注释二所规定“铂”的范围不同，因此，在解释子目 7110.11 和 7110.19 的范围时，应采用子目注释二，而不应考虑该章注释四（二）。

（3）规则六的运用

根据规则六，只有在货品归入适当的四位数级品目以后，才能考虑将其归入合适的子目，并且在任何情况下，都应优先考虑五位数级子目，再考虑六位数级子目的范围和注释，且只有同一数级上的子目才能够进行比较。六位数级子目的范围不得超出其所属的五位数级子目的范围；同样，五位数级子目的范围也不得超出其所属品目的范围。

例如，木制衣箱的归类，应按如下步骤进行。

① 先确定品目。木制衣箱属木制品，同时属于衣箱类商品。因此，可考虑按第四十四章木制品或第四十二章的衣箱类归类，但依据第四十四章的注释一（五）规定，第四十四章不包括品目 4202 的物品，因此木制的衣箱应归入品目 4202。

② 再确定一级子目。品目 4202 项下共列出了四个一级子目。将衣箱（4202.1）、手提包（4202.2）进行同级比较后，将木制衣箱归入一级子目 4202.1 项下。

③ 最后确定二级子目：在一级子目 4202.1 项下共列出了三个二级子目，即用皮革、再生皮革或漆皮作面的（4202.11）、用塑料或纺织材料作面的（4202.12）、用其他材料作面的（4202.19），同级比较后，木制衣箱应按“用其他材料作面的”归入二级子目 4202.19。

课内讨论：针织纯棉制印花床单应归入 6302.1010、6302.2010 还是 5208.5990？

4.3　食品归类

4.3.1　食品注释解析

1. 乳品类

乳品归类内容一般在《进出口税则》第四、十九或二十一章，但是跨境乳品种类繁多，究竟应该怎样正确归类呢？我们应该根据不同乳产品的成分含量、加工程度、加工工艺等归类要素进行分析。下面我们先查阅乳品的有关归类注释。

《进出口税则》第四章标题为“乳品；蛋品；天然蜂蜜；其他食用动物产品”，本章中所称“乳”，是指全脂乳及半脱脂或全脱脂的乳。第四章对乳品归类进行了详细的注释，具体如表 4-2 所示。

表 4-2 《进出口税则》第四章对乳品的注释

《进出口税则》第四章	货 品 范 围
本章包括	（一）乳，如全脂乳及半脱脂或全脱脂的乳 （二）奶油 （三）酪乳、结块的乳及奶油、酸乳、酸乳酒及其他发酵或酸化的乳和奶油 （四）乳清 （五）天然乳为基本成分的未列名产品

续表

《进出口税则》第四章	货 品 范 围
本章包括	（六）黄油及其他从乳制得的脂和油；乳酱 （七）乳酪及凝乳 注意：上述第（一）项至第（五）项的产品，除含有天然乳成分（如添加维生素或天然盐的乳）外，还可以含有乳品液态运输时为保持其天然浓度而加入的少量稳定剂（如磷酸二钠、柠檬酸三钠、氯化钙）及少量抗氧剂或乳中一般没有的维生素。这些乳品还可含有加工所需的少量化学品（如碳酸氢钠）；成粉状或粒状的乳品可含有防结素（如磷脂、无定形二氧化硅）
本章不包括	（一）按重量计乳糖含量（以干燥无水乳糖计）超过95%的乳清制品（品目17.02） （二）以一种物质（如油酸酯）代替乳中一种或多种天然成分（如丁酸酯）而制得的产品（品目19.01或21.06） （三）白蛋白（包括按重量计干质成分的乳清蛋白含量超过80%的两种或两种以上的乳清蛋白浓缩物）（品目35.02）及球蛋白（品目35.04）。 （四）以乳品为基本成分制成的食品（主要归入品目19.01） （五）冰淇淋及其他冰制食品（品目21.05） （六）第三十章的药品 （七）酪蛋白（品目35.01）、乳清蛋白（品目35.02）及硬化蛋白（品目39.13）

综上所述，对于乳品的归类，我们应主考虑其产品主要成分和加工程度。

① 未添加任何物质的奶粉归入品目 04.01 项下（注意第四章允许添加的添加剂范围有哪些）。

② 添加了糖或其他甜物质的奶粉仍归入品目 04.02（注意第四章允许添加的添加剂范围有哪些）。

③ 添加了糖或其他甜物质以外的成分的，此时要判断乳品是否构成食品的主要成分，若乳品构成食品的主要成分，即可以考虑归入品目 19.01 项下，否则应归入品目 21.06 项下。

④ 品目 19.01 包括品目 04.01 至 04.04 所列货品制的其他税目未列明食品，不含可可或按重量计含全脱脂可可低于 5%，否则应按可可食品归入品目 18.06 项下。

2. 可可制品类

可可制品在跨境商品中深受消费者的喜爱，根据中国海关数据显示：2019 年中国可可制品进口数量为 177 059.7 吨，同比增长 3.4%；出口数量为 86 292.9 吨，同比增长 4%。受重大疫情影响，2020 年 1—7 月中国可可制品进出口数量出现短暂大幅回落，但仍然不容小觑，进口为 76 445.3 吨，出口为 38 200.5 吨。2021 年以来，随着疫情防控下稳外贸政策的稳步推进，中国可可制品仍然保持一如既往强劲的消费态势，占跨境商品大部分市场份额。

在商品归类环节，可可制品的归类必须严格遵照《进出口税则》第十八章相关注释进行准确理解。《进出口税则》第十八章标题为“可可及可可制品”，其关于可可制品的注释如下。

① 第十八章包括各种形状的可可（包括可可豆）、可可脂、可可油及任何含量的可可食品。品目 18.06 包括含有可可的糖食及注释一以外的其他含可可的食品。

② 第十八章不包括品目 04.03、19.01、19.04、19.05、21.05、22.02、22.08、30.03、30.04 的制品；也不包括如下产品。

- 品目 04.03 的酸奶及其他产品。
- 白巧克力（品目 17.04）。
- 按重量计含全脱脂可可在 40%以下的细粉、粗粒、粗粉、淀粉或麦精食品，以及按重量计含全脱脂可可在 5%以下的品目 04.01 至 04.04 所列食品（品目 19.01）。
- 按重量计含全脱脂可可不超过 6%的膨化或焙炒谷物（品目 19.04）。
- 含可可的糕饼点心、饼干及类似焙烘品（品目 19.05）。
- 含有任何比例可可的冰淇淋及其他冰制食品（品目 21.05）。
- 即可饮用的含可可饮料（如可可奶油），无论是否含酒精（第二十二章）。
- 药品（品目 30.03 或 30.04）。
- 从可可豆或可豆壳中提取的一种生物碱，即可可碱（品目 29.39）。

因此，在进行含可可的制品归类时，不能仅从成分、含量来看，还要考虑第十八章的除外归类情况，必须严格遵照类注释、章注释和税目注释的相关规定。

3. 饼干、糕饼类

《进出口税则》第十九章标题为“谷物、粮食粉、淀粉或乳的制品；糕饼点心”，本章的产品在归类时应遵照以下相关规定。

① 品目 19.01 所称：“粗粒”是指第十一章谷物的粗粒；“细粉”及“粗粉”，是指：第十一章谷物的细粉及粗粉；其他章植物的细粉、粗粉及粉末，但不包括干蔬菜、马铃薯和干豆类的细粉、粗粉及粉末（应分别归入品目 07.12、11.05 和 11.06）。

② 品目 19.04 不包括按重量计全脱脂可可含量超过 6%或用巧克力完全包裹的食品及品目 18.06 的其他含可可食品（品目 18.06）。

③ 品目 19.04 所称“其他方法制作的”，是指制作或加工程度超过第十章或第十一章各税目或注释所规定范围的。

④ 第十九章不包括如下产品。

- 按重量计含香肠、肉、食用杂碎、动物血、鱼、甲壳动物，软体动物、其他水生无脊椎动物及其混合物超过 20%的食品（第十六章），但品目 19.02 的包馅食品除外。
- 用粮食粉或淀粉制的专作动物饲料用的饼干及其他制品（品目 23.09）。
- 第三十章的药品及其他产品。

4.3.2　食品归类案例

母婴品类已经成为跨境购第二大类目，其中婴幼儿奶粉更是其权重品类。下面以跨境电商热销产品奶粉为例了解食品的归类。奶粉，是以天然乳为主要成分，再根据销售对象的区别，采取不同的生产工艺，添加不同的配料和添加剂，导致它们可能归入不同的税目，如归入品目 04.02 的婴儿普通奶粉、归入品目 19.01 的婴儿配方奶粉和归入品目 21.06 的无乳糖奶粉等，都要依据具体产品配方、生产工艺和成分比例来确定正确的税目（见表 4-3）。

表 4-3 《进出口税则》中乳品对应的品目

商品编码	0402.2100	1901.1010	2106.9090
商品名称	浓缩、加糖或其他甜物质的乳及奶油	品目 04.01 至 04.04 所列货品制的其他税目未列明的食品，不含可可或按重量计全脱脂可可含量低于 5%	无乳糖配方或低乳糖配方、乳蛋白部分水解配方、乳蛋白深度水解配方或氨基酸配方、早产/低出生体重婴儿配方（非乳基）、氨基酸代谢障碍配方、母乳营养补充剂（非乳基）等特殊婴幼儿配方食品
申报要素	0：品牌类型；1：出口享惠情况；2：制作或保存方法（浓缩及加糖或其他甜物质）；3：外观（粉状、粒状等）；4：脂肪含量；5：成分含量；6：包装规格；7：品牌；8：GTIN；9：CAS；10：其他	0：品牌类型；1：出口享惠情况；2：成分含量；3：包装规格；4：品牌（中文及外文名称）；5：GTIN；6：CAS；7：其他	1：品名；2：品牌类型；3：出口享惠情况；4：成分含量；5：包装规格；6：品牌［中文及外文名称］；7：GTIN；8：CAS；9：其他［非必报要素，请根据实际情况填报］
最惠国进口税率	10%	15%	12%
增值税税率	13%	13%	13%
海关监管条件	7AB	7AB	AB
检验检疫类别	P.R/Q.S	R/S	R/S

实践案例 4-1

澳大利亚原产美可卓全脂牛奶粉（调制乳粉），如图 4-2 所示。

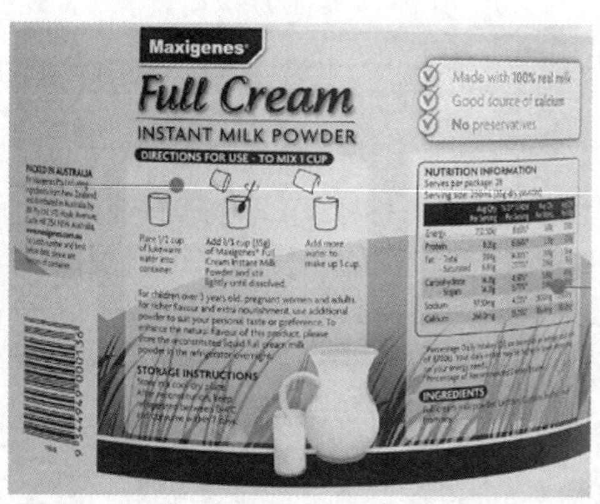

图 4-2 美可卓全脂牛奶粉（调制乳粉）

该商品相关信息如下。

品名：美可卓全脂牛奶粉（调制乳粉）。

成分：全脂奶粉、大豆磷脂。

加工工艺：采用先进的“湿混”技术，从牧场鲜奶到罐装奶粉制作不超过 36 小时，避免了任何中间存储环节带来的营养损失和污染，锁住营养成分不流失。

商品编码：0402.2100。

归类分析：美可卓全脂牛奶粉（调制乳粉），采用湿混工艺，直接对生牛乳进行加工浓缩灌装，其中仅主要添加“大豆磷脂”这一成分，大豆磷脂是一种从大豆油的油脚中提取出来的物质，许多奶粉中都会添加这种物质，一般是为了让奶粉能够更容易被冲调，因为大豆磷脂有很好的分散、乳化作用。大豆磷脂是磷脂类，属于“成粉状或粒状的乳品防结素”，符合《进出口税则》第四章乳品允许添加的添加剂范围，因此，美可卓全脂牛奶粉的成分和加工工艺没有超出《进出口税则》第四章的加工范围，应归入第四章 0402.2100。

实践案例 4-2

德国原产爱他美较大婴儿配方奶粉（6～12 月龄，2 段），如图 4-3 所示。

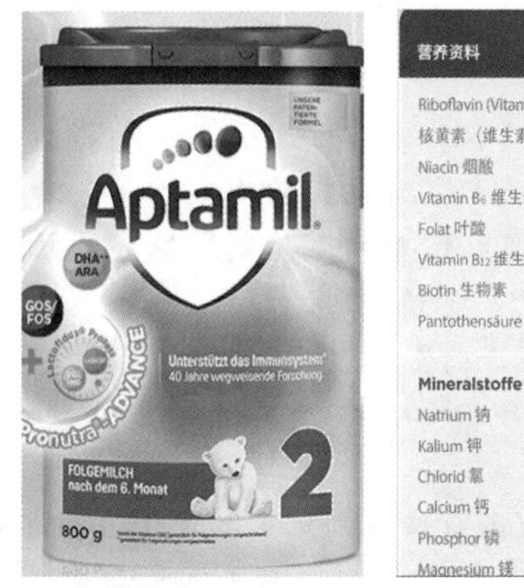

图 4-3　爱他美较大婴儿配方奶粉

该商品相关信息如下。

品名：爱他美较大婴儿配方奶粉。

成分：乳糖、牛奶、乳清、植物油、乳脂、低聚半乳糖、烟酸、叶酸、生物素、泛酸、维生素 A、维生素 D、维生素 E、维生素 K、维生素 C、维生素 B1、维生素 B2、维生素 B6、维生素 B12、饱和脂肪酸、多不饱和脂肪酸、亚麻酸、二十二碳六烯酸、二十碳四烯酸、肌醇、膳食纤维等

加工工艺：原料乳→净乳→杀菌→冷藏→标准化配料→均质→杀菌→浓缩→喷雾干燥→流化床二次干燥→包装等一系列流程加工为婴幼儿配方乳粉。

商品编码：1901.1010。

归类分析：爱他美较大婴儿配方奶粉，其配料成分在牛乳的基础上添加了各种婴幼儿成长所需的矿物质、维生素和其他营养物质，其添加的成分已经超出了《进出口税则》第四章天然乳品允许添加的物质范围，因此，爱他美较大婴儿配方奶粉的成分和加工工艺超出第四章的加工范围，应归入第十九章 1901.1010。

实践案例 4-3

日本原产“白色恋人”夹心饼干，如图 4-4 所示。

图 4-4 “白色恋人”夹心饼干

该商品相关信息如下。

品名：“白色恋人”夹心饼干。

成分：小麦粉、白巧克力粉、牛奶、奶油、食用盐、鸡蛋清、黄油、玉米淀粉等。

加工工艺：此夹心饼干是北海道札幌市的石屋制果株式会社生产的一种巧克力夹心薄饼，由两片薄饼中间夹白色巧克力，味道较甜。

制作方法：混合黄油、低筋面粉、鸡蛋、香草精，烤箱 180° 烘烤成型，之后将切好的白巧克力夹在两片饼干中间即可。

商品编码：1905.3100。

归类分析：关于巧克力饼干，《进出口税则》中品目 19.05 的税目条文为“面包、糕点、饼干及其他烘焙糕饼，无论是否含可可”，且第十八章章注中也排除了“含可可的糕饼点心、饼干及类似焙烘品”，因此它属于品目 19.05 的商品范畴。

实践案例 4-4

意大利原产莱家巧克力威化饼干，如图 4-5 所示。

图 4-5 意大利原产莱家巧克力威化饼干

该商品相关信息如下。

品名：莱家巧克力威化饼干。

成分：小麦粉、椰子油、葡萄糖浆、白砂糖、乳清粉、葡萄糖、脱脂乳粉、榛子等。

加工工艺：原辅料处理→打浆料→烘烤→夹馅→切块→检验→包装→成品。所用油脂经碱炼、脱味、脱色、氢化后腻滑、无异味、洁白。白砂糖磨细成微细粉末。先将糯米洗净、浸泡、晾干、舂粉，与充分溶解的碳酸氢钠、碳酸氢铵、巧克力等混合，按一定比例制为粉团，塑形，焙烤成饼片。另将凝固的油脂连续搅拌，加白糖粉拌匀，涂抹，粘全，切块即可。

商品编码：1905.3200。

归类分析：威化饼干，俗称华夫饼干，膨化食品的一种，是一种多孔性结构的饼干与饼干之间夹有馅料的多层夹心饼干，含可可成分，符合品目 19.05 中“饼干及其他烘焙糕饼，无论是否含可可”的描述，因此商品编码为 1905.3200。

4.4　服装鞋帽归类

4.4.1　服装注释解析

《进出口税则》第六十一章和第六十二章是关于“针织或钩编”“非针织或钩编”的服装及衣着附件的归类。在进行服装的归类时，需正确分析如下归类要素：加工工艺，即织造方法（常见的服装面料织造方法有针织、机织、无纺等）；服装面料（常见面料有丝、毛、棉、麻、化纤，其中纤维根据其属性分为天然纤维和化学纤维）；成分含量；穿着主体（应注意核实服装的穿着主体。例如，是供人穿着还是供动物穿着，供动物穿着的服装应归入品目 42.01 项下）等；穿着的性别（适合男士还是女士装着）等。

服装的归类思路为，首先根据服装面料的织造方法（如针织、钩编、机织等）判断章节，其所涉及的《进出口税则》章节一般为第六十一章（针织或钩编的服装）和第六十二章（非针织或非钩编的服装），然后根据服装的款式归入对应税目，最后根据构成服装的面料成分判断其具体的税号。

《进出口税则》第十一类关于服装的重点归类注释如下。

① 第六十一章仅适用于制成的针织品或钩编织品。第六十二章仅适用于制成的非针织品或非钩编织品。

② 旧衣着或其他旧物品应归入品目 63.09；矫形器具、外科手术带、疝气带及类似纺织品应考虑归入品目 90.21。

③“婴儿服装及衣着附件”，是指用于身高不超过 86 厘米幼儿的服装，也包括婴儿尿布。针织或钩编的婴儿服装及衣着附件应归入品目 61.11；既可归入品目 61.11，也可归入第六十一章其他品目的物品，应归入品目 61.11。非针织或非钩编的婴儿服装及衣着附件应归入品目 62.09；既可归入品目 62.09，也可归入第六十二章其他品目的物品，应归入品目 62.09。

④ 套装归类应遵循第六十一章和第六十二章注释，如表 4-4 所示。

表 4-4 《进出口税则》中的套装注释

类别	注　释	归类指引
西服套装	"西服套装"，是指面料用相同的织物制成的两件套或三件套的下列成套服装： 1．一件人体上半身穿着的外套或短上衣，除袖子外，其面料应由四片或四片以上组成；也可附带一件马甲（西服背心），这件马甲（西服背心）的前片面料应与套装其他各件的面料相同，后片面料则应与外套或短上衣的衬里料相同 2．一件人体下半身穿着的服装，即不带背带或护胸的长裤、马裤、短裤（游泳裤除外）、裙子或裙裤 注意：西服套装各件面料质地、颜色及构成必须相同，其款式也必须相同，尺寸大小还须相互般配，但可以用不同织物滚边（在缝口上缝入长条织物）。如果数件人体下半身穿着的服装同时报验（如两条长裤、长裤与短裤、裙子或裙裤与长裤），构成西服套装下装的应是一条长裤，而对于女式西服套装，应是裙子或裙裤，其他服装应分别归类 "西服套装"，包括无论是否完全符合上述条件的下列配套服装： 1．常礼服，由一件后襟下垂并下端开圆弧形叉的素色短上衣和一条条纹长裤组成 2．晚礼服（燕尾服），一般用黑色织物制成，上衣前襟较短且不闭合，背后有燕尾 3．无燕尾套装夜礼服，其中上衣款式与普通上衣相似（可以更为显露衬衣前胸），但有光滑丝质或仿丝质的翻领	男士针织或钩编的西服套装归入品目 61.03，非针织或非钩编的归入品目 62.03 女士针织或钩编的西服套装归入品目 61.04，非针织或非钩编的归入品目 62.04
便服套装	"便服套装"，是指面料相同并做零售包装的下列成套服装（西服套装及品目 61.07、61.08 或 61.09 的物品除外）： 1．一件人体上半身穿着的服装，但套头衫及背心除外，因为套头衫可在两件套服装中作为内衣，背心也可作为内衣 2．一件或两件不同的人体下半身穿着的服装，即长裤、护胸背带工装裤、马裤、短裤（游泳裤除外）、裙子或裙裤 注意：便服套装各件面料质地、款式、颜色及构成必须相同；尺寸大小也须相互般配。所称"便服套装"，不包括品目 61.12 的运动服及滑雪服	男士便服套装针织或钩编的归入品目 61.03，非针织或非钩编的归入品目 62.03 女士便服套装针织或钩编的归入品目 61.04，非针织或非钩编的归入品目 62.04
滑雪套装	"滑雪套装"，即由两件或三件构成一套并做零售包装的下列服装： 1．一件用一条拉链扣合的带风帽的厚夹克、防风衣、防风短上衣或类似的服装，可以附带一件背心（滑雪背心） 2．一条无论是否过腰的长裤、一条马裤或一条护胸背带工装裤 注意："滑雪套装"也可由一件类似滑雪连身服和一件可套在连身服外面的有胎料背心组成。"滑雪套装"各件颜色可以不同，但面料质地、款式及构成必须相同；尺寸大小也须相互般配	针织或钩编的滑雪套装归入品目 61.12；非针织或非钩编的归入品目 62.11

4.4.2 鞋帽注释解析

1. 鞋类注释解析

《进出口税则》第六十四章对"鞋靴、护腿和类似品及其零件"的归类进行了详细的注释。在进行鞋靴归类时，必须考虑鞋面、鞋底的构成材料，这是正确归类的关键。

鞋面是鞋（靴）底部之上的部分。如果鞋面是由两种及两种以上材料构成的，应按占表面面积最大的那种材料归类。计算面积时可不考虑附件及加固件，如护踝、防护性或装饰性的条或边、其他饰物（如穗缨、绒球或编带）、扣子、拉襻、鞋眼、鞋带或拉链。

任何做衬里的材料对归类都没有影响。外底的主要材料应以与地面接触最广的那种材料为准，计算接触面时可不考虑鞋底钉、铁掌或类似附属件。

归类时应注意以下规则。

①《进出口税则》第六十四章包括鞋靴的范围：供日常室内或室外穿着的平跟鞋或高跟鞋；短筒靴、中筒靴、高筒靴及长靴；各种类型的凉鞋、布面便鞋（帆布做面、植物编结材料做底的鞋）、网球鞋、旅游鞋、洗浴用拖鞋及其他便鞋；带有或可装鞋底钉、止滑柱、夹钳、马蹄掌或类似品的体育专用运动鞋靴、滑冰靴、滑雪靴及越野滑雪用鞋靴、滑雪板靴、角力靴、拳击靴及赛车靴（参见本章子目注释），但装有冰刀或轮子的滑冰鞋不归入本税目（应归入品目 95.06）；舞蹈鞋；居室用鞋靴（如卧室用拖鞋）；整件成形的鞋靴，特别是用橡胶或塑料模注而成或用一块木头雕刻而成的鞋靴；其他专门用于防油、防脂、防化学品或保暖的鞋靴；套穿在其他鞋靴之上的套鞋，某些鞋靴是无跟的；带有外绱鞋底的一次性鞋靴，一般仅适于一次性使用。

②《进出口税则》第六十四章不包括的鞋靴：易损材料（如纸、塑料薄膜）制的无外绱鞋底的一次性鞋靴罩或套，这些产品应按其构成材料归类；纺织材料制的鞋靴，没有用粘、缝或其他方法将外底固定或安装在鞋面上的（第十一类）；品目 63.09 的旧鞋靴；石棉制品（品目 68.12）；矫形鞋靴或其他矫形器具及其零件（品目 90.21）；玩具鞋及装有冰刀或轮子的滑冰鞋；护胫或类似的运动防护服装（第九十五章）。

③ 品目 64.06 所称“零件”，不包括鞋钉、护鞋铁掌、鞋眼、鞋钩、鞋扣、饰物、编带、鞋带、绒球或其他装饰带（应分别归入相应税目）及品目 96.06 的纽扣或其他货品。

④《进出口税则》第六十四章所称“橡胶”及“塑料”，包括能用肉眼辨出其外表有一层橡胶或塑料的机织物或其他纺织产品；运用本款时，橡胶或塑料仅引起颜色变化的不计在内；“皮革”是指品目 41.07 及 41.12 至 41.14 的货品。

⑤《进出口税则》第六十四章所称“运动鞋靴”仅适用于：带有或可装鞋底钉、止滑柱、夹钳、马蹄掌或类似品的体育专用鞋靴；滑冰靴、滑雪靴及越野滑雪用鞋靴、滑雪板靴、角力靴、拳击靴及赛车鞋。

《进出口税则》第六十四章品目如表 4-5 所示。

表 4-5 《进出口税则》第六十四章品目

鞋类品目	品目条文
64.01	橡胶或塑料制外底及鞋面的防水鞋靴，其鞋面不是用缝、铆、钉、旋、塞或类似方法固定在鞋底上的
64.02	橡胶或塑料制外底及鞋面的其他鞋靴
64.03	橡胶、塑料、皮革或再生皮革制外底，皮革制鞋面的鞋靴
64.04	橡胶、塑料、皮革或再生皮革制外底，用纺织材料制鞋面的鞋靴
64.05	其他鞋靴
64.06	鞋靴零件（包括鞋面，无论是否带有除外底以外的其他鞋底）；活动式鞋内底、跟垫及类似品；护腿、裹腿和类似品及其零件

2. 帽类注释解析

《进出口税则》第六十五章对“帽类及其零件”归类进行了详细注释，具体如下。

①《进出口税则》第六十五章包括帽型、帽坯、帽身及帽兜，以及各种各样的帽子，无论其用何种材料制成及用途如何（日用、戏剧用、化妆用、防护用等）；本章还包括任何材料制成的发网及某些帽类专用的配件；本章的帽类可带有各种材料（包括第七十一章所列材料）制成的各式各样的装饰物。

② 不能归入《进出口税则》第六十五章的帽子及物品有：动物用的帽类（品目 42.01）；披巾、围巾、薄头罩、面纱及类似品（品目 61.17 或 62.14）；明显穿戴过的帽类，报验时呈散装、大包装、大袋装或类似包装的（品目 63.09）；假发及类似品（品目 67.04）；石棉制的帽类（品目 68.12）；玩偶帽、其他玩具帽及狂欢节用品（第九十五章）；未装于帽上的各种帽子装饰物（扣子、别针、徽章、羽毛、人造花等）（归入适当的品目）；旧帽子归入品目 63.09。

特别需要说明的是，石棉是特殊材质，在《进出口税则》中有归类专章，石棉制的各种物品归类一般应优先考虑第六十八章。

4.4.3 服装鞋帽归类案例

实践案例 4-5

男士户外运动鞋如图 4-6 所示。

图 4-6 男士户外运动鞋

该商品相关信息如下。

品名：男子户外运动鞋。

材质：鞋面全棉面料，鞋底橡胶，足跟部有塑料弹性气垫。

制作工艺：鞋面纺织材料针织，鞋底橡胶，上下粘合而成。

用途：适合户外运动或自行车骑行。

商品编码：6404.1990。

归类分析：此鞋是纺织材料制成的鞋面，橡胶制成的鞋底，其用途是户外运动穿，可用于骑行，符合 64.04 品目“橡胶、塑料、皮革或再生皮革制外底，用纺织材料制鞋面的鞋靴”的描述；又因其虽然是运动时穿着的鞋，但是不符合《进出口税则》第六十四章子目注释关于“运动鞋靴”的解释，因此应归入 6404.1990。

实践案例 4-6

女士夹克外套如图 4-7 所示。

图 4-7　女士夹克外套

该商品相关信息如下。

品名：女士夹克外套。

面料：聚酯纤维、氨纶。

制作工艺：刺绣、机织。

用途：休闲户外春秋穿着。

商品编码：6204.3300。

归类分析：此款女士夹克外套属于机织服装，应归入《进出口税则》第六十二章，因其属于薄款女士上衣类无填充絮胎，符合品目 62.04“女士上衣”的描述，又由于其面料是聚酯纤维和氨纶，属于合成纤维制品，故查找子目，归入 6204.3300。

实践案例 4-7

男士运动休闲套装如图 4-8 所示。

图 4-8　某款男士运动休闲套装

该商品相关信息如下。

品名：男士运动休闲套装。

面料：聚酯纤维。

制作工艺：机织。

用途：休闲户外春秋穿着。

商品编码：6211.3320。

归类分析：此款男士运动休闲套装虽为“套装”，但是因为上衣和裤子颜色不同，明显不符合“便服套装”的注释要求，因此不能按“便服套装”归类。又因其是机织套装，所以应归入《进出口税则》第六十二章。面料聚酯纤维属于化纤类，综合其关键归类要素，应按“男士运动服”归入6211.3320。

4.5 化妆品归类

4.5.1 化妆品注释解析

《进出口税则》第三十三章对“精油及香膏；芳香料制品及化妆盥洗品”的归类进行了详细注释，具体解读如下。

① 《进出口税则》第三十三章不包括：品目13.01或13.02的天然油树脂或植物浸膏；品目34.01的肥皂及其他产品；品目38.05的脂松节油、木松节油和硫酸盐松节油及其他产品。

② 品目33.02所称“香料”，仅指品目33.01所列的物质、从这些物质中离析出来的香料组分及合成芳香剂。

③ 品目33.03至33.07主要包括适合作为这些税目所列用途的零售包装产品，无论其是否混合（精油水馏液及水溶液除外）。

④ 品目33.07所称“芳香料制品及化妆盥洗品”，主要适用于下列产品：香袋；通过燃烧散发香气的制品；香纸及用化妆品浸渍或涂布的纸；隐形眼镜片或假眼用的溶液；用香水或化妆品浸渍、涂布、包覆的絮胎、毡呢及无纺织物；动物用盥洗品。

4.5.2 化妆品归类案例

1. 洗面奶

洗面奶，又称洁面乳，用于清除面部皮肤表面的污垢，有助于保持皮肤清爽舒适，保持皮肤正常的生理功能。洗面奶是我们每天都使用的面部清洁用品，是护肤工作的第一步，那么洗面奶到底是化妆品还是洁肤用品？

根据表面活性剂的不同，洗面奶分为几种不同的类型，如皂基型、氨基酸型等。然而，在海关归类中，化妆品和洁肤用品应归入不同的税号，其中，化妆品归入品目33.04项下，洁肤用品归入品目34.01项下。

品目33.04和34.01的归类区别如表4-6所示。

表 4-6　品目 33.04 和 34.01 的归类比较

品　　目	品目条文释义	子 目 解 析
33.04	美容品或化妆品及护肤品（药品除外），包括防晒油或晒黑油；指（趾）甲化妆品	3304.10：唇用化妆品 3304.20：眼用化妆品 3304.30：指（趾）甲化妆品 3304.99：其他类的美容品或化妆品及护肤品（药品除外）
34.01	肥皂；有机表面活性产品及制品，条状、块状或模制形状的；洁肤用的有机表面活性产品及制剂，液状或膏状并制成零售包装的，无论是否含有肥皂；用肥皂或洗涤剂浸渍、涂面或包覆的纸、絮胎、毡呢及无纺织物	3401.11：盥洗用肥皂及有机表面活性产品及制品（条状、块状或模制形状的） 3401.19：非盥洗用肥皂及有机表面活性产品及制品（条状、块状或模制形状的），清洁湿巾 3401.20：其他形状的肥皂 3401.30：指"洁肤用的有机表面活性产品及制剂，液状或膏状并制成零售包装的，无论是否含有肥皂"

海关总署发布了《关于公布 2020 年商品归类决定的公告》（海关总署公告 2020 年第 108 号），从 2020 年 10 月 1 日起，根据公告中归类决定编号 W2020-11 和 W2020-12 的商品归类决定，洗面、去角质等液状和膏状的洁肤用品（零售包装），应归入 3401.3000。因此，洗面奶按洁肤品归入商品编码 3401.3000。《进出口税则》中洗面奶申报要求如表 4-7 所示。

表 4-7　《进出口税则》中洗面奶申报要求

洗面奶申报要求	
税率	根据《进出口税则》，洁肤用品的商品编码为 3401.3000，进口最惠国关税税率为 6.5%，普通关税税率为 130%，增值税税率为 13%，无消费税，出口退税税率为 13%
海关规范申报目录的申报要求	3401.3000 规范申报要素：1. 品名；2. 成分含量；3. 外观；4. 包装规格；5. 品牌；6. 型号（货号）
进出口化妆品检验检疫的申报要求	根据《进出口化妆品检验检疫监督管理办法》及海关总署 2020 年第 99 号规定：1. 进口化妆品在办理报关手续时应声明取得国家相关主管部门批准的进口化妆品卫生许可批件，免于提交批件凭证；2. 对于国家没有实施卫生许可或备案的化妆品，取消提供具有相关资质的机构出具的可能存在安全性风险物质的有关安全性评估资料的监管要求，要求提供产品安全性承诺

实践案例 4-8

资生堂洗颜专科洗面奶如图 4-9 所示。

图 4-9　资生堂洗颜专科洗面奶

该商品相关信息如下。

品名：资生堂洗颜专科洗面奶。

成分：甘油、水、硬脂酸、肉豆蔻酸、氢氧化钾、丙二醇月桂酸酯、月桂酸、椰油酰胺丙基甜菜碱、甲基椰油、酰基牛磺酸钠、甘油硬脂酸酯 SE、聚季铵盐-7、（日用）香精、EDTA 二钠、聚乙二醇_90M、焦亚硫酸钠、苯甲酸等。

用途：产品中包含硬脂酸、肉豆蔻酸、氢氧化钾（强碱）、丙二醇月桂酸酯和月桂酸，这些是资生堂洗颜专科洗面奶的皂基成分，此产品属于皂基洗面奶，用于清洁面部肌肤。

商品编码：3401.3000。

归类分析：资生堂洗颜专科洗面奶属于皂基洗面奶，符合 3401.3000“洁肤用的有机表面活性产品及制剂，液状或膏状并制成零售包装的，无论是否含有肥皂”这一子目条文描述，因此应归入 3401.3000。

2. 洁面湿巾

实践案例 4-9

贝德玛洁面卸妆湿巾如图 4-10 所示。

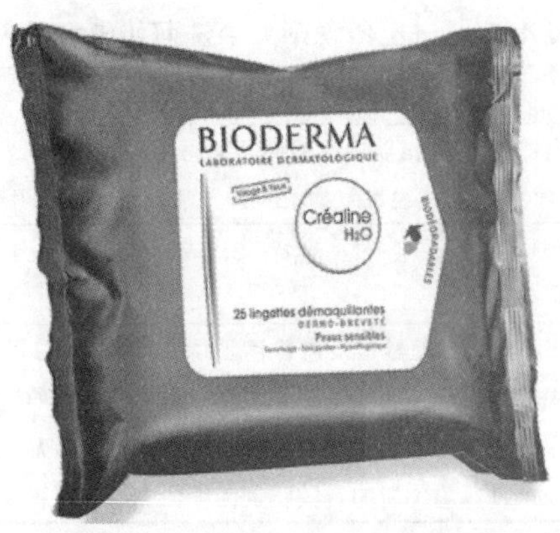

图 4-10 贝德玛洁面卸妆湿巾

该商品相关信息如下。

品名：贝德玛洁面卸妆湿巾。

成分：水、丙二醇、苯氧基乙醇、对羟基苯甲酸甲酯、乳酸钠、银离子、桉树叶、聚氧乙烯氢化蓖麻油、聚醚、霍霍巴油等。

用途：精华液融于其中，深入肌底，迅速将毛孔打开，卸去肌肤表面残留的化妆品物质，深层清洁毛孔底部，起到清洁及滋润效果，能卸掉化妆残留物，补充水分，避免面部出现干纹。

商品编码：3401.1990。

归类分析：该产品的成分主要是有机表面活性剂和少量用于润肤的精油等，应按含有有机表面活性剂的清洁湿巾归入 3401.1990。

4.6　箱包归类

4.6.1　箱包注释解析

《进出口税则》第四十二章对“皮革制品；旅行用品、手提包及类似容器”、第四十六章对“编结制品箱包” 进行了详细归类注释，具体解读如下。

①《进出口税则》第四十二章所称“皮革”包括油鞣皮革（包括结合鞣制的油鞣皮革）、漆皮、层压漆皮和镀金属皮革。

②《进出口税则》第四十二章不包括：外科用无菌肠线或类似的无菌缝合材料（品目 30.06）；以毛皮或人造毛皮衬里或作面（仅饰边的除外）的衣服及衣着附件（分指手套、连指手套及露指手套除外）（品目 43.03 或 43.04）；网线袋及类似品（品目 56.08）；第六十四章的物品；第六十五章的帽类及其零件；品目 66.02 的鞭子、马鞭或其他物品；袖扣、手镯或其他仿首饰（品目 71.17）；单独进口或出口的挽具附件或装饰物，如马镫、马嚼子、马铃铛及类似品、带扣（一般归入第十五类）；弦线、鼓面皮或类似品及其他乐器零件（品目 92.09）；第九十四章的物品（如家具、灯具及照明装置）；第九十五章的物品（如玩具、游戏品及运动用品）；品目 96.06 的纽扣、揿扣、纽扣芯或这些物品的其他零件、纽扣坯。

③ 品目 42.02 不包括：非供长期使用的带把手塑料薄膜袋，无论是否印制（品目 39.23）；编结材料制品（品目 46.02）。

品目 42.02 和 46.02 的比较如表 4-8 所示。

表 4-8　品目 42.02 和 46.02 的比较

箱包涉及的品目	品目条文描述
42.02	1．衣箱、提箱、小手袋、公文箱、公文包、书包、眼镜盒、望远镜盒、照相机套、乐器盒、枪套及类似容器（注意：可用任何材质制成，没有材质限制） 2．旅行包、食品或饮料保温包、化妆包、帆布包、手提包、购物袋、钱夹、钱包、地图盒、烟盒、烟袋、工具包、运动包、瓶盒、首饰盒、粉盒、刀叉餐具盒及类似容器，用皮革或再生皮革、塑料片、纺织材料、钢纸或纸板制成，或者全部或主要用上述材料或纸包覆制成
46.02	用编结材料直接编成或用品目 46.01 所列货品制成的篮筐、柳条编结品及其他制品；丝瓜络制品

④ 品目 42.02 及 42.03 的制品，如果装有用贵金属、包贵金属、天然或养殖珍珠、宝石或半宝石（天然、合成或再造）制的零件，即使这些零件不是仅作为小配件或小饰物的，只要其未构成物品的基本特征，仍应归入上述品目。但如果这些零件已构成物品的基本特征，则应归入第七十一章。

⑤“编结材料”箱包是用其状态或形状适于编结、交织或类似加工的材料，包括稻草、秸秆、柳条、竹、藤、灯芯草、芦苇、木片条、其他植物材料扁条（如树皮条、狭叶、酒椰叶纤维或其他从阔叶获取的条）、未纺的天然纺织纤维、塑料单丝及扁条、纸带，

但不包括皮革、再生皮革、毡呢或无纺织物的扁条、人发、马毛、纺织粗纱或纱线，以及第五十四章的单丝和扁条等物质编结的箱包制品。

4.6.2 箱包归类案例

实践案例 4-10

三款包分别如图 4-11～图 4-13 所示，三者的归类分析比较如表 4-9 所示。

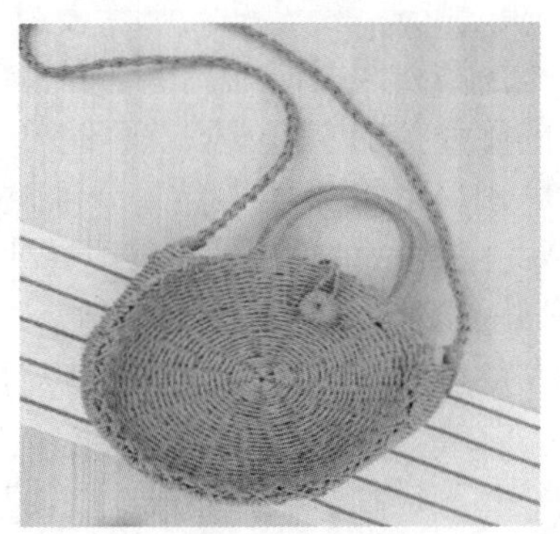

品名：圆形稻草包
产品特点：手工藤编编织、复古稻草绳针织
风格：女性夏季海滩包斜挎包，波希米亚风格
材质：稻草

图 4-11 圆形稻草包

品名：圆形休闲肩包
产品特点：可调节编织流苏
材质：PU 聚氨酯皮革

图 4-12 圆形休闲肩包

品名：帆布手提包
产品特点：刺绣印花无内衬
风格：女士休闲
材质：帆布及少量聚酯

图 4-13 帆布手提包

表 4-9　三款箱包归类分析比较

商品类型	商品编码	归类分析
圆形稻草包	4602.1910	此款包属于稻草编结制品，根据《进出口税则》第四十二章章注三，品目 4202 不包括“编结材料制品”，因此应按编结材料制品归入四十六章；又结合第四十六章章注一关于“编结材料”的注释，稻草属于常见的编结材料之一，故按编结制品归入 4602.1910
圆形休闲肩包	4202.9100	此款包材质是 PU 聚氨酯皮革制成，符合《进出口税则》第四十二章品目 42.02“再生制皮革手提包”的描述，因此应归入 4202.9100
帆布手提包	4202.2201	此款包主要材料是帆布，属于纺织材料制手提包，符合《进出口税则》第四十二章品目 42.02“纺织材料手提包”的描述，因此应归入 4202.2201

4.7 电子产品归类

4.7.1 电子产品注释解析

近年来，随着“宅经济”的推动，家用电动器具成了跨境电商产品的新宠，扫地机器人、音箱、智能语音电子产品等销量势头良好。学会进行电子产品归类，将极大地提高跨境电商的通关效率。《进出口税则》第八十五章对“电机、电气设备及其零件；录音机及放声机、电视图像、声音的录制和重放设备及其零件、附件品”进行了详细的注释，具体解读如下。

①“家用电动器具”可以考虑归入品目 85.09。但不是所有的家用电动器具都一律归入此税目。品目 85.09 仅包括通常供家用的下列电动器具：

- 任何重量的地板打蜡机、食品研磨机、食品搅拌器及水果或蔬菜的榨汁器。
- 重量不超过 20 千克的其他机器。

但该品目不适用于风机、风扇或装有风扇的通风罩及循环气罩（无论是否装有过滤器）(品目 84.14)、离心干衣机（品目 84.21)、洗碟机（品目 84.22)、家用洗衣机（品目 84.50)、滚筒式或其他形式的熨烫机器（品目 84.20 或 84.51)、缝纫机（品目 84.52)、电剪子（品目 84.67）或电热器具（品目 85.16)。

②《进出口税则》第八十五章不包括以下电子产品：电暖的毯子、褥子、足套或类似品，电暖的衣服、靴、鞋、耳套或其他供人穿戴的电暖物品；品目 70.11 的玻璃制品；品目 84.86 的机器及装置；用于医疗、外科、牙科或兽医的真空设备（品目 90.18)；第九十四章的电热家具。

③ 品目 85.23 所称“固态、非易失性存储器件”（如“闪存卡”或“电子闪存卡”）是指带有接口的存储器件，其在同一壳体内包含一块或多块闪存（FLASH E2 PROM)，以集成电路的形式装配在一块印刷电路板上。它们可以包括一个集成电路形式的控制器及分立无源元件，如电容器及电阻器。所称“智能卡”，是指装有一块或多块集成电路（微处理器、随机存取存储器或只读存储器）芯片的卡。这些卡可带有触点、磁条或嵌入式天线，但不包含任何其他有源或无源电路元件。

常见跨境电商电子产品归类品目如表 4-10 所示。

表 4-10　常见跨境电商电子产品归类品目

品　　目	品目条文描述
85.09	家用电动器具（包括：任何重量的地板打蜡机、食品研磨机、食品搅拌器及水果或蔬菜的榨汁器；重量不超过 20 千克的其他机器）
85.10	电动剃须刀、电动毛发推剪、电动脱毛器
85.16	电热的理发器具（如电吹风机、电卷发器、电热发钳）及干手器、电熨斗及其他家用电热器具等
85.18	传声器（麦克风）及其座架；扬声器，无论是否装成音箱；耳机及耳塞、音频扩大器等
85.23	录制声音或其他信息用的圆盘、磁带、固态非易失性数据存储器件、“智能卡”及其他媒体等

4.7.2　电子产品归类案例

1. 耳机

实践案例 4-11

CBAOOO F9 蓝牙耳机如图 4-14 所示。

图 4-14　CBAOOO F9 蓝牙耳机

该商品相关信息如下。

品名：CBAOOO F9 蓝牙耳机。

功能：蓝牙无线声音传输设备。

用途：播放音乐。

商品编码：8518.3000。

归类分析：此款蓝牙耳机属于电子产品，其功能符合品目 85.18“耳机及耳塞机，无论是否装有传声器，由传声器及一个或多个扬声器组成的组合机”的描述，因此应按功能归入 8518.3000。

2. 音响

实践案例 4-12

迷你蓝牙扬声器如图 4-15 所示。

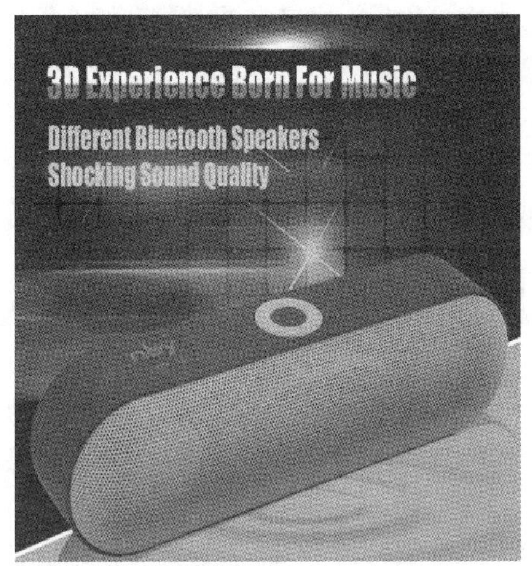

图 4-15　迷你蓝牙扬声器

该商品相关信息如下。

品名：迷你蓝牙扬声器。

组成：1NBY-18 扬声器、音频线、充电线、用户手册。

功能：扬声设备，可以支持 4 种模式播放音乐，蓝牙、TF、U 盘模式、3.5 毫米音频线模式。

用途：播放音乐。

商品编码：8518.2100。

归类分析：此款蓝牙扬声器属于电子产品，其功能符合品目 85.18“扬声器，无论是否装成音箱”的描述，因此应按功能归入 8518.2100。

4.8 首饰归类

4.8.1 首饰注释解析

《进出口税则》第七十一章对“天然或养殖珍珠、宝石或半宝石、贵金属、包贵金属及其制品；仿首饰”进行了详细注释，具体解读如下。

①《进出口税则》第七十一章所称“贵金属”，是指银、金及铂；所称“铂”，是指铂、铱、锇、钯、铑及钌；所称“宝石或半宝石”，不包括第九十六章注释二（二）所述任何物质。贵金属应包括上述贵金属合金，但不包括包贵金属或表面镀以贵金属的贱金

属及非金属。

凡进出口制品的全部或部分由下列物品构成的，均应归入本章：天然或养殖珍珠、宝石或半宝石（天然、合成或再造）；贵金属或包贵金属。

② 含有贵金属的合金（包括烧结及化合的），只要其中任何一种贵金属的含量达到合金重量的 2%，即应视为本章的贵金属合金。贵金属合金应按下列规则归类。

- 按重量计含铂量在 2%及以上的合金，应视为铂合金。
- 按重量计含金量在 2%及以上，但不含铂或按重量计含铂量在 2%以下的合金，应视为金合金。
- 按重量计含银量在 2%及以上的其他合金，应视为银合金。

③ 品目 71.13 所称“首饰”，是指：

- 个人用小饰物（无论是否镶嵌宝石）（如戒指、手镯、项圈、饰针、耳环、表链、表链饰物、垂饰、领带别针、袖扣、饰扣、宗教性或其他勋章及徽章）。
- 通常放置在衣袋、手提包或佩戴在身上的个人用品（如烟盒、鼻烟盒、口香丸和药丸盒、粉盒、链袋或念珠）。

这些物品可以和下列物品组合，或者镶嵌下列物品：天然或养殖珍珠、宝石或半宝石、合成或再造的宝石或半宝石、玳瑁壳、珍珠母、兽牙、天然或再生琥珀、黑玉或珊瑚。

④ 品目 71.17 所称“仿首饰”，是指不含天然或养殖珍珠、宝石或半宝石（天然、合成或再造）及贵金属或包贵金属（仅作为镀层或小零件、小装饰品的除外）的上述③所述的个人用小饰物（不包括品目 96.06 的钮扣及其他物品或品目 96.15 的梳子、发夹及类似品）。

⑤ 品目 71.13、71.14 及 71.15 不包括带有贵金属或包贵金属制的小零件或小装饰品（如交织字母、套、圈、套环）的制品，天然或养殖珍珠、宝石或半宝石（天然、合成或再造）、贵金属或包贵金属也不适用于这类制品；品目 71.16 不包括含有贵金属或包贵金属（仅作为小零件或小装饰品的除外）的制品。

⑥ 本章所称“包贵金属”，是指以贱金属为底料，在其一面或多面用焊接、熔接、热轧或类似机械方法覆盖一层贵金属的材料。除条文另有规定的以外，也包括镶嵌贵金属的贱金属。

⑦ 如下产品不能归入第七十一章：贵金属汞齐及胶态贵金属（品目 28.43）；第三十章的外科用无菌缝合材料、牙科填料或其他货品；第四十二章注释三（二）所述的品目 42.02 或 42.03 的物品；品目 43.03 或 43.04 的物品；第十一类的货品（纺织原料及纺织制品）；第六十四章或第六十五章的鞋靴、帽类及其他物品；第六十六章的伞、手杖及其他物品；品目 68.04 或 68.05 及第八十二章含有宝石或半宝石（天然或合成）粉末的研磨材料制品；第八十二章装有宝石或半宝石（天然、合成或再造）工作部件的器具；第十六类的机器、机械器具、电气设备及其零件。然而，完全以宝石或半宝石（天然、合成或再造）制成的物品及其零件，除未安装的唱针用已加工蓝宝石或钻石外（品目 85.22），其余仍应归入本章。

综上所述，首饰按材质进行区分，归入不同的品目。不同首饰品目的比较如表 4-11 所示。

表 4-11　不同首饰品目的比较

品　　目	品目条文描述
71.13	贵金属或包贵金属制的首饰及其零件
71.16	用天然或养殖珍珠、宝石或半宝石（天然、合成或再造）制成的物品
71.17	仿首饰

4.8.2　首饰归类案例

1. 纯银手镯

实践案例 4-13

925 纯银莲花手镯如图 4-16 所示。

图 4-16　925 纯银莲花手镯

该商品相关信息如下。

品名：925 纯银莲花手镯。

材质：纯银。

商品编码：7113.1190。

归类分析：依据《进出口税则》第七十一章章注九关于“首饰”的释义，此款手镯属于首饰类，又因其材质是纯银，银属于贵金属，所以应按“贵金属首饰”归入 7113.1190。

2. 黄金钻石戒指

实践案例 4-14

纯黄金女性钻石时尚戒指如图 4-17 所示。

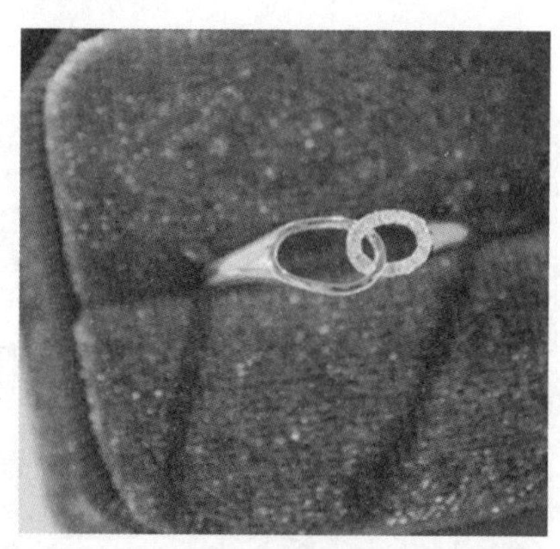

图 4-17　纯黄金女性钻石时尚戒指

该商品相关信息如下。

品名：纯黄金女性钻石时尚戒指。

材质：纯黄金、局部镶嵌钻石。

商品编码：7113.1911。

归类分析：依据《进出口税则》第七十一章章注九关于“首饰”的释义，此款戒指属于首饰类，又因其材质是纯金打造，金属于贵金属，其局部镶嵌钻石，所以应按“镶嵌钻石的贵金属首饰”归入 7113.1911。

拓展思政案例

强化风险意识，加强防疫物质质量安全监管

防疫物资直接关乎世界各国人民的生命健康，中国本着对各国人民生命健康高度负责的主动担当，一方面设法满足国际社会对我国防疫物资持续增加的需求，另一方面不断强化质量监控，规范出口市场秩序，把合格的防疫物资提供给国际市场，积极支持各国抗击疫情。秉持人类命运共同体理念，把各国人民生命安全放在首位，以人道主义的宽广胸怀，源源不断地将防疫物资运往世界各国，这是中国政府支持全球抗击疫情的坚定行动，是发挥负责任大国作用的主动担当，是中国对人类社会应对全球公共卫生危机做出的重要贡献。

防疫物资的质量安全不容丝毫马虎，对不合格的防疫物资，中国政府绝不会放任不管。海关总署公开通报两批违法违规出口医疗物资的典型案例，主要涉及伪报瞒报、涉嫌逃避出口商品检验等。海关坚决查处伪报瞒报、以假充真、逃避商品检验、不合格冒充合格等违法行为，坚决维护防疫物资出口良好秩序。

为进一步加强对出口防疫物资的质量安全监管，海关总署会同相关部门相继发布了《关于有序开展医疗物资出口的公告》（商务部 海关总署 国家药品监督管理局公告 2020 年第 5 号）、《关于进一步加强防疫物资出口质量监管的公告》（商务部 海关总署 国家市场监督管理总局公告 2020 年第 12 号）及海关总署公告 2020 年第 53 号，涉及相关商品如表 4-12 和表 4-13 所示。

表 4-12　"5 号公告"涉及的商品（5 类）

序　号	类　别	商品编码
1	医用口罩	6307900010
2	医用防护服	6210103010
		3926209000
3	红外测温仪	9025199010
4	呼吸机	9019200010
		9019200090
5	新型冠状病毒检测试剂	3002150090
		3822001000
		38222009000

表 4-13　在"5 号公告"以外但"53 号公告"涉及的商品（7 类）

序　号	类　别	商品编码
1	医用手术帽	6505009900
2	医用护目镜	9004909000
3	医用手套	3926201100
		3926201900
		4015110000
		4015190000
4	医用鞋套	6307900090
		3926909090
		4016999090
5	病员监护仪	9018193010
6	医用消毒巾	3005901000
		3005909000
7	医用消毒剂	3808940010

资料来源：中华人民共和国海关总署网站。

实训练习

实训要求：认真分析进出口商品归类要素，正确进行商品归类，查找商品编码。

实训内容：商品归类实操训练。

如图 4-18 所示是跨境电商平台全球速卖通热卖商品，一款成人超声波电动牙刷。请根据平台所给的商品信息，迅速确定归类要素，确定商品编码及进出口税率。

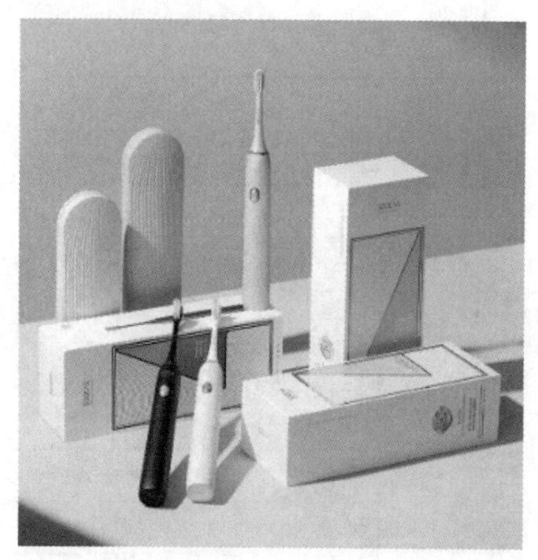

品名：成人超声波电动牙刷
产品特点：USB 可快速充电、防水
3C 商品质量认证：3C
19.30×2.40×2.40 cm / 7.6×0.94×0.94 inc
产品类型：电动牙刷
类型：声波
材质：ABS 原材料+铝合金
清洗模式：4 种清洗模式
充电时间：4 小时
电池容量：1000mAh
充电方式：c 型快速充电

图 4-18　成人超声波电动牙刷

实训步骤：

1. 认知商品。
2. 分析商品归类要素。
3. 灵活运用《进出口税则》，查找商品编码。
4. 确定税率和海关监管条件。
5. 登录中国国际贸易单一窗口平台，正确进行商品编码、申报要素的录入和申报。

实训评价：

从认知商品到登录中国国际贸易单一窗口平台，正确进行商品编码、申报要素的录入和申报，这是一个完整的商品归类工作过程，此次商品归类实训能够让学生深入理解商品归类的实操流程，更加明确商品归类在进出口申报中的重要作用和意义。

1. 正确分析商品归类要素。（25 分）
2. 灵活运用《进出口税则》，查找商品编码。（35 分）
3. 根据商品编码，进一步确定税率和海关监管条件。（20 分）
4. 登录中国国际贸易单一窗口平台，正确进行商品编码、申报要素的录入和申报。（20 分）

课后习题

一、判断题

1. 按照商品归类总规则的规定，税目所列货品，还应视为包括该货物的完整品或制成品在进出口时的未组装件和拆散件。（　　）
2. 贵金属主要指的是铂、金、银、铜四种金属元素。（　　）
3. 对进出口商品进行归类时，如果该商品在品目条文上有具体列名可以直接查到，则无须运用商品归类总规则。（　　）
4. 电暖的毯子应按家用电器设备归入品目 85.09。（　　）

5. 西服套装各件面料质地、颜色及构成必须相同，其款式也必须相同，尺寸大小还须相互般配。（　　）

二、单选题

1. 下列叙述正确的是（　　）。
   A. 在进行商品归类时，列名比较具体的税目优先于一般税目
   B. 在进行商品归类时，混合物可以只按照其中的一种成分进行归类
   C. 在进行商品归类时，商品的包装容器必须单独进行归类
   D. 混合物归类时只需按含量最大的归类即可

2. 对商品进行归类时，品目条文所列的商品，应包括该项商品的非完整品或未制成品，只要在进口或出口时这些非完整品或未制成品具有完整品或制成品的（　　）。
   A. 基本功能　　B. 相同用途　　C. 基本特征　　D. 核心组成部件

3. 长方形香皂装在长方形塑料香皂盒内（每盒一块），该香皂盒有底盖，并适合长期使用，正确的归类思路是（　　）。
   A. 依据商品归类总规则一，香皂和香皂盒分别归类
   B. 依据商品归类总规则三（一），该货品以香皂为主要特征，应按照香皂归类
   C. 依据商品归类总规则三（一），该货品以香皂盒为主要特征，应按照香皂盒归类
   D. 依据商品归类总规则五（一），香皂盒与香皂一起归类，一并归入品目 34.01

4. 关于“零售成套货品”，下列说法错误的是（　　）。
   A. 由归入不同税目的货品组成　　B. 用途上相互补充、配合使用
   C. 零售包装　　D. 只要成套即可

5. 一般适用于家用的电动器具重量不超过（　　）千克。
   A. 15　　B. 20　　C. 25　　D. 40

三、简答题

请将以下商品（见图 4-19～图 4-21）进行归类，根据平台所给商品信息，确定归类要素及商品编码。

1. 狗外套如图 4-19 所示。

品名：狗外套
材质：羊毛
季节：秋季/冬季
外形：斗篷、背心、柔软、保暖、防水、易穿

图 4-19　狗外套

2. 艾莎公主裙如图 4-20 所示。

品名：艾莎公主裙
品牌：迪士尼
材质：棉花
材料：聚酯纤维
裙子长度：到小腿肚
型号：儿童艾莎服装
款式类型：几何型
领型：O 领
装饰：串珠

图 4-20 艾莎公主裙

3. 可充电暖手器如图 4-21 所示。

品名：可充电暖手器
功率：<800W
CE 认证：CE
加热元件：石英
型号：JPD-Q78
速率设置次数：无
功能：过热保护
电源类型：USB
材料：ABS +铝合金
电池容量：1 800 mAh
充电时间：约 1 小时

图 4-21 可充电暖手器

第5章 报关单证填制

学习目标

1. 重点掌握进出口报关单的类型。

2. 重点掌握海关进出口货物报关单填制作业规范，能够正确填制进出口报关单。

3. 重点掌握我国跨境电商零售进口商品申报清单数据要求，正确填制跨境电商零售进出口申报清单。

4. 了解报关其他随附单证。

导入案例

随着“宅经济”的日益发展，越来越多的人开始注重健康和养生，对保健食品的需求持续上升。据南京海关所属宿迁海关统计，自 2021 年以来，江苏宿迁地区出口保健食品 136.76 吨，同比增长 490.5%，呈现猛增趋势。江苏健治一号高科技集团有限公司是一家从事保健品出口的外贸公司，其生产的国维牌蜂蛹冻干粉胶囊、健治牌多维软胶囊等产品畅销国外，但是保健品进出口清关手续不同于普通食品及药品。

假如你是江苏健治一号高科技集团有限公司的关务员，请问保健品出口需要办理哪些手续？如何填制出口报关单，正确地向海关申报出口呢？

分析提示：

我国对保健品进出口有明确的规定。保健品进口是按照药品进口要求，对于进口产品应在食药监局办理进口许可，需要一定的时间去申请。出口则需事先取得相关证书，如美国 FDA 认证和欧盟 COS 认证等，然后可委托有进出口权的公司代理出口，如有自营进出口权的，也可以直接找货代代理运输完成出口。前期申报准备工作完成以后，再依据海关总署报关单填制规范的要求，通过中国国际贸易单一窗口平台正确填制电子报关单向海关系统申报。

5.1 进出口货物报关单作业规范

进出口货物报关单是指进出口货物收发货人或其代理人，按照海关规定的格式对进出口货物的实际情况做出书面申明，以此要求海关对其货物按适用的海关制度办理通关手续的法律文书。它在对外经济贸易活动中具有十分重要的法律地位，既是海关监管、征税、统计及开展稽查和调查的重要依据，又是加工贸易进出口货物核销、出口退税和外汇管理的重要凭证，也是海关处理走私、违规案件，以及税务、外汇管理部门查处骗税和套汇犯罪活动的重要凭证。

为规范进出口货物收发货人的申报行为，统一进出口货物报关单填制要求，海关总署颁布了《关于修订〈中华人民共和国海关进出口货物报关单填制规范〉的公告》（海关总署公告 2019 年第 18 号），此公告是进出口收发货人进行报关单填制的基本规范。中华人民共和国海关进口货物报关单如表 5-1 所示。

表 5-1　中华人民共和国海关进口货物报关单

预录入编号：　　　　　　　　　　　　　　　　　　海关编号：

<table>
<tr><td>境内收货人</td><td colspan="2">进境关别</td><td colspan="2">进口日期</td><td colspan="2">申报日期</td><td colspan="2">备案号</td></tr>
<tr><td>境外发货人</td><td colspan="2">运输方式</td><td colspan="2">运输工具名称及航次号</td><td colspan="2">提运单号</td><td colspan="2">货物存放地点</td></tr>
<tr><td>消费使用单位</td><td colspan="2">监管方式</td><td colspan="2">征免性质</td><td colspan="2">许可证号</td><td colspan="2">启运港</td></tr>
<tr><td>合同协议号</td><td colspan="2">贸易国（地区）</td><td colspan="2">启运国（地区）</td><td colspan="2">经停港</td><td colspan="2">入境口岸</td></tr>
<tr><td>包装种类</td><td>件数</td><td>毛重（千克）</td><td>净重（千克）</td><td>成交方式</td><td>运费</td><td colspan="2">保费</td><td>杂费</td></tr>
<tr><td colspan="9">随附单证及编号</td></tr>
<tr><td colspan="9">标记唛码及备注</td></tr>
<tr><td colspan="9">项号 商品编号 商品名称及规格型号 数量及单位 单价/总价/币制 原产国（地区） 最终目的国（地区） 境内目的地 征免</td></tr>
<tr><td colspan="9"></td></tr>
<tr><td colspan="9"></td></tr>
<tr><td colspan="9"></td></tr>
<tr><td colspan="9"></td></tr>
<tr><td colspan="9"></td></tr>
<tr><td colspan="9"></td></tr>
<tr><td colspan="9">特殊关系确认：　　　　价格影响确认：　　　　支付特许权使用费确认：　　　　自报自缴：</td></tr>
</table>

续表

报关人员　　报关人员单证号　　电话　　兹申明对以上内容承担如实申报、依法纳税之法律责任 申报单位　　申报单位（签章）	海关批注及签章

5.1.1　报关单表头栏目填报规范

进出口报关单一般分为表头基本信息和表体商品情况两部分。表头栏目主要填报进出口货物合同当事人、申报口岸海关、货物监管方式、征免性质及成交方式等基本信息，表体栏目主要填报进出口商品成交详细信息。表头栏目填报详细规则如下。

1. 预录入编号

预录入编号指预录入报关单的编号，一份报关单对应一个预录入编号，由系统自动生成。

报关单预录入编号为 18 位，第 1～4 位为接受申报海关的代码（海关规定的《关区代码表》中相应的海关代码），第 5～8 位为录入时的公历年份，第 9 位为进出口标志（“1”为进口，“0”为出口；集中申报清单“I”为进口，“E”为出口），后 9 位为顺序编号。

2. 海关编号

海关编号指海关接受申报时给予报关单的编号，一份报关单对应一个海关编号，由系统自动生成。

报关单海关编号为 18 位，第 1～4 位为接受申报海关的代码（海关规定的《关区代码表》中相应的海关代码），第 5～8 位为海关接受申报的公历年份，第 9 位为进出口标志（“1”为进口，“0”为出口；集中申报清单“I”为进口，“E”为出口），后 9 位为顺序编号。

3. 境内收发货人

本栏目填报在海关备案的对外签订并执行进出口贸易合同的中国境内法人、其他组织名称及编码。编码填报 18 位法人和其他组织统一社会信用代码，没有法人和其他组织统一社会信用代码的，填报其在海关的备案编码或检验检疫 10 位编码。

（1）填制要求

① 本栏目应填报中文名称及编码。其中，统一社会信用代码的含义如图 5-1 所示。

海关的备案编码由 10 位编码组成，第 1～4 位为单位属地行政区划代码，第 5 位为市内经济区划代码，第 6 位为企业经济类型代码，第 7～10 位为顺序编号。

其中，第 5 位代码含义如下。

- “1”：经济特区。
- “2”：经济技术开发区。

图 5-1　法人和其他组织统一社会信用代码的含义

- “3”：高新技术产业开发区。
- “4”：保税区。
- “5”：出口加工区/珠澳园区。
- “6”：保税港区/综合保税区。
- “7”：物流园区。
- “9”：其他。

第 6 位代码含义如下。

- “1”：国有企业。
- “2”：中外合作企业。
- “3”：中外合资企业。
- “4”：外商独资企业。
- “5”：集体企业。
- “6”：民营企业。
- “7”：个体工商户。
- “8”：有报关权没进出口权企业。
- “9”：其他。

② 进口报关单填制境内收货人，出口报关单填制境内发货人。

③ 特殊情况填报要求如下。

a. 进出口货物合同的签订者和执行者非同一企业的，填报执行合同的企业。

b. 外商投资企业委托进出口企业进口投资设备、物品的，填报外商投资企业，并在标记唛码及备注栏注明“委托某进出口企业进口”，同时注明被委托企业的 18 位法人和其他组织统一社会信用代码。

例如，北京宇都商贸有限公司（外商投资企业）委托大连化工进出口公司与韩国签约进口投资的电动叉车。境内收货人栏应填“北京宇都商贸有限公司”及编码，并在报关单备注栏填“委托大连化工进出口公司进口”，注明大连化工进出口公司代码。

c. 有代理报关资格的报关企业代理其他进出口企业办理进出口报关手续时，填报委托的进出口企业。

d. 海关特殊监管区域收发货人填报该货物的实际经营单位或海关特殊监管区域内经营企业。

④ 免税品经营单位经营出口退税国产商品的，填报免税品经营单位名称。

（2）信息来源

境内收发货人属于与货物成交相关的信息，填报时需与委托单位进行确认。同时，报关人员可通过收发货人营业执照、海关报关单位注册登记证书、国家企业信用信息公示系统、中国海关企业进出口信用信息公示平台查询其海关注册登记代码及相关信用信息。

4. 进出境关别

本栏目根据货物实际进出境的口岸海关，填报海关规定的《关区代码表》中相应口岸海关的名称及代码。

进出境关别名称是指关区的中文简称，一般为 4 个汉字；进出境关别代码由 4 位数字组成，前 2 位为直属海关关区关别代码，后 2 位为隶属海关或海关监管场所的代码。例如，货物由天津新港口岸进境，应填报为“新港海关（0202）”

（1）填报要求

① 国家对药品等货物限定口岸进口；对稀土、锑及锑制品等货物限定口岸出口；相关商品应严格按规定的口岸办理进出口申报手续。

② 加工贸易进出境货物，填报主管海关备案时所限定或指定货物进出的口岸海关名称及代码。限定或指定货物进出的口岸与实际进出口岸不符的，应向合同备案主管海关办理变更手续后填报。

③ 特殊情况填报要求如下。

a. 进口转关运输货物填报货物进境地海关名称及代码，出口转关运输货物填报货物出境地海关名称及代码。按转关运输方式监管的跨关区深加工结转货物，出口报关单填报转出地海关名称及代码，进口报关单填报转入地海关名称及代码。

例如，货物从天津新港进境再转关至郑州，进境地海关为天津新港，“进境关别”栏填“新港海关（0202）”。

b. 在不同海关特殊监管区域或保税监管场所之间调拨、转让的货物，填报对方海关特殊监管区域或保税监管场所所在的海关名称及代码。

c. 其他无实际进出境的货物，填报接受申报的海关名称及代码。

（2）信息来源

针对实际进出境的货物，报关人员根据提单、运单或舱单信息填报本栏目。针对无实际进出境的货物，按前面所述特殊情况填报要求进行填报。例如，加工贸易深加工结转等报关业务，填报接受申报的海关名称及代码。

5. 进出口日期

进口日期填报运载进口货物的运输工具申报进境的日期。

出口日期指运载出口货物的运输工具办结出境手续的日期，在申报时免予填报。

（1）填报要求

① 进出口日期为 8 位数字，顺序为年（4 位）、月（2 位）、日（2 位）。

例如，进口货物的运输工具申报进境日期为 2021 年 8 月 18 日，则进口日期填为“20210818”。

② 进口日期以运载进口货物的运输工具申报进境日期为准；出口日期以运载出口货物的运输工具实际离境日期为准。海关与运输企业实行舱单数据联网管理的，进出口日

期由系统自动生成。

③ 无实际进出境的货物，填报海关接受申报的日期。

（2）信息来源

对于进口日期，报关人员可查询运输工具申报进境日期，进行正确填报。出口日期在申报时免予填报。

6. 申报日期

申报日期是指海关接受进出口货物收发货人、受委托的报关企业申报数据的日期。以电子数据报关单方式申报的，申报日期为海关计算机系统接受申报数据时记录的日期。以纸质报关单方式申报的，申报日期为海关接受纸质报关单并对报关单进行登记处理的日期。本栏目在申报时免予填报。申报日期为8位数字，顺序为年（4位）、月（2位）、日（2位）。

申报日期与进出口日期比较，申报日期不晚于出口日期。在申报时，申报日期和出口日期免于填报。进口日期、出口日期与申报日期的比较如表5-2所示。

表5-2 进口日期、出口日期与申报日期的比较

栏目名称	定义	填报要求
进口日期	运输工具申报进境的日期	填报顺序为年（4位）月（2位）日（2位）
出口日期	办结出境手续的日期	免予填报
申报日期	接受进出口货物申报数据的日期	免予填报

7. 备案号

备案号是指填报进出口货物收发货人、消费使用单位、生产销售单位在海关办理加工贸易合同备案或征、减、免税审核确认等手续时，海关核发的《加工贸易手册》、海关特殊监管区域和保税监管场所保税账册、《中华人民共和国海关进出口货物征免税证明》（以下简称《征免税证明》）或其他备案审批文件的编号。

一份报关单只允许填报一个备案号。无备案审批文件的报关单，本栏目免于填报。

（1）填制要求

① 备案号的首位标记应与报关单“监管方式”“征免性质”“项号”“征免”等栏目内容相对应。备案号长度12位。第1位为标记代码，第2～5位为关区代码，第6位为年份，第7～12位为序列号。其中，标记代码的含义如表5-3所示。

表5-3 标记代码的含义

标记代码	备案审批文件
B	《加工贸易手册（来料加工）》
C	《加工贸易手册（进料加工）》
D	《加工贸易不作价设备登记手册》
E	《加工贸易便捷通关电子账册》
H	《出口加工区电子账册》

续表

标记代码	备案审批文件
K	《保税仓库备案式电子账册》
Y	《原产地证书》
Z	《征免税证明》

② 加工贸易项下货物，除少量低值辅料按规定不使用《加工贸易手册》及以后续补税监管方式办理内销征税的外，填报《加工贸易手册》编号。

使用异地直接报关分册和异地深加工结转出口分册在异地口岸报关的，填报分册号；本地直接报关分册和本地深加工结转分册限制在本地报关，填报总册号。

加工贸易成品凭《征免税证明》转为减免税进口货物的，进口报关单填报《征免税证明》编号，出口报关单填报《加工贸易手册》编号。

对加工贸易设备、使用账册管理的海关特殊监管区域内减免税设备之间的结转，转入和转出企业分别填制进口报关单和出口报关单，在报关单“备案号”栏目填报《加工贸易手册》编号。

③ 涉及征、减、免税审核确认的报关单，填报《征免税证明》编号。

④ 减免税货物退运出口，填报《中华人民共和国海关进口减免税货物准予退运证明》的编号；减免税货物补税进口，填报《减免税货物补税通知书》的编号；减免税货物进口或结转进口（转入），填报《征免税证明》的编号；相应的结转出口（转出），填报《中华人民共和国海关进口减免税货物结转联系函》的编号。

⑤ 免税品经营单位经营出口退税国产商品的，本栏目免予填报。

（2）信息来源

备案号的填报属于与海关管理相关的信息，反映了进出口货物适用的通关制度，需要报关人员与进出口收发货人确认。

① 针对加工贸易进口料件或出口成品，适用于保税加工货物报关程序，备案号填报进出口货物收发货人的电子账册或电子化手册编号。

② 三资企业进口投资总额内的投资设备或物品，适用于减免税货物报关程序，备案号填报《征免税证明》编号。

③ 适用于一般进出口货物报关程序时，备案号为空。

8. 境外收发货人

境外收货人通常指签订并执行出口贸易合同的买方或合同指定的收货人；境外发货人通常指签订并执行进口贸易合同的卖方。

（1）填报要求

本栏目填报境外收发货人的名称及编码。名称一般填报英文名称，检验检疫要求填报其他外文名称的，在英文名称后填报，以半角括号分隔；对于 AEO（Authorized Economic Operator，经认证的经营者）互认国家（地区）的企业，编码填报 AEO 编码，填报样式为：“国别（地区）代码+海关企业编码”。例如，新加坡 AEO 企业 SG123456789012（新加坡国别代码+12 位企业编码）；对于非 AEO 互认国家（地区）的企业等其他情形，编码免予填报。

境内外收发货人报关单流转过程如图 5-2 所示。

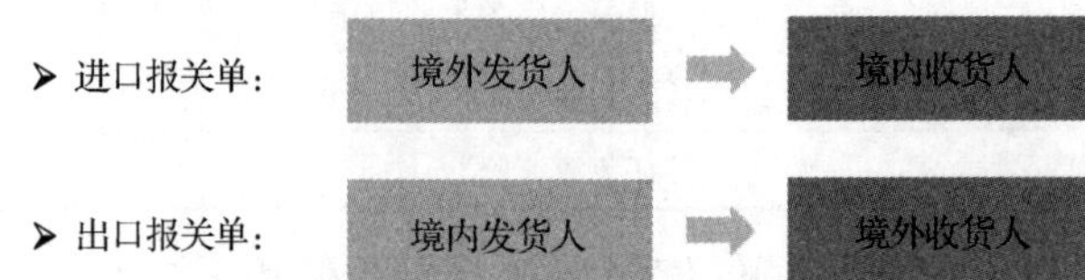

图 5-2 境内外收发货人报关单流转过程

境内外收发货人比较如表 5-4 所示。

表 5-4 境内外收发货人比较

栏目名称	关境界限	使用文字	编　码
境内收发货人	我国关境内	中文（必填）	18 位法人和其他组织统一社会信用代码（必填）
境外收发货人	我国关境外	英文（必填），其他外文（选填）	AEO 互认国家（地区）企业编码（选填）

特殊情况下无境外收发货人的，名称及编码填报“NO”。

（2）信息来源

在贸易合同、发票、提单等报关单证中，都可获得境外收发货人的英文名称。如果境外收发货人所在国家（地区）与中国海关签订了 AEO 互认，且为 AEO 认证企业，可向境外收发货人了解其海关企业编码，便于在通关中享受 AEO 认证企业的通关便利。

9. 运输方式

运输方式包括实际运输方式和海关规定的特殊运输方式，前者指货物实际进出境的运输方式，按进出境所使用的运输工具分类；后者指货物无实际进出境的运输方式，按货物在境内的流向分类。

根据货物实际进出境的运输方式或货物在境内流向的类别，按照海关规定的《运输方式代码表》选择填报相应的运输方式。

（1）填报要求

① 实际进出境的填报要求如下。

a. 进境货物的运输方式，按货物运抵我国关境第一个口岸时的运输方式填报；出境货物的运输方式，按货物运离我国关境最后一个口岸时的运输方式填报。运输方式代码如表 5-5 所示 。

表 5-5 运输方式代码

代　码	中文名称	代　码	中文名称
0	非保税区	2	水路运输
1	监管仓库	3	铁路运输

续表

代　　码	中 文 名 称	代　　码	中 文 名 称
4	公路运输	T	综合实验区
5	航空运输	W	物流中心
6	邮件运输	X	物流园区
7	保税区	Y	保税港区
8	保税仓库	Z	出口加工区
9	其他方式运输	L	旅客携带
H	边境特殊海关作业区	G	固定设施运输

b. 非邮件方式进出境的快递货物，按实际运输方式填报。

c. 进口转关运输货物，按载运货物抵达进境地的运输工具填报；出口转关运输货物，按载运货物驶离出境地的运输工具填报。

d. 不复运出（入）境而留在境内（外）销售的进出境展览品、留赠转卖物品等，填报“其他运输”（代码 9）。

e. 进出境旅客随身携带的货物，填报“旅客携带”（代码 L）。

f. 以固定设施（包括输油、输水管道和输电网等）运输的货物，填报“固定设施运输”（代码 G）。

② 无实际进出境货物在境内流转时填报要求如下。

a. 境内非保税区运入保税区货物和保税区退区货物，填报“非保税区”（代码 0）。保税区运往境内非保税区货物，填报“保税区”（代码 7）。

b. 境内存入出口监管仓库和出口监管仓库退仓货物，填报“监管仓库”（代码 1）。

c. 保税仓库转内销货物或转加工贸易货物，填报“保税仓库”（代码 8）。

d. 从境内保税物流中心外运入中心或从中心运往境内中心外的货物，填报“物流中心”（代码 W）。

e. 从境内保税物流园区外运入园区或从园区内运往境内园区外的货物，填报“物流园区”（代码 X）。

f. 保税港区、综合保税区与境内（区外）（非海关特殊监管区域、保税监管场所）之间进出的货物，填报“保税港区”（代码 Y）。

g. 出口加工区、珠澳跨境工业区（珠海园区）、中哈霍尔果斯边境合作中心（中方配套区）与境内（区外）（非海关特殊监管区域、保税监管场所）之间进出的货物，填报“出口加工区”（代码 Z）。

h. 境内运入深港西部通道港方口岸区的货物及境内进出中哈霍尔果斯边境合作中心中方区域的货物，填报“边境特殊海关作业区”（代码 H）。经横琴新区和平潭综合实验区（以下简称综合试验区）二线指定申报通道运往境内区外或从境内经二线指定申报通道进入综合试验区的货物，以及综合试验区内按选择性征收关税申报的货物，填报“综合试验区”（代码 T）。

i. 海关特殊监管区域内的流转、调拨货物，海关特殊监管区域、保税监管场所之间的流转货物，海关特殊监管区域与境内区外之间进出的货物，海关特殊监管区域外的加工贸易余料结转、深加工结转、内销货物，以及其他境内流转货物，填报“其他运输”(代码9)。

(2)信息来源

① 运输方式属于与运输相关的信息，实际进出境的货物由其使用的进出境运输工具决定。

② 进出海关特殊监管区域下非实际进出境的货物，报关人员须确认货物流向后，再按照海关规定的《运输方式代码表》依规填报。

③ 加工贸易监管方式下非实际进出境的货物，如进料深加工、余料结转等货物，填报“其他运输(代码9)”。

10. 运输工具名称及航次号

本栏目填报载运货物进出境的运输工具名称或编号及航次号。填报内容应与运输部门向海关申报的舱单(载货清单)所列相应内容一致。

(1)填报要求

① 运输工具名称具体填报要求如下。

a. 直接在进出境地或采用全国通关一体化通关模式办理报关手续的报关单填报要求如下。

- 水路运输：填报船舶编号(来往港澳小型船舶为监管簿编号)或船舶英文名称。
- 公路运输：启用公路舱单前，填报该跨境运输车辆的国内行驶车牌号，深圳提前报关模式的报关单填报国内行驶车牌号+“/”+“提前报关”。启用公路舱单后，免予填报。
- 铁路运输：填报车厢编号或交接单号。
- 航空运输：填报航班号。
- 邮件运输：填报邮政包裹单号。
- 其他运输：填报具体运输方式的名称，如管道、驮畜等。

b. 采用“集中申报”通关方式办理报关手续的，报关单填报“集中申报”。

c. 免税品经营单位经营出口退税国产商品的，免予填报。

d. 无实际进出境的货物，免予填报。

② 航次号具体填报要求如下。

a. 直接在进出境地或采用全国通关一体化通关模式办理报关手续的报关单填报要求如下。

- 水路运输：填报船舶的航次号。
- 公路运输：启用公路舱单前，填报运输车辆的8位进出境日期，顺序为年(4位)、月(2位)、日(2位)，下同。启用公路舱单后，填报货物运输批次号。
- 铁路运输：填报列车的进出境日期。
- 航空运输：免予填报。
- 邮件运输：填报运输工具的进出境日期。
- 其他运输方式：免予填报。

b. 免税品经营单位经营出口退税国产商品的，免予填报。

c. 无实际进出境的货物，免予填报。

直接在进出境地或采用全国通关一体化通关模式办理报关手续的报关单中，不同运输方式对应的运输工具名称及航次号填写规范如表 5-6 所示。

表 5-6　不同运输方式对应的运输工具名称及航次号填写规范

运输方式	运输方式代码	运输工具名称及航次号栏填写规范
水路运输	2	船舶英文名称或编码/航次号
公路运输	4	国内行驶车牌号/进出境日期
铁路运输	3	车厢编号或交接单号/进出境日期
航空运输	5	航班号
邮件运输	6	邮政包裹单号/进出境日期
其他运输	9	具体运输方式名称，如管道、驮畜等

例如，提单中显示“S/S EAST EXPRESS V801E”，则运输工具名称及航次号栏填“EAST EXPRESS/801E”。

又如，提单中显示“Vessel: APL HONG KONG,VOY.NO 116E; Port of Loading: ANTWERP; Port of discharge: DALIAN; Place of delivery: DALIAN”，则运输工具名称及航次号栏填“APL HONG KONG/116E”。

课内讨论：提单中显示“FROM BUSAN,KOREA TO HUANG PU,CHINA VIA HONG KONG BY HEUNG-ANAGOYA 413S”，那么运输工具名称及航次号栏如何填写？

此时需区别前程和后程运输工具，要填的是“进出境”时的运输工具名称。该运输路线为釜山—香港—黄埔，运输工具名称及航次号栏填报香港入境时的运输工具名称及航次号。

（2）信息来源

运输工具名称属于运输相关的信息，必须与舱单信息一致。报关人员在填写运输工具名称时，应按照提运单上的船舶或航班信息来填报。另外，还应使用新舱单系统查询相关信息，确认报关单中的运输工具名称是否与新舱单系统中的进出境运输工具信息一致。报关单电子数据发送后，如本栏目填报错误 ，海关系统会做退单处理，报关人员需要与舱单系统数据修改一致后，重新申报发送。

11. 提运单号

本栏目填报进出口货物提单或运单的编号。一份报关单只允许填报一个提单或运单号，一票货物对应多个提单或运单时，应分单填报。

（1）填报要求

① 直接在进出境地或采用全国通关一体化通关模式办理报关手续的，填报要求如下。

a. 水路运输：填报进出口提单号。如有分提单的，填报进出口提单号+“*”+分提单号。

b. 公路运输：启用公路舱单前，免予填报；启用公路舱单后，填报进出口总运单号。

c. 铁路运输：填报运单号。

d. 航空运输：填报总运单号+“_”+分运单号，无分运单的填报总运单号。

e. 邮件运输：填报邮运包裹单号。

针对上述运输方式，提运单号的填报要求如表 5-7 所示。

表 5-7　提运单号的填报要求

运输方式（代码）	填报要求	备　注
水路运输（2）	填报进口提单号 分提单填写进口提单号+“*”+分提单号	B/L NO，注意中转情况
铁路运输（3）	填报运单号	
公路运输（4）	免于填报（启用公路舱单前）；总运单号（启用公路舱单后）	
航空运输（5）	总运单号+“_”+分运单号，无分运单的填报总运单号	MAWB NO（总运单） HAWB NO（分运单）

② 采用“集中申报”通关方式办理报关手续的，报关单填报归并的集中申报清单的进出口起止日期［年（4 位）月（2 位）日（2 位）—年（4 位）月（2 位）日（2 位）］。

③ 无实际进出境的货物，免于填报。

（2）信息来源

“提运单号”栏目所填报的运输单证编号，主要为海运提单号、海运单号、铁路运单号、航空运单号。提运单号属于与运输相关的信息，其信息来源和查询方式如下。

① 提运单信息。报关人员应按照一般在提运单右上角显示的提单号或运单号，填报报关单“提运单号”栏目。

② 使用新舱单系统查询。提运单号的填报，要与海关的舱单系统数据信息一致。报关单电子数据发送后，如填报信息错误，海关系统会做退单处理，报关人员需要与口岸海关的舱单系统数据修改一致后，重新申报发送。

12. 货物存放地点

（1）填报要求

该栏目填报货物进境后存放的场所或地点，包括海关监管作业场所、分拨仓库、定点加工厂、隔离检疫场、企业自有仓库等。

在进口报关单中，本栏目为必填项；在出口报关单中，本栏目为选填项。

（2）信息来源

对于货物进境后的存放地点，包括运输工具进境后的卸货地点，该票货物进境后分拨、堆存的堆场、仓库名称等信息，可使用港口、船代、货代的网络公示信息或电话查询。

13. 消费使用单位/生产销售单位

（1）填报要求

① 消费使用单位填报已知的进口货物在境内的最终消费、使用单位的名称，包括：

a. 自行进口货物的单位。

b. 委托进出口企业进口货物的单位。

② 生产销售单位填报出口货物在境内的生产或销售单位的名称，包括：

a. 自行出口货物的单位。

b. 委托进出口企业出口货物的单位。

c. 免税品经营单位经营出口退税国产商品的，填报该免税品经营单位统一管理的免税店。

③ 减免税货物报关单的消费使用单位/生产销售单位应与《征免税证明》中的“减免税申请人”一致；对于保税监管场所与境外之间的进出境货物，消费使用单位/生产销售单位填报保税监管场所的名称［保税物流中心（B 型）填报中心内企业名称］。

④ 海关特殊监管区域的消费使用单位/生产销售单位填报区域内经营企业（“加工单位”或“仓库”）。

编码填报要求为：应填报 18 位法人和其他组织统一社会信用代码。无 18 位法人和其他组织统一社会信用代码的，填报“NO”。若进口货物在境内的最终消费或使用及出口货物在境内的生产或销售的对象为自然人，填报身份证号、护照号、台胞证号等有效证件号码及姓名。

（2）信息来源

消费使用单位/生产销售单位属于与货物成交相关的信息，报关人员需要与委托单位确认消费使用单位/生产销售单位的中文全称或代码。

14. 监管方式

监管方式是以国际贸易中进出口货物的交易方式为基础，结合海关对进出口货物的征税、统计及监管条件综合设定的海关对进出口货物的管理方式。其代码由 4 位数字构成，前两位是按照海关监管要求和计算机管理需要划分的分类代码，后两位是参照国际标准编制的贸易方式代码。

（1）填报要求

本栏目根据实际对外贸易情况，按海关规定的《监管方式代码表》选择填报相应的监管方式简称及代码。一份报关单只允许填报一种监管方式。

特殊情况下加工贸易货物监管方式填报要求如下。

① 进口少量低值辅料（5 000 美元以下，78 种以内的低值辅料）按规定不使用《加工贸易手册》的，填报“低值辅料”。使用《加工贸易手册》的，按《加工贸易手册》中的监管方式填报。

② 加工贸易料件转内销货物及按料件办理进口手续的转内销制成品、残次品、未完成品，填制进口报关单，填报“来料料件内销”或“进料料件内销”；加工贸易成品凭《征免税证明》转为减免税进口货物的，分别填制进、出口报关单，出口报关单填报“来料成品减免”或“进料成品减免”，进口报关单按照实际监管方式填报。

③ 加工贸易出口成品因故退运进口及复运出口的，填报“来料成品退换”或“进料成品退换”；加工贸易进口料件因换料退运出口及复运进口的，填报“来料料件退换”或“进料料件退换”；加工贸易过程中产生的剩余料件、边角料退运出口，以及进口料件因品质、规格等原因退运出口且不再更换同类货物进口的，分别填报“来料料件复出”“来料边角料复出”“进料料件复出”“进料边角料复出”。

④ 加工贸易边角料内销和副产品内销，填制进口报关单，填报“来料边角料内销”或“进料边角料内销”。

⑤ 企业销毁处置加工贸易货物未获得收入，销毁处置货物为料件、残次品的，填报“料件销毁”；销毁处置货物为边角料、副产品的，填报“边角料销毁”。企业销毁处置加工贸易货物获得收入的，填报“进料边角料内销”或“来料边角料内销”。

⑥ 免税品经营单位经营出口退税国产商品的，填报“其他”。

监管方式代码如表 5-8 所示。

表 5-8　监管方式代码

监管方式代码	监管方式代码简称	监管方式代码全称
0110	一般贸易	一般贸易
0214	来料加工	来料加工
0615	进料对口	进料加工（对口合同）
2025	合资合作设备	合资合作企业作为投资进口的设备物品
2225	外资设备物品	外资企业作为投资进口的设备物品
2600	暂时进出货物	暂时进出口货物
2700	展览品	进出境展览品
1039	市场采购	市场采购
9610	跨境电商	跨境贸易电子商务
1210	保税电商	保税跨境贸易电子商务
1239	保税电商 A	保税跨境贸易电子商务 A
9710	跨境电商 B2B 出口	跨境电商企业对企业直接出口
9810	跨境电商出口海外仓	跨境电商出口海外仓

（2）信息来源

“监管方式”栏目的填报非常重要，什么样的监管方式直接决定了进出口货物适用什么样的报关程序。报关人员需要对海关报关单填报规范中不同监管方式的内涵、适用范围等有清晰而准确的理解。

除此之外，报关人员需要对此票国际贸易货物双方交易的背景、货物的最终流向及用途等信息有全面的掌握，必要时还需在报关前与委托单位沟通确认相关信息，在综合考虑以上因素的基础上，才能确定国际贸易项下此票货物所适用的监管方式。

15. 征免性质

（1）填报要求

本栏目根据实际情况按海关规定的《征免性质代码表》选择填报相应的征免性质简称及代码，持有海关核发的《征免税证明》的，按照《征免税证明》中批注的征免性质填报。一份报关单只允许填报一种征免性质。跨境贸易电子商务 B2C 保税进口业务，本栏目免填。

加工贸易货物报关单按照海关核发的《加工贸易手册》中批注的征免性质简称及代码填报。特殊情况填报要求如下。

① 加工贸易转内销货物，按实际情况填报（如一般征税、科教用品、其他法定等）。

② 料件退运出口、成品退运进口货物，填报“其他法定”。

③ 加工贸易结转货物，免予填报。

④ 免税品经营单位经营出口退税国产商品的，填报“其他法定”。

常见征免性质代码如表 5-9 所示。

表 5-9　常见征免性质代码

征免性质代码	征免性质简称	征免性质简要说明
101	一般征税	一般征税进出口货物
299	其他法定	其他法定减免税进出口货物
502	来料加工	来料加工装配和补偿贸易进口料件及出口成品
503	进料加工	进料加工贸易进口料件及出口成品
601	中外合资	中外合资经营企业自产的出口货物
602	中外合作	中外合作经营企业自产的出口货物
603	外资企业	外商投资企业自产的出口货物
789	鼓励项目	国家鼓励发展的内外资项目进口设备
799	自有资金	外商投资总额外自有资金进口的设备、技术

（2）信息来源

报关单的“监管方式”和“征免性质”栏目存在对应的逻辑关系，填报时报关人员应注意两者之间的内在联系。

① 对以一般贸易成交，进口货物直接在国内销售的，监管方式应填报“一般贸易”，征免性质应填报“一般征税”。

② 对进口料件由经营企业付汇进口，制成品由经营企业外销出口的经营活动，监管方式应填报“进料对口”，征免性质应填报“进料加工”。

③ 对外商投资企业在投资额度内进口的设备、物品，监管方式应填报“合资合作设备”或“外资设备物品”，征免性质应填报“鼓励项目”。

16. 许可证号

（1）填报要求

本栏目应填报进（出）口许可证、两用物项和技术进（出）口许可证、两用物项和技术出口许可证（定向）、纺织品临时出口许可证、出口许可证（加工贸易）、出口许可证（边境小额贸易）的编号。免税品经营单位经营出口退税国产商品的，免予填报。一份报关单只允许填报一个许可证号。许可证代码如表 5-10 所示。

表 5-10　许可证代码

代码	许可证	代码	许可证
1	进口许可证	5	纺织品临时出口许可证
2	出口许可证	G	两用物项和技术进出口许可证（定向）
3	两用物项和技术进口许可证	x	出口许可证（加工贸易）
4	两用物项和技术出口许可证	y	出口许可证（边境小额贸易）

（2）信息来源

报关人员需要确认所报关的商品编码涉及的监管条件。如果涉及本栏目规定的许可证件管理，按照许可证编号填报本栏目。

17. 启运港

（1）填报要求

本栏目填报进口货物在运抵我国关境前的第一个境外装运港。根据实际情况，按海关规定的《港口代码表》填报相应的港口名称及代码，未在《港口代码表》列明的，填报相应的国家名称及代码。货物从海关特殊监管区域或保税监管场所运至境内区外的，填报《港口代码表》中相应海关特殊监管区域或保税监管场所的名称及代码，未在《港口代码表》中列明的，填报"未列出的特殊监管区"及代码。其他无实际进境的货物，填报"中国境内"及代码。常见世界港口代码如表5-11所示。

表 5-11 常见世界港口代码

代　码	港口中文	港口英文	所属国家
CHN331	上海	SHANGHAI	中国
SGP000	新加坡	SINGAPORE	新加坡
CHN731	深圳	SHENZHEN	中国
KOR003	釜山	BUSAN	韩国
HKG000	香港	HONGKONG	中国
USA264	洛杉矶	LOS ANGELES	美国
USA255	长滩	LONG BEACH	美国
NLD066	鹿特丹	ROTTERDAM	荷兰
ARE018	迪拜	DUBAI	阿联酋
MYS105	巴生	PORT KELANG	马来西亚
BEL003	安特卫普	ANTWERP	比利时
CHN674	厦门	XIAMEN	中国

（2）信息来源

启运港属于与运输相关的信息，可以通过提运单、船公司或航空公司查询平台等确认。对于直接运抵货物，提单上的"Port of Loading"列明了启运港信息。在第三国（地区）中转的货物，进口货物提货单上的"Port of Loading"可能是中转港，报关人员需要与船代确认第一个境外装运港。

18. 合同协议号

（1）填报要求

本栏目填报进出口货物合同（包括协议或订单）编号。未发生商业性交易的，免予填报。免税品经营单位经营出口退税国产商品的，免予填报。应填进口货物合同协议的全部字头和号码。

（2）信息来源

合同协议号在发票等原始单据中以 Contract No.、S/N、P/O、Order No 来表示，报关人员应从发票或合同等单据中获取合同协议号。

19. 贸易国（地区）

（1）填报要求

发生商业性交易的，进口填报购自国（地区），出口填报售予国（地区）。未发生商业性交易的，填报货物所有权拥有者所属的国家（地区）。按海关规定的《国别（地区）代码表》选择填报相应的贸易国（地区）中文名称及代码。部分国别（地区）代码如表 5-12 所示。

表 5-12　部分国别（地区）代码

代　码	中文名称	代　码	中文名称	代　码	中文名称
CHN	中国	GBR	英国	HKG	中国香港
USA	美国	FRA	法国	MAC	中国澳门
JPN	日本	CAN	加拿大	TWN	中国台湾

（2）信息来源

报关人员应在合同或发票中查询与境内收货人发生商业性交易的一方所属国家（地区）。注意，贸易国（地区）不一定与启运国（地区）或运抵国（地区）一致。因此，该栏目需要报关人员与委托单位确认后准确填报，贸易国填写错误会影响退税。

如果与客户签订贸易合同，则填报贸易合同中的买方（Buyer）所属国别（地区）；如果没有正式贸易合同签订，如样品、赠送货物，则填写拥有货物所有权的外方所属国别（地区）；如果在综合保税区、保税区或加工区，没有实际进出境的，贸易国别应该填报“中国”（CHN）。

例如，某外贸合同是与香港的一家贸易商签订的，但是货物运往美国，则贸易国（地区）应填报“香港”，而不是美国，因为买家（外贸合同中的买方）是香港贸易商。

20. 启运国（地区）/运抵国（地区）

启运国（地区）填报进口货物启始发出直接运抵我国或在运输中转国（地）未发生任何商业性交易的情况下运抵我国的国家（地区）。运抵国（地区）填报出口货物离开我国关境直接运抵或在运输中转国（地区）未发生任何商业性交易的情况下最后运抵的国家（地区）。

不经过第三国（地区）转运的直接运输进出口货物，以进口货物的装货港所在国（地区）为启运国（地区），以出口货物的指运港所在国（地区）为运抵国（地区）。经过第三国（地区）转运的进出口货物，如在中转国（地区）发生商业性交易，则以中转国（地区）作为启运/运抵国（地区）。

（1）填报要求

本栏目按海关规定的《国别（地区）代码表》选择填报相应的启运国（地区）或运抵国（地区）中文名称及代码。无实际进出境的货物，填报“中国”及代码。

例如，中国购自澳大利亚的产品，若直接运至中国，启运国（地区）为澳大利亚；若途经香港转运至内地，在香港未发生买卖行为，则启运国（地区）仍为澳大利亚；若在中转地香港产生了买卖行为，则启运国（地区）应为中国香港。

对于非实际进出境货物，运输方式代码为“0”“1”“7”“8”“W”“X”“Z”“H”的，以及监管方式后两位为 42～46、54～58 的货物，启运国（地区）和运抵国（地区）均填报为“中国”（CHN）。

（2）信息来源

报关人员可以从提运单、发票或合同中获取相关信息。提运单中一般列有货物的启运国（地区）或运抵国（地区）信息。例如，进口货物提运单上显示“Port of Loading Busan Korea”，则启运国填报“韩国（KOR）;”出口货物装货单上显示“Port of Destination Longbeach U.S”，则运抵国填报“美国（USA）。”

21. 经停港/指运港

经停港填报进口货物在运抵我国关境前的最后一个境外装运港。指运港填报出口货物运往境外的最终目的港；最终目的港不可预知的，按尽可能预知的目的港填报。

（1）填报要求

本栏目根据实际情况，按海关规定的《港口代码表》选择填报相应的港口名称及代码。经停港/指运港在《港口代码表》中无港口名称及代码的，可选择填报相应的国家名称及代码。无实际进出境的货物，填报“中国境内”及代码。

（2）信息来源

经停港/指运港属于与运输相关的信息，报关人员可以从提运单、提货单、船公司或航空公司查询平台中等确认相关信息。例如，深圳某公司经香港中转出口一批服装至英国伦敦，在填制报关单时，报关单的指运港应填伦敦（GBR375）。

22. 入境口岸/离境口岸

（1）填报要求

入境口岸填报进境货物从跨境运输工具卸离的第一个境内口岸的中文名称及代码。采取多式联运跨境运输的，填报多式联运货物最终卸离的境内口岸中文名称及代码；过境货物填报货物进入境内的第一个口岸的中文名称及代码；从海关特殊监管区域或保税监管场所进境的，填报海关特殊监管区域或保税监管场所的中文名称及代码；其他无实际进境的货物，填报货物所在地的城市名称及代码。

离境口岸填报装运出境货物的跨境运输工具离境的第一个境内口岸的中文名称及代码。采取多式联运跨境运输的，填报多式联运货物最初离境的境内口岸中文名称及代码；过境货物填报货物离境的第一个境内口岸的中文名称及代码；从海关特殊监管区域或保税监管场所离境的，填报海关特殊监管区域或保税监管场所的中文名称及代码；其他无实际出境的货物，填报货物所在地的城市名称及代码。

本栏目应按海关规定的《国内口岸编码表》选择填报相应的境内口岸名称及代码。常见口岸代码如表 5-13 所示。

表 5-13　常见口岸代码

代　码	中文名称	代　码	中文名称
110001	北京	380001	宁波
120001	天津	390001	厦门
310001	上海	440001	广州
320001	南京	470001	深圳
330001	杭州	480001	珠海

（2）信息来源

入境口岸/离境口岸类型包括港口、码头、机场、机场货运通道、边境口岸、火车站、车辆装卸点、车检场、陆路港、坐落在口岸的海关特殊监管区域等。

23. 包装种类

（1）填报要求

本栏目填报进出口货物的所有包装材料，包括运输包装和其他包装，按海关规定的《包装种类代码表》选择填报相应的包装种类名称及代码。如果货物为一个包装种类，填写相应代码；如果货物有多种包装方式，填写“其他”。

运输包装是指提运单所列货物件数单位对应的包装。其他包装包括货物的各类包装，以及植物性铺垫材料等。常见包装种类代码表如表 5-14 所示。

表 5-14　常见包装种类代码

代　码	中文名称	代　码	中文名称
00	散装	29	其他材料制盒/箱
01	裸装	32	纸制或纤维板制桶
04	球状罐类	33	木制或竹藤等植物性材料制桶
06	包/袋	39	其他材料制桶
22	纸制或纤维板制盒/箱	92	再生木托
23	木制或竹藤等植物性材料制盒/箱	93	天然木托

（2）信息来源

一般情况下，其他包装不用于直接包装货物，而运输包装与货物件数相关联。填报本栏目时，报关人员应注意以下几点。

① 与委托单位确认货物的运输包装是否有动植物性包装，如涉及木质或竹藤等植物性材料制盒/箱或桶等，必须如实申报。

② 确认进出口货物是否存在其他包装，并确认其材质，如在集装箱内使用挡木加固。“其他包装”栏目为选填栏目，当其他包装为动植物性包装物时，必须填报。

例如，在装箱单或提运单中，件数和包装种类通常合并在一起出现，如“No. of Pkgs 200 Cases”即 200 木箱，“件数”栏应填报“200”，“包装种类”栏填报木质或竹藤等植物性材料制盒/箱（23）。如果集装箱内未使用其他材料加固或铺垫，“其他包装”栏则不需要填报。

24. 件数

（1）填报要求

本栏目填报进出口货物运输包装的件数（按运输包装计）。特殊情况填报要求如下。

① 舱单件数为集装箱的，填报集装箱个数。

② 舱单件数为托盘的，填报托盘数。不得填报“0”，裸装货物填报“1”。

（2）信息来源

件数信息可以从提运单、装箱单上查找，按照“单单相符，单证相符”的原则，提运单、装箱单上的件数应该相同。报关单件数填报数量要求与舱单件数相同。报关人员可以使用海关总署网站上的“新舱单信息查询”功能查询、核对件数。

25. 毛重（千克）

（1）填报要求

本栏目填报进出口货物及其包装材料的重量之和，计量单位为千克，不足 1 千克的填报“1”。

（2）信息来源

“毛重”的英文为 Gross Weight（G.W.），一般在装箱单中显示。除此之外，合同、发票、提运单中也会显示相关毛重信息。按照“单单相符，单证相符”的原则，各个单据中的毛重数量应该相同。报关单毛重显示数据必须与舱单相同。报关人员可以使用海关总署网站上的“新舱单信息查询”功能查询、核对毛重。

26. 净重（千克）

（1）填报要求

本栏目填报进出口货物的毛重减去外包装材料后的重量，即货物本身的实际重量，计量单位为千克，不足 1 千克的填报为“1”。

例如，空运进口一批钻石，毛重为 900 克，净重 880 克，则进口报关单中的“毛重”栏填报“1”，“净重”栏填报“1”。

（2）信息来源

“净重”的英文为 Net Weight（N.W.），一般在装箱单中显示。除此之外，合同、发票、提运单中也会显示相关净重信息。合同、发票等有关单证不能确定净重的货物，可以估重填报。

27. 成交方式

（1）填报要求

本栏目根据进出口货物实际成交价格条款，按海关规定的《成交方式代码表》选择填报相应的成交方式代码。

无实际进出境的货物，进口填报 CIF，出口填报 FOB。

成交方式与贸易术语对应关系如表 5-15 所示。

表 5-15 成交方式与贸易术语对应关系

组别	E 组	F 组			C 组				D 组		
贸易术语	EXW	FCA	FAS	FOB	CFR	CPT	CIF	CIP	DPU	DAP	DDP
成交方式名称	EXW	FOB			CFR		CIF				
成交方式代码	7	3			2		1				

（2）信息来源

成交方式属于与货物成交相关的信息，可以在商业发票、合同等单证中查找。如果商业发票等单证中显示的成交方式不属于海关规定的《成交方式代码表》中的成交方式，报关人员需要依照实际成交价格构成因素进行换算，选择《成交方式代码表》中具有相同价格构成的代码填报。

28. 运费

（1）填报要求

本栏目填报进口货物运抵我国境内输入地点起卸前的运输费用，出口货物运至我国境内输出地点装载后的运输费用。

运费可按运费率、运费单价、总价三种方式之一填报，注明运费标记（运费标记“1”表示运费率，“2”表示每吨货物的运费单价，“3”表示运费总价），并按海关规定的《货币代码表》选择填报相应的币种代码。免税品经营单位经营出口退税国产商品的，免予填报。

例如，5%的运费率填报为“5/1”或“0/5/1”；24 美元的运费单价填报为“USD/24/2”；7 000 美元的运费总价填报为“USD/7000/3”。

（2）信息来源

商业发票单证中的“Freight”栏会显示运费。部分海运提单或航空运单中会标注国际运费金额，或者报关人员可以向船公司、航空公司查询运费金额，但报关人员需要与收发货人做进一步确认，以确保运费申报正确。报关人员还可以与委托单位确认运费金额。

29. 保费

（1）填报要求

本栏目填报进口货物运抵我国境内输入地点起卸前的保险费用，出口货物运至我国境内输出地点装载后的保险费用。

保费可按保险费率、保险费总价两种方式之一填报，注明保险费标记（保险费标记“1”表示保险费率，“3”表示保险费总价），并按海关规定的《货币代码表》选择填报相应的币种代码。免税品经营单位经营出口退税国产商品的，免予填报。

可根据成交方式判断运费、保费填报与否。运费、保费与成交方式的对应关系如表 5-16 所示。

表 5-16 运费、保费与成交方式的对应关系

代　码	成交方式	运　费	保　费
进口	CIF	不填	不填
	CFR	不填	填
	FOB	填	填
出口	FOB	不填	不填
	CFR	填	不填
	CIF	填	填

（2）信息来源

保费金额可以从商业发票中的“Insurance”栏获取相关信息，或者从收发货人提供的保险单中查询。无法确认保费的，可以按照公式计算保费或按 0.3%的比例填报保费。

30. 杂费

（1）填报要求

本栏目填报成交价格以外的、按照《关税条例》相关规定应计入完税价格或应从完税价格中扣除的费用。

杂费可按杂费总价、杂费率两种方式之一填报，注明杂费标记（杂费标记“1”表示杂费率，“3”表示杂费总价），并按海关规定的《货币代码表》选择填报相应的币种代码。应计入完税价格的杂费填报为正值或正率，应从完税价格中扣除的杂费填报为负值或负率。免税品经营单位经营出口退税国产商品的，免予填报。

（2）信息来源

杂费属于与货物成交相关的信息，需要报关人员与收发货人确认。在发票价格中已单独列明，应予以扣除的费用主要包括机械、设备等进口后发生的除保修费外的费用，货物运抵境内输入地点起卸后发生的运输及相关费用、保险费，进口关税、进口环节海关代征税及其他国内税，境内外技术培训及境外考察费用等，具体可参考《审价办法》。

31. 随附单证及编号

（1）填报要求

本栏目根据海关规定的《监管证件代码表》和《随附单据代码表》选择填报除《中华人民共和国海关进出口货物报关单填制规范》第十六条规定的许可证件外的其他进出口许可证件或监管证件、随附单据代码及编号。

本栏目分为“随附单证代码”和“随附单证编号”两栏，其中，“随附单证代码”栏按海关规定的《监管证件代码表》和《随附单据代码表》选择填报相应的证件代码；“随附单证编号”栏填报证件编号。常见监管证件代码及名称如表 5-17 所示。

表 5-17　常见监管证件代码及名称

监管证件代码	监管证件名称	监管证件代码	监管证件名称
1	进口许可证	A	检验检疫
2	两用物项和技术进口许可证	B	电子底账
3	两用物项和技术出口许可证	D	出/入境货物通关单（毛坯钻石用）
4	出口许可证	E	濒危物种允许出口证明书
5	纺织品临时出口许可证	F	濒危物种允许进口证明书
6	旧机电产品禁止进口	G	两用物项和技术出口许可证（定向）
7	自动进口许可证	I	麻醉精神药品进出口准许证
8	禁止出口商品	J	黄金及黄金制品进出口准许证
9	禁止进口商品		

① 加工贸易内销征税报关单(使用金关二期加贸管理系统的除外),"随附单证代码"栏填报"c","随附单证编号"栏填报海关审核通过的内销征税联系单号。

② 一般贸易进出口货物,只能使用原产地证书申请享受协定税率或特惠税率(以下统称优惠税率)的(无原产地声明模式),"随附单证代码"栏填报原产地证书代码"Y",在"随附单证编号"栏填报"<优惠贸易协定代码>"和"原产地证书编号"。可以使用原产地证书或原产地声明申请享受优惠税率的(有原产地声明模式),"随附单证代码"栏填写"Y","随附单证编号"栏填报"<优惠贸易协定代码>"、"C"(凭原产地证书申报)或"D"(凭原产地声明申报),以及"原产地证书编号(或原产地声明序列号)"。一份报关单对应一份原产地证书或原产地声明。各优惠贸易协定代码如下。

- "01"为"亚太贸易协定"。
- "02"为"中国—东盟自贸协定"。
- "03"为"内地与香港紧密经贸关系安排"(香港 CEPA)。
- "04"为"内地与澳门紧密经贸关系安排"(澳门 CEPA)。
- "06"为"台湾农产品零关税措施"。
- "07"为"中国—巴基斯坦自贸协定"。
- "08"为"中国—智利自贸协定"。
- "10"为"中国—新西兰自贸协定"。
- "11"为"中国—新加坡自贸协定"。
- "12"为"中国—秘鲁自贸协定"。
- "13"为"最不发达国家特别优惠关税待遇"。
- "14"为"海峡两岸经济合作框架协议(ECFA)"。
- "15"为"中国—哥斯达黎加自贸协定"。
- "16"为"中国—冰岛自贸协定"。
- "17"为"中国—瑞士自贸协定"。
- "18"为"中国—澳大利亚自贸协定"。
- "19"为"中国—韩国自贸协定"。
- "20"为"中国—格鲁吉亚自贸协定"。

海关特殊监管区域和保税监管场所内销货物申请适用优惠税率的，有关货物进出海关特殊监管区域和保税监管场所及内销时，已通过原产地电子信息交换系统实现电子联网的优惠贸易协定项下货物报关单，按照上述一般贸易要求填报；未实现电子联网的优惠贸易协定项下货物报关单，“随附单证代码”栏填报“Y”，“随附单证编号”栏填报“<优惠贸易协定代码>”和“原产地证据文件备案号”。“原产地证据文件备案号”为进出口货物的收发货物人或其代理人录入原产地证据文件电子信息后，系统自动生成的号码。

向香港或澳门特别行政区出口用于生产香港 CEPA 或澳门 CEPA 项下货物的原材料时，按照上述一般贸易填报要求填制报关单，香港或澳门生产厂商在香港工贸署或澳门经济局登记备案的，有关备案号填报在“关联备案”栏。

“单证对应关系表”中填报报关单上的申报商品项与原产地证书（原产地声明）上的商品项之间的对应关系。报关单上的商品序号与原产地证书（原产地声明）上的项目编号应一一对应，不要求顺序对应。同一批次进口货物可以在同一报关单中申报，不享受优惠税率的货物序号不填报在“单证对应关系表”中。

③ 各优惠贸易协定项下，免提交原产地证据文件的小金额进口货物“随附单证代码”栏填报“Y”，“随附单证编号”栏填报“<优惠贸易协定代码>XJE00000”，“单证对应关系表”享惠报关单项号按实际填报，对应单证项号与享惠报关单项号相同。

（2）信息来源

报关人员应根据商品编码确认海关监管条件，并填报监管证件号。在录入报关单时，系统会提示所需的监管证件代码。

32. 标记唛码及备注

（1）填报要求

① 标记唛码中除图形外的文字、数字，无标记唛码的填报 N/M。

② 受外商投资企业委托代理其进口投资设备、物品的进出口企业名称。

③ 与本报关单有关联关系的，同时在业务管理规范方面又要求填报的备案号，填报在电子数据报关单中“关联备案”栏。

保税间流转货物、加工贸易结转货物及凭《征免税证明》转内销货物，其对应的备案号填报在“关联备案”栏。

减免税货物结转进口（转入），“关联备案”栏填报本次减免税货物结转所申请的《中华人民共和国海关进口减免税货物结转联系函》的编号。

减免税货物结转出口（转出），“关联备案”栏填报与其相对应的进口（转入）报关单“备案号”栏中《征免税证明》的编号。

④ 与本报关单有关联关系的，同时在业务管理规范方面又要求填报的报关单号，填报在电子数据报关单中“关联报关单”栏。

保税间流转、加工贸易结转类的报关单，应先办理进口报关，并将进口报关单号填入出口报关单的“关联报关单”栏。

办理进口货物直接退运手续的，除另有规定外，应先填制出口报关单，再填制进口报关单，并将出口报关单号填报在进口报关单的“关联报关单”栏。

减免税货物结转出口（转出），应先办理进口报关，并将进口（转入）报关单号填入出口（转出）报关单的“关联报关单”栏。

⑤ 办理进口货物直接退运手续的，填报“<ZT”+“海关审核联系单号或《海关责令进口货物直接退运通知书》编号”+“>”。办理固体废物直接退运手续的，填报“固体废物，直接退运表××号/责令直接退运通知书××号”。

⑥ 保税监管场所进出货物，在“保税/监管场所”栏填报本保税监管场所编码［保税物流中心（B 型）填报本中心的国内地区代码］，其中涉及货物在保税监管场所间流转的，在本栏填报对方保税监管场所代码。

⑦ 涉及加工贸易货物销毁处置的，填报海关加工贸易货物销毁处置申报表编号。

⑧ 当监管方式为“暂时进出货物”（代码 2600）和“展览品”（代码 2700）时，填报要求如下。

a. 根据《中华人民共和国海关暂时进出境货物管理办法》（海关总署令第 233 号，以下简称《管理办法》）第三条第一款所列项目，填报暂时进出境货物类别，如暂进六，暂出九。

b.《管理办法》第十条规定，填报复运出境或复运进境日期，期限应在货物进出境之日起 6 个月内。例如，20200815 前复运进境，20210220 前复运出境。

c.《管理办法》第七条规定，向海关申请对有关货物是否属于暂时进出境货物进行审核确认的，填报《中华人民共和国××海关暂时进出境货物审核确认书》编号，如“〈ZS 海关审核确认书编号〉”，其中英文为大写字母；无此项目的，无须填报。

上述内容依次填报，项目间用“/”分隔，前后均不加空格。

收发货人或其代理人申报货物复运进境或复运出境的：货物办理过延期的，根据《管理办法》填报《货物暂时进/出境延期办理单》的海关回执编号，如“〈ZS 海关回执编号〉”，其中，英文为大写字母；无此项目的，无须填报。

⑨ 跨境电商进出口货物，填报“跨境电子商务”。

⑩ 集装箱箱体信息填报集装箱号（在集装箱箱体上标示的全球唯一编号）、集装箱规格、集装箱商品项号关系（单个集装箱对应的商品项号，半角逗号分隔）、集装箱货重（集装箱箱体自重+装载货物重量，千克）。例如，集装箱主代号分别对应如下。

中远：CBHU；中海：CCLU；商船三井：MOLU；长荣：EMCU；东方海外：OCLU。

集装箱规格代码如表 5-18 所示。

表 5-18　集装箱规格代码

代　码	中文名称
11	普通 2*标准箱（L）
12	冷藏 2*标准箱（L）
13	罐式 2*标准箱（L）
21	普通标准箱（S）
22	冷藏标准箱（S）
23	罐式标准箱（S）
31	其他标准箱（S）
32	其他 2*标准箱（L）
N	非集装箱

（2）信息来源

报关人员可以从提运单、装箱单等报关单证中查看唛头，无标记唛码的填报“无”。备注项可以录入与海关管理相关的信息，也可以根据收发货人的要求录入部分补充信息，如“加工贸易结转的关联备案号或报关单号”“减免税设备结转的关联号”“退运货物的关联号”及“集装箱信息”等。

综上所述，报关人员填报报关单表头栏目时，应综合考虑各个栏目之间的逻辑关系，还应注意区分港口等近似栏目之间填报规范的区别，避免出现填报错误。

报关单表头涉及信息及对应栏目如表5-19所示。

表 5-19　报关单表头涉及信息及对应栏目

涉及信息	对应栏目
贸易基本信息	交易双方（境内收发货人、境外收发货人）、合同号、成交方式、运费、保费、杂费
海关管理基本信息	主管海关（海关编号）、货物在海关监管中的基本分类属性（监管方式、征免性质）
装运信息	运输方式、运输工具（运输工具名称及航次号）、提单号、集装箱 运输路线［入境口岸/离境口岸、启运国（地区）/运抵国（地区）、启运港、经停港/指运港、进出境关别］、包装（种类、件数）、毛重（千克）、净重（千克）
随附单证	许可证（许可证号）、其他监管证件（随附单证及编号）、其他随附单证（合同协议号、备案号、提运单号、随附单证及编号）
其他说明事项	贸易背景调查（特殊关系确认、价格影响确认、支付特许权使用费确认）、缴税方式选择（自报自缴）
申报单位信息	申报单位、报关人员、联系方式
海关作业栏目	海关批注及签章

进出境关别和入境口岸/离境口岸的比较如表5-20所示。

表 5-20　进出境关别和入境口岸/离境口岸的比较

栏目名称	定　义	参　数
进出境关别	海关（隶属海关业务现场）	《关区代码表》
入境口岸/离境口岸	口岸（包括港口、码头、机场、坐落在口岸的海关特殊监管区域等）	《国内口岸编码表》

经停港/指运港和启运港的比较如表5-21所示。

表 5-21　经停港/指运港和启运港的比较

栏目名称	定　义
经停港/指运港	经停港填报进口货物在运抵我国关境前的最后一个境外装运港；指运港填报出口货物运往境外的最终目的港
启运港（仅进口）	进口货物在运抵我国关境前的第一个境外装运港

5.1.2　报关单表体栏目填报规范

1. 项号

（1）填报要求

本栏目分两行填报。第一行填报报关单中的商品顺序编号；第二行填报备案序号，专用于加工贸易及保税、减免税等已备案、审批的货物，填报该项货物在《加工贸易手册》或《征免税证明》等备案、审批单证中的顺序编号。有关优惠贸易协定项下报关单的填制要求，按照海关总署的相关规定执行。其中，第二行特殊情况填报要求如下。

① 深加工结转货物，分别按照《加工贸易手册》中的进口料件项号和出口成品项号填报。

② 料件结转货物（包括料件、制成品和未完成品折料），出口报关单按照转出《加工贸易手册》中进口料件的项号填报；进口报关单按照转进《加工贸易手册》中进口料件的项号填报。

③ 料件复出货物（包括料件、边角料），出口报关单按照《加工贸易手册》中进口料件的项号填报；如边角料对应一个以上料件项号，填报主要料件项号。料件退换货物（包括料件，不包括未完成品），进出口报关单按照《加工贸易手册》中进口料件的项号填报。

④ 成品退换货物，退运进境报关单和复运出境报关单按照《加工贸易手册》原出口成品的项号填报。

⑤ 加工贸易料件转内销货物（及按料件办理进口手续的转内销制成品、残次品、未完成品）填制进口报关单，填报《加工贸易手册》进口料件的项号；加工贸易边角料、副产品内销，填报《加工贸易手册》中对应的进口料件项号。如边角料或副产品对应一个以上料件项号，填报主要料件项号。

⑥ 加工贸易成品凭《征免税证明》转为减免税货物进口的，应先办理进口报关手续。进口报关单填报《征免税证明》中的项号，出口报关单填报《加工贸易手册》原出口成品项号，进、出口报关单货物数量应一致。

⑦ 加工贸易货物销毁，填报《加工贸易手册》中相应的进口料件项号。

⑧ 加工贸易副产品退运出口、结转出口，填报《加工贸易手册》中新增成品的出口项号。

⑨ 经海关批准实行加工贸易联网监管的企业，按海关联网监管要求，企业需申报报关清单的，应在向海关申报进出口（包括形式进出口）报关单前，向海关申报清单。一份报关清单对应一份报关单，报关单上的商品由报关清单归并而得。加工贸易电子账册报关单中“项号”“品名”“规格”等栏目的填制规范比照《加工贸易手册》。

具体填报规范如下。第一行填报关单中的商品排列序号，如只有一种商品，则填报“01”；如有两种商品，则第二种商品填报“02”。第二行专用于加工贸易等已经备案的货物，填报和打印该项货物在《登记手册》中的项号。贸易方式为一般贸易，备案号为空时，项号填报一行，填报货物在报关单中的商品序号。

例如，某公司进口一批棕榈油和一批亚麻籽油用于国内销售，则报关单上的项号为：

项号	商品编码	商品名称
01	×××× ××××××	棕榈油
02	×××× ××××××	亚麻籽油

有征免税证明或登记手册的商品项号要分两行填报：第一行填报报关单中的商品排列序号（如 01、02、03）；第二行填报该项货物在《加工贸易手册》中的项号、《征免税证明》或对应的原产地证书的商品项号。

例如，某公司进口一批货物（包括 3 种商品），第一种商品为布料，在《加工贸易手册》中为第 7 项，第二种商品为钮扣，在《加工贸易手册》中为第 8 项，第三种商品为花边，在《加工贸易手册》中为第 12 项，则报关单的项号为：

项号	商品编码	商品名称
01	×××× ×××× ××	布料
07		
02	×××× ×××× ××	钮扣
08		
03	×××× ×××× ××	花边
12		

报关单表体中项号填写示例如图 5-3 所示。

项号	商品编号	商品名称及规格型号	数量及单位
1 (2)	8541409000	前置放大器二极管TIA diode 4|1|Truelight|TMC-1C41-428	9531个 2.55千克 9531个
2 (3)	8541409000	光电二极管photodiode 4|1|Truelight|LTI-T105P-00	6250个 1.684千克 6250个
3 (4)	9001909010	滤光片filter 4|1|用于Lightron品牌LV913-SSP2-021，过滤特定波长的光用|玻璃|1490nm|APOG	0.041千克 9475个
4 (5)	9001909010	滤光片filter 4|1|用于Lightron品牌LV913-SSP2-021，过滤特定波长的光用|玻璃|1310nm|APOG	0.046千克 9539个
5 (6)	9001909010	滤光片filter 4|1|用于Lightron品牌LV913-SSP2-021，过滤特定波长的光用|玻璃|1330nm|APOG	0.055千克 9610个
6 (7)	9001909010	滤光片filter 4|1|用于Lightron品牌LV913-SSP2-021，过滤特定波长的光用|玻璃|1559nm|APOG	0.169千克 9911个
		特殊关系确认：	价格影响确认：

图 5-3　报关单表体中项号填写示例

（2）信息来源

报关人员应明确本栏目在使用报关单录入系统时，有商品序号和备案序号两种。一般贸易项下的货物，只需按照录入顺序填报项号，1 份报关单可以录入 50 项商品。加工贸易项下的货物，除需按照录入顺序填报项号外，还应按照手册备案内容，填报备案项号。优惠贸易协定项下备案序号按照“单证对应关系表”的填报要求填报。

2. 商品编号

（1）填报要求

本栏目填报由 10 位数字组成的商品编号。前 8 位为《进出口税则》和《统计商品目录》确定的编码；第 9、10 位为监管附加编号。

例如，申报进口商品“活龙虾”，需先在“商品编号”栏录入“0306329000”10 位数编号，再在“检验检疫编码”栏下拉菜单中的“101 活虾”“102 鲜活或冷的带壳或去壳的龙虾（养殖）”“103 鲜活或冷的带壳或去壳的龙虾（野生的）”中，选择“101 活虾”检验检疫附加编号。

（2）信息来源

一般贸易项下货物，报关人员应根据进出口商品的材质、成分含量、功能用途等归类要素与收发货人共同完成对商品编码的确认。加工贸易项下货物，在报关单录入系统中录入备案号、备案序号后，系统会自动调取手册备案的商品编号。

3. 商品名称及规格型号

（1）填报要求

本栏目分两行填报。第一行填报进出口货物规范的中文商品名称，第二行填报规格型号。具体填报要求如下。

① 商品名称及规格型号应据实填报，并与进出口货物收发货人或受委托的报关企业所提交的合同、发票等相关单证相符。

② 商品名称应当规范，规格型号应当足够详细，以能满足海关归类、审价及许可证件管理要求为准，可参照《规范申报目录》中对商品名称、规格型号的要求进行填报。

③ 已备案的加工贸易及保税货物，填报的内容必须与备案登记中同项号下货物的商品名称一致。

④ 对需要海关签发《货物进口证明书》的车辆，商品名称栏填报“车辆品牌+排气量（注明 cc）+车型（如越野车、小轿车等）”。进口汽车底盘不填报排气量。车辆品牌按照《进口机动车辆制造厂名称和车辆品牌中英文对照表》中“签注名称”一栏的要求填报。规格型号栏可填报“汽油型”等。

⑤ 由同一运输工具同时运抵同一口岸并且属于同一收货人、使用同一提单的多种进口货物，按照商品归类规则应当归入同一商品编号的，应当将有关商品一并归入该商品编号。商品名称填报一并归类后的商品名称；规格型号填报一并归类后商品的规格型号。

⑥ 加工贸易边角料和副产品内销，边角料复出口，填报其报验状态的名称和规格型号。

⑦ 进口货物收货人以一般贸易方式申报进口属于《需要详细列名申报的汽车零部件清单》（海关总署公告 2006 年第 64 号）范围内的汽车生产件的，按以下要求填报。

a. 商品名称填报进口汽车零部件的详细中文商品名称和品牌，中文商品名称与品牌之间用“/”相隔，必要时加注英文商业名称；进口的成套散件或毛坯件应在品牌后加注“成套散件”“毛坯件”等字样，并与品牌之间用“/”相隔。

b. 规格型号填报汽车零部件的完整编号。在零部件编号前应当加注“S”字样，并与零部件编号之间用“/”相隔，零部件编号之后应当依次加注该零部件适用的汽车品牌和车型。汽车零部件属于可以适用于多种汽车车型的通用零部件的，零部件编号后应当加注“TY”字样，并用“/”与零部件编号相隔。与进口汽车零部件规格型号相关的其他需要申报的要素，或者海关规定的其他需要申报的要素，如“功率”“排气量”等，应当在车型或“TY”之后填报，并用“/”与之相隔。汽车零部件报验状态是成套散件的，应当在“标记唛码及备注”栏目填报该成套散件装配后的最终完整品的零部件编号。

⑧ 进口货物收货人以一般贸易方式申报进口属于《需要详细列名申报的汽车零部件清单》（海关总署公告 2006 年第 64 号）范围内的汽车维修件的，填报规格型号时，应当在零部件编号前加注“W”，并与零部件编号之间用“/”相隔；进口维修件的品牌与该零部件适用的整车厂牌不一致的，应当在零部件编号前加注“WF”，并与零部件编号之间用“/”相隔。其余申报要求同第⑦条。

⑨ 品牌类型。品牌类型为必填项目。可选择“无品牌”（代码 0）、“境内自主品牌”（代码 1）、“境内收购品牌”（代码 2）、“境外品牌（贴牌生产）”（代码 3）、“境外品牌（其他）”（代码 4）如实填报。其中，“境内自主品牌”是指由境内企业自主开发、拥有自主知识产权的品牌；“境内收购品牌”是指境内企业收购的原境外品牌；“境外品牌（贴牌生产）”是指境内企业代工贴牌生产中使用的境外品牌；“境外品牌（其他）”是指除代工贴牌生产外使用的境外品牌。上述品牌类型中，除“境外品牌（贴牌生产）”仅用于出口外，其他类型均可用于进口和出口。香港、澳门和台湾是我国领土的一部分，但属于单独关税区，是“国境内、关境外”，不适用《海关法》。因此，港、澳、台品牌属于境外品牌。

除报关单外，海关各类特殊监管区域和保税监管场所与境外之间进出的货物、出口加工区等海关特殊监管区域与境内之间往来的货物在申报备案清单时，无论是一线申报还是二线申报，都需要如实申报货物的品牌类别。

“品牌类别”和“品牌”虽然都填在报关单的“规格型号”栏目下，但它们是两个完全不同的指标。其中，“品牌类别”为所有商品的必填项目，只能按照 5 个选项对应的数字代码申报，反映的是品牌的大类属性，主要用于编制品牌进出口统计资料，为准确研判外贸形势、找准品牌建设的着力点提供数据支持；而《规范申报目录》中的“品牌”要素仅适用于部分商品，申报时必须申报具体的品牌名称，反映的是进出口商品实际所采用的品牌信息，主要用于海关估价和知识产权保护。

⑩ 出口享惠情况。出口享惠情况为出口报关单必填项目。可选择“出口货物在最终目的国（地区）不享受优惠关税”（代码 0）、“出口货物在最终目的国（地区）享受优惠关税”（代码 1）、“出口货物不能确定在最终目的国（地区）享受优惠关税”（代码 2）如实填报。进口货物报关单不填报该申报项，系统将自动为该项赋值为“3”，表示不适用于进口报关单。

⑪ 申报进口已获 3C 认证的机动车辆时，填报以下信息。

a. 提运单日期：填报该项货物的提运单签发日期。

b. 质量保质期：填报机动车的质量保证期。

c. 发动机号或电机号：填报机动车的发动机号或电机号，应与机动车上打刻的发动机号或电机号相符。纯电动汽车、插电式混合动力汽车、燃料电池汽车为电机号，其他机动车为发动机号。

d. 车辆识别代码（VIN）：填报机动车车辆识别代码，须符合国家强制性标准《道路车辆　车辆识别代号（VIN）》（GB 16735—2019）的要求。该项目一般与机动车的底盘（车架号）相同。

e. 发票所列数量：填报对应发票中所列进口机动车的数量。

f. 品名（中文名称）：填报机动车中文品名，按《进口机动车辆制造厂名称和车辆品牌中英文对照表》（原质检总局 2004 年第 52 号公告）的要求填报。

g. 品名（英文名称）：填报机动车英文品名，按《进口机动车辆制造厂名称和车辆品牌中英文对照表》（原质检总局 2004 年第 52 号公告）的要求填报。

h. 型号（英文）：填报机动车型号，与机动车产品标牌上整车型号一栏相符。

⑫ 进口货物收货人申报进口属于实施反倾销反补贴措施货物的，填报“原厂商中文名称”“原厂商英文名称”“反倾销税率”“反补贴税率”“是否符合价格承诺”等计税必要信息。

格式要求为：“|<><><><><>”。“|”“<”“>”均为英文半角符号。第一个“|”为在规格型号栏目中已填报的最后一个申报要素后系统自动生成或人工录入的分割符（若相关商品税号无规范申报填报要求，则需要手工录入“|”），“|”后面 5 个“<>”内容依次为“原厂商中文名称”“原厂商英文名称”（如无原厂商英文名称，可填报以原厂商所在国或地区文字标注的名称，具体可参照商务部实施贸易救济措施相关公告中对有关原厂商的外文名称写法）“反倾销税率”“反补贴税率”“是否符合价格承诺”。其中，“反倾销税率”和“反补贴税率”填写实际值。例如，税率为 30%，则填写“0.3”。“是否符合价格承诺”填写“1”或“0”，“1”代表“是”，“0”代表“否”。填报时，5 个“<>”不可缺项，如第 3 ~ 5 项“<>”中无申报事项，相应的“<>”中内容可以为空，但“<>”需要保留。

下面以跨境保税电子商务进口婴儿配方奶粉为例进行分析，配方奶粉进境备案清单如图 5-4 所示。

通过相关网站查阅该商品婴儿配方奶粉（1901101090）的申报要素为：品名、品牌类型、出口享惠情况、成分含量、用途（供婴幼儿食用/适用的年龄阶段）、包装规格、品牌（中文及外文名称）、其他（非必报要素，请根据实际情况填报）。以图 5-4 中第 1 种商品为例，其申报要素填报信息如表 5-22 所示。

中华人民共和国海关进境货物备案清单

预录入编号：I20210000564134183　　海关编号：471920211000000▇▇　（东湖综保）　　仅供核对用　　页码/页数：1/1

境内收货人 (91420100303352521Y) ▇▇▇▇▇▇发展有限公司	进境关别 (4006) 昌北机场	进境日期 20211015	申报日期 20211027	备案号
境外发货人 Nord365 AB	运输方式 (5) 航空运输	运输工具名称及航次号 F56651	提运单号 22750207334	货物存放地点 武汉东湖综合保税区
消费使用单位 (91420100303352521Y) ▇▇▇▇▇▇发展有限公司	监管方式 (1210) 保税电商		许可证号	启运港 (BEL018) 列日（比利时）
合同协议号 NORD20211006	贸易国（地区）(SWE) 瑞典	启运国（地区）(BEL) 比利时	经停港 (BEL018) 列日（比利时）	入境口岸 (420006) 武汉东湖综合保税区

包装种类 (93) 天然木托	件数 10	毛重(千克) 3200	净重(千克) 2560	成交方式 (1) CIF	运费	保费	杂费

随附单证及编号

随附单证1:保税核注清单QD471921I000002399 随附单证2:提/运单;合同;发票

标记唛码及备注

备注:全国通关一体化 东湖综保 最终消费使用单位: 湖北海中之王国际贸易有限公司 N/M

项号	商品编号	商品名称及规格型号	数量及单位	单价/总价/币制	原产国(地区)	最终目的国(地区)	境内目的地
1 (7009	1901101090	森宝Semper婴儿配方奶粉1段800g 6个月以下 4|3|主要成分含量浓缩乳清蛋白、植物油、乳糖、玉米糖浆固体、脱脂奶粉	364.8千克 456盒	美元	瑞典 (SWE)	中国 (CHN)	(42016/420100)武汉东湖综合保税区/湖北省武汉市
2 (7010	1901101090	森宝Semper婴儿配方奶粉2段800g 6～9个月 4|3|主要成分含量浓缩乳清蛋白、植物油、乳糖、玉米糖浆固体、脱脂奶粉	320千克 400盒	美元	瑞典 (SWE)	中国 (CHN)	(42016/420100)武汉东湖综合保税区/湖北省武汉市
3 (7011	1901101090	森宝Semper婴儿配方奶粉3段800g 9～18个月 4|3|主要成分含量浓缩乳清蛋白、植物油、乳糖、玉米糖浆固体、脱脂奶粉	601.6千克 752盒	美元	瑞典 (SWE)	中国 (CHN)	(42016/420100)武汉东湖综合保税区/湖北省武汉市
4 (7012	1901101090	森宝Semper幼儿成长配方奶粉4段800g 1岁以上 4|3|主要成分含量浓缩乳清蛋白、植物油、乳糖、玉米糖浆固体、脱脂奶粉	1273.6千克 1592盒	美元	瑞典 (SWE)	中国 (CHN)	(42016/420100)武汉东湖综合保税区/湖北省武汉市

特殊关系确认：　　价格影响确认：　　支付特许权使用费确认：　　自报自缴：否

报关人员　报关人员证号　电话 申报单位	兹申明对以上内容承担如实申报、依法纳税之法律责任 申报单位（签章）	海关批注及签章

图 5-4　配方奶粉进境备案清单

表 5-22　奶粉申报要素填报信息

申报要素	填报信息
品名	婴儿配方奶粉
品牌类型	4：境外品牌（其他）
出口享惠情况	3：不适用于进口报关单
成分含量	浓缩乳清蛋白、植物油、乳糖、玉米糖浆固体、脱脂奶粉等
用途（供婴幼儿食用/适用的年龄阶段）	婴儿 1 段，6 个月以下

续表

申 报 要 素	填 报 信 息
包装规格	800g
品牌（中文及外文名称）	森宝 Semper

（2）信息来源

商品名称及规格型号的填报，需要报关人员与委托单位进行沟通，了解商品详细信息，根据《规范申报目录》填报。该栏目信息可参考发票、装箱单、提单等中的“Description of goods”“Product and description”“Quantities and Description”栏目填报。

4. 数量及单位

（1）填报要求

本栏目应分三行填报。第一行按进出口货物的法定第一计量单位填报数量及单位，法定计量单位以《统计商品目录》中的计量单位为准。凡列有法定第二计量单位的，在第二行按照法定第二计量单位填报数量及单位。无法定第二计量单位的，第二行为空。成交计量单位及数量填报在第三行。

特殊情况填报要求如下。

① 装入可重复使用的包装容器的货物，按货物扣除包装容器后的重量填报，如罐装同位素、罐装氧气及类似品等。

② 使用不可分割的包装材料和包装容器的货物，按货物的净重填报（包括内层直接包装的净重），如采用供零售包装的罐头、药品及类似品等。

③ 按照商业惯例以公量重计价的商品，按公量重填报，如未脱脂羊毛、羊毛条等。

④ 采用以毛重作为净重计价的货物，可按毛重填报，如粮食、饲料等大宗散装货物。

⑤ 采用零售包装的酒类、饮料、化妆品，按照液体/乳状/膏状/粉状部分的重量填报。

⑥ 成套设备、减免税货物如需分批进口，货物实际进口时，按照实际报验状态确定数量。

⑦ 具有完整品或制成品基本特征的不完整品、未制成品，根据《协调制度》归类规则按完整品归类的，按照构成完整品的实际数量填报。

⑧ 已备案的加工贸易及保税货物，成交计量单位必须与《加工贸易手册》中同项号下货物的计量单位一致。加工贸易边角料和副产品内销、边角料复出口，填报其报验状态的计量单位。

⑨ 优惠贸易协定项下进出口商品的成交计量单位必须与原产地证书上对应商品的计量单位一致。

⑩ 法定计量单位为立方米的气体货物，折算成标准状况（摄氏零度及 1 个标准大气压）下的体积进行填报。

例如，某公司进口一批男士纯棉内裤，数量及单位填写如下：

商品名称　　　　　　　数量及单位
全棉男士内裤　　　　　122 640 件（第一行，法定第一计量单位及数量）
　　　　　　　　　　　1 042 千克（第二行，法定第二计量单位及数量）
　　　　　　　　　　　10 220 打（第三行，成交计量单位及数量）

不同计量单位的填报要求如表 5-23 所示。

表 5-23　不同计量单位的填报要求

计量单位	填报要求		
	第一行	第二行	第三行
成交与法定一致	法定计量单位及数量	空	空
成交与法定一致且有第二计量单位	法定第一计量单位及数量	法定第二计量单位及数量	空
成交与法定不一致	法定计量单位及数量	空	成交计量单位及数量
成交与法定不一致且有第二计量单位	法定第一计量单位及数量	法定第二计量单位及数量	成交计量单位及数量

（2）信息来源

数量及单位相关信息可以从合同、发票、装箱单等单据中查找。注意合同或订单中列明的货物数量为订单总数量，有可能大于发票中列明的货物数量，填报时不要混淆。

5. 单价/总价/币制

（1）填报要求

单价应填报同一项号下进出口货物实际成交的商品单位价格。无实际成交价格的，填报单位货值。

总价应填报同一项号下进出口货物实际成交的商品总价格。无实际成交价格的，填报货值。

币制应按海关规定的《货币代码表》选择相应的货币名称及代码填报，如实际成交货币未在《货币代码表》中列明，需将实际成交货币按申报日外汇折算率折算成《货币代码表》中列明的货币填报。常见货币代码如表 5-24 所示。

表 5-24　常见货币代码

代码	中文名称	代码	中文名称
HKD	港币	SGD	新加坡元
CNY	人民币	GBP	英镑
JPY	日本元	CAD	加拿大元
MOP	澳门元	USD	美元
EUR	欧元	THB	泰国铢

（2）信息来源

单价/总价/币制是报关单证中必有的重要信息，报关人员应从发票、合同等单据中获取相关信息。在特殊交易方式下，如免费提供样品等无商业价值的货物，报关人员需与委托单位确认进出口货物的实际价值，并按照实际价值申报。

6. 原产国（地区）

（1）填报要求

本栏目依据《中华人民共和国进出口货物原产地条例》、《中华人民共和国海关关于执行〈非优惠原产地规则中实质性改变标准〉的规定》及海关总署关于各项优惠贸易协定原产地管理规章规定的原产地确定标准填报。同一批进出口货物的原产地不同的，分别填报原产国（地区）。进出口货物原产国（地区）无法确定的，填报“国别不详”。按海关规定的《国别（地区）代码表》选择填报相应的国家（地区）名称及代码。

（2）信息来源

报关人员可以从发票、原产地证等相关单据中获取原产国（地区）信息，一般会显示为“Made in ×××”或“Origin”“Country of Origin: ×××”。

7. 最终目的国（地区）

（1）填报要求

本栏目填报已知的进出口货物的最终实际消费、使用或进一步加工制造国家(地区)。不经过第三国（地区）转运的直接运输货物，以运抵国（地区）为最终目的国（地区）；经过第三国（地区）转运的货物，以最后运往国（地区）为最终目的国（地区）。同一批进出口货物的最终目的国（地区）不同的，分别填报最终目的国（地区）。进出口货物不能确定最终目的国（地区）时，以尽可能预知的最后运往国（地区）为最终目的国（地区）。按海关规定的《国别（地区）代码表》选择填报相应的国家（地区）名称及代码。

前面讲述的运抵国（地区）与货物在中转时是否发生商业交易有关，而最终目的国（地区）则不受影响。例如，货物从上海港起运，途中在新加坡中转，最终运抵纽约港。若在新加坡发生商业性交易，则运抵国为新加坡，最终目的国为美国；若没有在新加坡发生商业性交易，则运抵国和最终目的国均为美国。

（2）信息来源

报关人员填报本栏目时应与委托单位确认货物的最终实际消费、使用或进一步加工制造的国家（地区）。如果不能确认，以出口报关单证（发票或装货单）上列明的运抵国（地区）填报本栏目。

8. 境内目的地/境内货源地

（1）填报要求

境内目的地填报已知的进口货物在国内的消费、使用地或最终运抵地，其中，最终运抵地为最终使用单位所在的地区。最终使用单位难以确定的，填报货物进口时预知的最终收货单位所在地。

境内货源地填报出口货物在国内的产地或原始发货地。出口货物产地难以确定的，填报最早发运该出口货物的单位所在地。

海关特殊监管区域、保税物流中心（B型）与境外之间的进出境货物，境内目的地/境内货源地填报本海关特殊监管区域、保税物流中心（B型）对应的国内地区。

本栏目按海关规定的《国内地区代码表》选择填报相应的国内地区名称及代码。进口货物需同时在“境内目的地代码”和“目的地代码”两个栏目录入相应的国内地区和县级行政区名称及代码；出口货物需同时在“境内货源地代码”和“产地代码”两个栏目录入相应的国内地区和县级行政区名称及代码。无下属区县级行政区的，可选择填报地市级行政区名称及代码。

“境内目的地/境内货源地代码”为5位。“目的地/产地代码”为6位。

（2）信息来源

在录入报关单时，系统会将收发货人注册地默认为境内目的地/境内货源地，但报关人员必须根据实际情况填报，不能以系统默认信息为准。

以下风险必须注意避免。

① 一定要按照《国内地区代码表》所列示的地区的名称及代码填写。若地区太小，在《国内地区代码表》中找不到，则按该地区的上级地区的名称及代码填写。

② 境内货源地填错无法退税。

③ 监管方式为保税电商时，境内目的地填写指定的特殊监管区域，如浙江杭州出口加工区（代码33015）、杭州保税物流中心（代码3316W）等。

例如，生产企业属于北京东城区，无论是出口自产产品还是外购视同自产产品出口，境内货源地均填报“11019 东城区”。又如，某批货物的境内目的地是广州市花都区。在“境内目的地”栏下拉菜单中选择“44019—广州其他”，并按海关规定的《国内地区代码表》录入“44019”，栏目自动生成“44019—广州其他”。同时“目的地”栏下拉菜单选择“440100—广东省广州市”，或者根据《中华人民共和国行政区划代码表》录入“440114”栏目，自动生成“广州市花都区”。

9. 征免

（1）填报要求

本栏目按照海关核发的《征免税证明》或有关政策规定，对报关单中所列各项商品选择海关规定的《征减免税方式代码表》中相应的征减免税方式填报。加工贸易货物报关单根据《加工贸易手册》中备案的征免规定填报；《加工贸易手册》中备案的征免规定为“保金”或“保函”的，填报“全免”。征减免税方式代码如表5-25所示。

表5-25 征减免税方式代码

征减免税方式代码	征减免税方式名称	征减免税方式代码	征减免税方式名称
1	照章征税	6	保证金
2	折半征税	7	保函
3	全免	8	折半补税
4	特案	9	全额退税
5	随征免性质		

（2）信息来源

本栏目与前面所述的备案号、监管方式、征免性质有一定的逻辑关系，填报时应综合考虑相关信息，准确填报。

10. 特殊关系确认

（1）填报要求

根据《审价办法》第十六条，填报本栏目时，应确认进出口行为中买卖双方是否存在特殊关系。若买卖双方存在特殊关系，应填报“是”，反之则填报“否”。

本栏目出口货物免予填报，加工贸易及保税监管货物（内销保税货物除外）免予填报。

（2）信息来源

本栏目属于与交易相关的信息，报关人员需要与委托单位确认后填报。

11. 价格影响确认

（1）填报要求

根据《审价办法》第十七条，填报本栏目时，应确认纳税义务人是否可以证明特殊关系未对进口货物的成交价格产生影响。纳税义务人能证明其成交价格与同时或大约同时发生的下列任何一款价格相近的，应视为特殊关系未对成交价格产生影响，填报“否”，反之则填报“是”。

① 向境内无特殊关系的买方出售的相同或类似进口货物的成交价格。

② 按照《审价办法》第二十三条的规定所确定的相同或类似进口货物的完税价格。

③ 按照《审价办法》第二十五条的规定所确定的相同或类似进口货物的完税价格。

本栏目出口货物免予填报，加工贸易及保税监管货物（内销保税货物除外）免予填报。

（2）信息来源

本栏目属于与交易相关的信息，报关人员需要与委托单位确认后填报。

12. 支付特许权使用费确认

（1）填报要求

根据《审价办法》第十一条和第十三条，填报本栏目时，应确认买方是否存在向卖方或有关方直接或间接支付与进口货物有关的特许权使用费，且未包括在进口货物的实付、应付价格中。

① 买方存在需向卖方或有关方直接或间接支付特许权使用费，且未包含在进口货物实付、应付价格中，并且符合《审价办法》第十三条的，本栏目填报“是”。

② 买方存在需向卖方或有关方直接或间接支付特许权使用费，且未包含在进口货物实付、应付价格中，但纳税义务人无法确认是否符合《审价办法》第十三条的，本栏目填报“是”。

③ 买方存在需向卖方或有关方直接或间接支付特许权使用费，且未包含在进口货物实付、应付价格中，纳税义务人根据《审价办法》第十三条，可以确认需支付的特许权

使用费与进口货物无关的，填报“否”。

④ 买方不存在向卖方或有关方直接或间接支付特许权使用费的，或者特许权使用费已经包含在进口货物实付、应付价格中的，本栏目填报“否”。

本栏目出口货物免予填报，加工贸易及保税监管货物（内销保税货物除外）免予填报。

（2）信息来源

本栏目属于与交易相关的信息，报关人员需要与委托单位确认后填报。

13. 自报自缴

（1）填报要求

进出口企业、单位采用“自主申报、自行缴税”（自报自缴）模式向海关申报时，本栏目填报“是”；反之则填报“否”。

（2）信息来源

报关人员在申报前，需要与委托单位确认是否为“自报自缴”报关。

14. 申报单位

自理报关的，本栏目填报进出口企业的名称及编码；委托代理报关的，本栏目填报报关企业名称及编码。编码填报 18 位法人和其他组织统一社会信用代码。报关人员填报在海关备案的姓名、编码、电话，并加盖申报单位印章。

15. 海关批注及签章

本栏目供海关作业时签注。

5.1.3 进出境货物备案清单填制

根据海关总署公告 2019 年第 18 号的规定，海关特殊监管区域企业向海关申报货物进出境、进出区，应填制《中华人民共和国海关进（出）境货物备案清单》，海关特殊监管区域与境内（区外）之间进出的货物，区外企业应填制《中华人民共和国海关进（出）口货物报关单》。中华人民共和国海关进境货物备案清单如表 5-26 所示。

表 5-26　中华人民共和国海关进境货物备案清单

预录入编号：　　海关编号：　（××海关）　　页码/页数

境内收货人	进境关别	进口日期	申报日期	备案号
境外发货人	运输方式	运输工具名称及航次号	提运单号	货物存放地点
消费使用单位	监管方式		许可证号	启运港

续表

<table>
<tr><td>合同协议号</td><td colspan="2">贸易国（地区）</td><td colspan="2">启运国（地区）</td><td colspan="2">经停港</td><td>入境口岸</td></tr>
<tr><td>包装种类</td><td>件数</td><td>毛重（千克）</td><td>净重（千克）</td><td>成交方式</td><td>运费</td><td>保费</td><td>杂费</td></tr>
<tr><td colspan="8">随附单证及编号</td></tr>
<tr><td colspan="8">标记唛码及备注</td></tr>
<tr><td colspan="8">项号 商品编号 商品名称及规格型号 数量及单位 单价/总价/币制 原产国（地区） 最终目的国（地区） 境内目的地</td></tr>
<tr><td colspan="8"></td></tr>
<tr><td colspan="8"></td></tr>
<tr><td colspan="8"></td></tr>
<tr><td colspan="8"></td></tr>
<tr><td colspan="8"></td></tr>
<tr><td colspan="8"></td></tr>
<tr><td colspan="8">特殊关系确认：　价格影响确认：　支付特许权使用费确认：　自报自缴：</td></tr>
<tr><td colspan="6">报关人员　报关人员单证号　电话　兹申明对以上内容承担如实申报、依法纳税之法律责任
申报单位　申报单位（签章）</td><td colspan="2">海关批注及签章</td></tr>
</table>

《中华人民共和国海关进（出）境货物备案清单》原则上按《中华人民共和国海关进出口货物报关单填制规范》的要求填制，填报要求如前所述。

5.1.4　报关单填制案例

武汉金宇综合保税发展有限公司位于武汉东湖综合保税区，2021 年 11 月 21 日以“保税电商（1210）”监管模式从 FLASH BUY INC 公司购进一批美迪惠尔水润保湿面膜及单片赠品。相关资料如下。

1. 发票（见表 5-27）

表 5-27　发票

COMMERCIAL INVOICE

商 业 发 票

<table>
<tr><td colspan="2">DATE:2021/11/15</td><td colspan="4">INVOICE NO.:PILS11152021A</td></tr>
<tr><td colspan="2">SHIPPER/EXPORTER (complete name & address & Telephone)</td><td colspan="4">CONSIGNEE(complete name & address & Telephone)</td></tr>
<tr><td colspan="2">From：FLASH BUY INC
Address: 17950 ROWLAND ST, CITY OF INDUSTRY, CA 91748
Tel：2132129888</td><td colspan="4">complete name：WUHAN JINYU FREE TRADE DEVELOPMENT CO.,LTD
Address: 777 GUANGGU THIRD ROAD,DONGHU DEVELOPMENT ZONE,WUHHAN CITY,HUBEI PROVINCE WUHAN CN
Tel: 15927179103</td></tr>
<tr><td colspan="2">South Korea</td><td colspan="4" rowspan="6">complete name：WUHAN JINYU FREE TRADE DEVELOPMENT CO.,LTD
Address: 777 GUANGGU THIRD ROAD,DONGHU DEVELOPMENT ZONE,WUHHAN CITY,HUBEI PROVINCE WUHAN CN
Tel: 15927179103</td></tr>
<tr><td colspan="2">COUNTRY OF ORIGIN GOODS</td></tr>
<tr><td colspan="2">South Korea</td></tr>
<tr><td colspan="2">COUNTRY OF ULTIMATE DESTINATION</td></tr>
<tr><td colspan="2">CHINA</td></tr>
<tr><td colspan="2">TRADE TERMS：CIF</td></tr>
<tr><td>NO.
序号</td><td>Name
品名</td><td>Unit Price</td><td>Ordered Quantity</td><td>Unit of Measure</td><td>Price RMB</td></tr>
<tr><td>1</td><td>美迪惠尔水润保湿面膜</td><td>×××</td><td>68634</td><td>PCS</td><td>××××</td></tr>
<tr><td>2</td><td>美迪惠尔水润保湿面膜单片赠品</td><td>×××</td><td>45156</td><td>PCS</td><td>××××</td></tr>
<tr><td></td><td>TOTAL:</td><td></td><td>68634</td><td></td><td>××××</td></tr>
</table>

2. 装箱单（见表 5-28）

表 5-28　装箱单

DOOSUNG INTERNATIONAL

FLASH BUY INC 17950 ROWLAND ST, CITY OF INDUSTRY, CA 91748

TEL:21321298　　　　Date:2021-11-15

Packing　list

序　　号	品　　名	原产国（地区）	净重（g）	数　　量	盒数（bottles）	净重（kg）	毛重（kg）
1	美迪惠尔水润保湿面膜	韩国	162	68 634	68 634	11 118.708	16 429.44
2	美迪惠尔水润保湿面膜单片赠品	韩国	27	45 156	7 526	1 219.212	1 801.56
Total:	34 Pallets				76 160	12 337.920	18 231

3. 提单（见图 5-5）

BILL OF LADING

① Shipper CHUNJEE AGENCY CO., LTD. O/B OF REDEIGHT CO., LTD SEOUL, KOREA		⑩ B/L No. PCSLICSHC1904357 DONGYOUNG SHIPPING CO., LTD.	
② Consignee AMASS FREIGHT INT'L CO., LTD SHANGHAI 2-3F NO.5 BUILDING OF XINGWAITAN, CSC FINANCE CENTER NO. 128-138, YANGSHUPU ROAD, HONGKOU DISTRICT SHANGHAI, 200082, CHINA		COPY NON-NEGOTIABLE	
③ Notify Party AMASS FREIGHT INT'L CO., LTD SHANGHAI 2-3F NO.5 BUILDING OF XINGWAITAN, CSC FINANCE CENTER NO. 128-138, YANGSHUPU ROAD, HONGKOU DISTRICT SHANGHAI, 200082, CHINA		ALL TERMS, CONDITIONS AND EXCEPTONS AS PER ORIGINAL BILL OF LADING	
④ Pre-carriage by (For reference only)	⑦ Place of Receipt INCHEON CFS	MRN NO : 19PCSLK011E　CALL SIGN : V7CS4	
⑤ Ocean Vessel PEGASUS TERA	⑧ Voyage No. 1801W	⑪ Flag MARSHALL ISLAND	⑫ Place of Delivery SHANGHAI CY
⑥ Port of Loading INCHEON, KOREA	⑨ Port of Discharge SHANGHAI, CHINA	⑬ Final Destination (For reference only)	

⑭ Container No. & Seal No.	⑮ Marks & Nos.	⑯ No. of Containers or Pkgs.	⑰ Description of Goods	⑱ Gross Weight	⑲ Measurement
DYLU5112930 4HDC DYL372103 TCKU6685850 4HDC DYL372119	1-34	4HDC' X 2 34 PALLET	SAID TO BE MEDIHEAL N.M.F AQUARING AMPOULE MASK SIX PIE	18,231.000KGS	73.2290CBM

SURRENDERED

The claims arising from or in connection with or relation to this Bill of Lading shall be exclusively governed by the law of Korea except otherwise provided in this Bill of Lading.
Any and all action concerning custody or carriage under this Bill of Lading whether based on breach of contract, tort or otherwise shall be brought before the Seoul District Court in Korea.

FREIGHT PREPAID

⑳ Total Number of Containers or Packages (in words)　SAY : TWO (2) CONTAINER(S) ONLY.-

㉑ Freight & Charges	㉒ Quantity	㉓ Unit Rate	㉔ Unit	㉕ Prepaid	㉖ Collect
		*** FREIGHT AS ARRANGED ***			

图 5-5　提单

4. 集装箱信息（见图 5-6）

箱信息

箱号	箱型	铅封号	尺寸
DYLU5112930	HC	DYL372103	40
TCKU6685850	HC	DYL372119	40
箱型描述	2 * 40HC		

图 5-6　集装箱信息

根据以上相关单证，填制《中华人民共和国海关进境备案清单》，如表 5-29 所示。

表 5-29　中华人民共和国海关进境货物备案清单

预录入编号：I20210000338260253　　　　海关编号：471920211000021664（东湖综保）

境内收货人 武汉金宇综合保税发展有限公司 91420100303352521	进境关别 外港海关 2225	进口日期 20211121	申报日期 20211121	备案号 T4719W000015
境外发货人 FLASH BUY INC	运输方式 水路运输	运输工具名称及航次号 PEGASUS TERA/1801W	提运单号 PCSLICSHC1904357	货物存放地点 浦东集装箱监管站
消费使用单位 武汉金宇综合保税发展有限公司 91420100303352521	监管方式 保税电商（1210）		许可证号	启运港 仁川（韩国） （KOR018）
合同协议号 PILS11152021A	贸易国（地区） 韩国	启运国（地区） 韩国	经停港 仁川（韩国） （KOR018）	入境口岸 外高桥 （310701）

包装种类	件数	毛重（千克）	净重（千克）	成交方式	运费	保费	杂费
天然木托	34	18231	12337.92	CIF			

随附单证及编号

随附单证 1：保税核注清单 QD471919I000015154 随附单证 2：提/运单；发票；代理报关委托协议（电子）

标记唛码及备注

备注：全国通关一体化　东湖综保　最终消费使用单位：湖北鑫龙吉国际物流有限公司　N/M 集装箱标箱数及号码：4；DYLU5112930；TCKU6685850

项号	商品编号	商品名称及规格型号	数量及单位	单价/总价/币制	原产国（地区）	最终目的国（地区）	境内目的地
01	3304990039	美迪惠尔水润保湿面膜 4|3|面部护理|27ml*6 片/盒 |MEDIHEAL 美迪惠尔牌	11118.708 千克 68634 件 68634 盒	××× ×××× 人民币	韩国	中国	武汉东湖综合保税区
02	3304990039	美迪惠尔水润保湿面膜单片赠品 4|3|面部护理|27ml/片| MEDIHEAL 美迪惠尔牌	1219.212 千克 45156 件 45156 片	××× ×××× 人民币	韩国	中国	武汉东湖综合保税区

特殊关系确认：否　　价格影响确认：否　　支付特许权使用费确认：否　　自报自缴：否

报关人员×× 报关人员单证号××× 电话 兹申明对以上内容承担如实申报、依法纳税之法律责任 申报单位 ×××　　申报单位（签章）	海关批注及签章

5.2　跨境电商零售进出口申报清单填制

跨境电商企业、消费者（订购人）通过跨境电商交易平台实现零售进出口商品交易，并根据海关要求传输相关交易电子数据的，接受海关监管。对跨境电商直购进口商品及适用“网购保税进口”（监管方式代码 1210）进口政策的商品，按照个人自用进境物品监管，不执行有关商品首次进口许可批件、注册或备案要求。适用“网购保税进口 A”（监管方式代码 1239）进口政策的商品，按《跨境电子商务零售进口商品清单（2018 版）》中的监管要求执行。

跨境电商零售商品进口时，跨境电商企业境内代理人或其委托的报关企业应提交《中华人民共和国海关跨境电子商务零售进出口商品申报清单》（以下简称《申报清单》），采取“清单核放”方式办理报关手续。跨境电商零售商品出口时，跨境电商企业或其代理人应提交《申报清单》，采取“清单核放、汇总申报”方式办理报关手续。跨境电商综合试验区内符合条件的跨境电商零售商品出口，可采取“清单核放、汇总统计”方式办理报关手续。

《申报清单》与《中华人民共和国海关进（出）口货物报关单》具有同等法律效力。

5.2.1　跨境电商零售进口申报清单填制

跨境电商零售进口商品申报清单填报说明如表 5-30 所示。

表 5-30　跨境电商零售进口商品申报清单填报说明

序号	中文名称	必填项	说　明
清单表头			
1	预录入编号	否	电子口岸的清单编号（B+8 位年月日+9 位流水号）
2	订单编号	是	电商平台的原始订单编号
3	电商平台代码	是	电商平台识别标识
4	电商平台名称	是	电商平台名称
5	电商企业代码	是	电商企业的海关注册登记（备案）编码（18 位）
6	电商企业名称	是	电商企业的海关注册登记（备案）名称
7	物流运单编号	是	物流企业的运单包裹面单号
8	物流企业代码	是	物流企业的海关注册登记（备案）编码（18 位）
9	物流企业名称	是	物流企业的海关注册登记（备案）名称
10	担保企业编号	否	需与清单中的有关企业一致（电商企业或平台、申报企业）
11	账册编号	否	保税模式填写具体账号，用于保税进口业务在特殊区域辅助系统记账（二线出区核减）
12	清单编号	否	海关审结的清单编号(4 位关区+4 位年+1 位进出口标记+9 位流水号）
13	进出口标记	是	I——进口，E——出口

续表

序号	中文名称	必填项	说明
清单表头			
14	申报日期	是	申报时间以海关入库反馈时间为准，格式：YYYYMMDD
15	申报地海关代码	是	
16	进口口岸代码	是	商品实际出我国关境口岸海关的关区代码
17	进口日期	是	格式：YYYYMMDD
18	订购人证件类型	是	1——身份证；2——其他
19	订购人证件号码	是	海关监控对象的身份证号
20	订购人姓名	是	海关监控对象的姓名，要求个人实名认证
21	订购人电话	是	海关监管对象的电话，要求实际联系电话
22	收件人地址	是	收件人的地址，实际为运单收货人地址，不一定为个人实名认证的订购人住址
23	申报企业代码	是	申报单位的海关注册登记代码（18位）
24	申报企业名称	是	申报单位的海关注册登记名称
25	区内企业代码	否	网购保税模式必填，用于区内企业核扣账册
26	区内企业名称	否	网购保税模式必填，用于区内企业核扣账册
27	监管方式	是	默认为1210/9610区分保税或一般模式
28	运输方式	是	海关标准的参数代码。根据行业标准《海关业务代码集》（HS/T 18—2006）中的运输方式代码填写。直购指跨境段物流运输方式。网购保税按二线出区
29	运输工具编号	否	直购进口必填。进出境运输工具的名称或运输工具编号填报内容应与运输部门向海关申报的载货清单所列相应内容一致；填制规范同报关单
30	航班航次号	否	直购进口必填。进出境运输工具的航次编号
31	提运单号	否	直购进口必填。提单或运单的编号
32	监管场所代码	否	针对同一申报地海关下有多个跨境电商的监管场所，需要填写区分；海关特殊监管区域或保税物流中心（B型）不需要填报
33	许可证号	否	商务主管部门及其授权发证机关签发的进出口货物许可证的编号
34	启运国（地区）	是	直购模式填写
35	运费	是	物流企业实际收取的运输费用
36	保费	是	物流企业实际收取的商品保价费用
37	币制	是	人民币（代码：142）
38	包装种类代码	否	海关对进出口货物实际采用的外部包装方式的标识代码，采用1位数字表示，如木箱、纸箱、桶装、散装、托盘、包、油罐车等
39	件数	是	件数（包裹数量）
40	毛重（千克）	是	商品及其包装材料的重量之和，计量单位为千克
41	净重（千克）	是	商品的毛重减去外包装材料后的重量，即商品本身的实际重量，计量单位为千克
42	备注	否	

续表

序号	中文名称	必填项	说　　明
清单表体			
43	序号	是	从 1 开始连续序号（一一对应关联电子订单）
44	账册备案料号	否	1210 保税进口二线出区业务（必填），支持保税模式的账册核扣
45	企业商品货号	否	电商平台自定义的商品货号（SKU）
46	企业商品品名	否	电商平台的商品品名
47	商品编码	是	海关对进出口货物规定的类别标识代码，采用海关综合分类表的标准分类，总长度为 10 位数字代码，前 8 位由国务院关税税则委员会确定，后 2 位由海关根据代征税、暂定税率和贸易管制的需要增设
48	商品名称	是	中文名称，同一类商品的名称。任何一种具体商品可以并只能归入表中的一个条目
49	商品规格型号	是	以满足海关归类、审价及监管的要求为准。包括品名、牌名、规格、型号、成分、含量、等级等
50	条码	否	商品条形码一般由前缀部分、制造厂商代码、商品代码和校验码组成。没有条形码填“无”
51	原产国（地区）	是	海关标准的参数代码。根据行业标准《海关业务代码集》（HS/T 18—2006）中的国家（地区）代码填写
52	币制	是	人民币（代码：142）
53	数量	是	
54	法定数量	是	
55	第二数量	否	
56	计量单位	是	海关标准的参数代码。根据行业标准《海关业务代码集》（HS/T 18—2006）中的计量单位代码填写
57	法定计量单位	是	海关标准的参数代码。根据行业标准《海关业务代码集》（HS/T 18—2006）中的计量单位代码填写
58	第二计量单位	否	海关标准的参数代码。根据行业标准《海关业务代码集》（HS/T 18—2006）中的计量单位代码填写
59	单价	是	成交单价
60	总价	是	
61	备注	否	

5.2.2　跨境电商零售出口申报清单填制

跨境电商零售商品出口后，跨境电商企业或其代理人应于每月 15 日前（当月 15 日是法定节假日或法定休息日的，顺延至其后的第一个工作日），将上月结关的《申报清单》依据清单表头同一收发货人、同一运输方式、同一生产销售单位、同一运抵国、同一出境关别，以及清单表体同一最终目的国、同一 10 位海关商品编码、同一币制的规则进行归并，汇总形成《中华人民共和国海关出口货物报关单》向海关申报。允许以“清单核放、汇总统计”方式办理报关手续的，不再汇总形成《中华人民共和国海关出口货物报关单》。

跨境电商零售出口商品申报清单填报说明如表 5-31 所示。

表 5-31　跨境电商零售出口商品申报清单填报说明

序号	中文名称	必填项	说　　明
清单表头			
1	申报海关代码	是	办理通关手续的 4 位海关代码
2	申报日期	是	申报时间以海关审批反馈时间为准，格式：YYYYMMDDhhmmss
3	预录入编号	否	电子口岸生成标识清单的编号（B+8 位年月日+9 位流水号）
4	订单编号	是	电商平台的原始订单编号
5	电商平台代码	是	电商平台的海关注册登记编码
6	电商平台名称	是	电商平台的海关注册登记名称
7	物流运单编号	是	物流企业的运单包裹面单号
8	物流企业代码	是	物流企业的海关注册登记编码
9	物流企业名称	是	物流企业的海关注册登记名称
10	清单编号	否	海关审结生成标识清单的编号（4 位关区+4 位年+1 位进出口标记+9 位流水号）
11	进出口标记	是	I——进口，E——出口
12	出口口岸代码	是	商品实际出我国关境口岸海关的关区代码
13	出口日期	是	格式：YYYYMMDD
14	生产销售单位代码	是	出口发货人填写海关企业代码
15	生产销售单位名称	是	实际发货人的企业名称
16	收发货人代码	是	一般指电商企业的海关注册登记代码
17	收发货人名称	是	一般指电商企业的海关注册登记名称
18	报关企业代码	是	申报单位的海关注册登记代码
19	报关企业名称	是	申报单位的海关注册登记名称
20	区内企业代码	否	针对保税出口模式，区内仓储企业代码，用于一线出区核减账册
21	区内企业名称	否	针对保税出口模式，区内仓储企业名称
22	监管方式	是	默认为 9610，可以为 1210 保税模式，支持多种跨境贸易方式
23	运输方式	是	海关标准的参数代码。根据行业标准《海关业务代码集》（HS/T 18—2006）中的运输方式代码填写
24	运输工具名称	否	进出境运输工具的名称或运输工具编号。填报内容应与运输部门向海关申报的载货清单所列相应内容一致；填制规范同报关单
25	航班航次号	否	进出境运输工具的航次编号
26	提（运）单号	否	提单或总运单的编号
27	总包号	否	物流企业对于一个提运单下含有多个大包的托盘编号（邮件为邮袋号）
28	监管场所代码	否	针对同一申报地海关下有多个跨境电商的监管场所，需要填写区分

续表

序号	中文名称	必填项	说明
清单表头			
29	许可证号	否	商务主管部门及其授权发证机关签发的进出口货物许可证的编号
30	运抵国（地区）	是	出口货物直接运抵的国家（地区）。根据行业标准《海关业务代码集》（HS/T 18—2006）中的国家（地区）代码填写
31	指运港代码	是	出口运往境外的最终目的港的标识代码。最终目的港不可预知时，应尽可能按预知的目的港填报
32	运费	是	物流企业实际收取的运输费用
33	运费币制	是	海关标准的参数代码。根据行业标准《海关业务代码集》（HS/T 18—2006）中的货币代码填写
34	运费标志	是	1——率，2——单价，3——总价
35	保费	是	物流企业实际收取的商品保价费用
36	保费币制	是	海关标准的参数代码。根据行业标准《海关业务代码集》（HS/T 18—2006）中的货币代码填写
37	保费标志	是	1——率，2——单价，3——总价
38	包装种类代码	是	海关对进出口货物实际采用的外部包装方式的标识代码，采用 1 位数字表示，如木箱、纸箱、桶装、散装、托盘、包、油罐车等
39	件数	是	件数（包裹数量）
40	毛重（千克）	是	商品及其包装材料的重量之和，计量单位为千克
41	净重（千克）	是	商品的毛重减去外包装材料后的重量，即商品本身的实际重量，计量单位为千克
42	备注	否	
清单表体			
43	商品项号	是	从 1 开始连续序号，与订单序号保持一致
44	企业商品编号	否	企业内部对商品的唯一编号
45	海关商品编码	是	海关对进出口商品规定的类别标识代码，采用海关综合分类表的标准分类，总长度为 10 位数字代码，前 8 位由国务院关税税则委员会确定，后 2 位由海关根据代征税、暂定税率和贸易管制的需要增设
46	商品名称	是	同一类商品的名称。任何一种具体商品都可以并只能归入表中的一个条目
47	规格型号	是	满足海关归类、审价及监管的要求为准。包括品名、牌名、规格、型号、成分、含量、等级等
48	条形码	是	商品条形码一般由前缀部分、制造厂商代码、商品代码和校验码组成。没有条形码填“无”
49	最终目的国（地区）代码	是	海关标准的参数代码。根据行业标准《海关业务代码集》（HS/T 18—2006）中的国家（地区）代码填写
50	币制	是	海关标准的参数代码。根据行业标准《海关业务代码集》（HS/T 18—2006）中的货币代码填写
51	申报数量	是	

续表

序号	中 文 名 称	必填项	说　　明
清 单 表 体			
52	法定数量	是	
53	第二数量	否	
54	申报计量单位	是	海关标准的参数代码。根据行业标准《海关业务代码集》（HS/T 18—2006）中的计量单位代码填写
55	法定计量单位	是	海关标准的参数代码。根据行业标准《海关业务代码集》（HS/T 18—2006）中的计量单位代码填写
56	第二计量单位	否	海关标准的参数代码。根据行业标准《海关业务代码集》（HS/T 18—2006）中的计量单位代码填写
57	单价	是	成交单价
58	总价	是	总价=成交数量×单价

5.2.3　跨境电商零售进出口申报清单填制案例

1. 订单详情

湖北鑫龙吉国际物流公司通过一般贸易进口一批商品暂存在武汉东湖综合保税区，张小云在某跨境电商平台通过保税电商方式购买 1 罐美国产美赞臣 Enfamil 三段常规奶粉罐装（1 040g/罐）（costco 版本）及 2 盒韩国产美迪惠尔水润保湿面膜，27ml*6 片/盒，订单详情如图 5-5 所示。

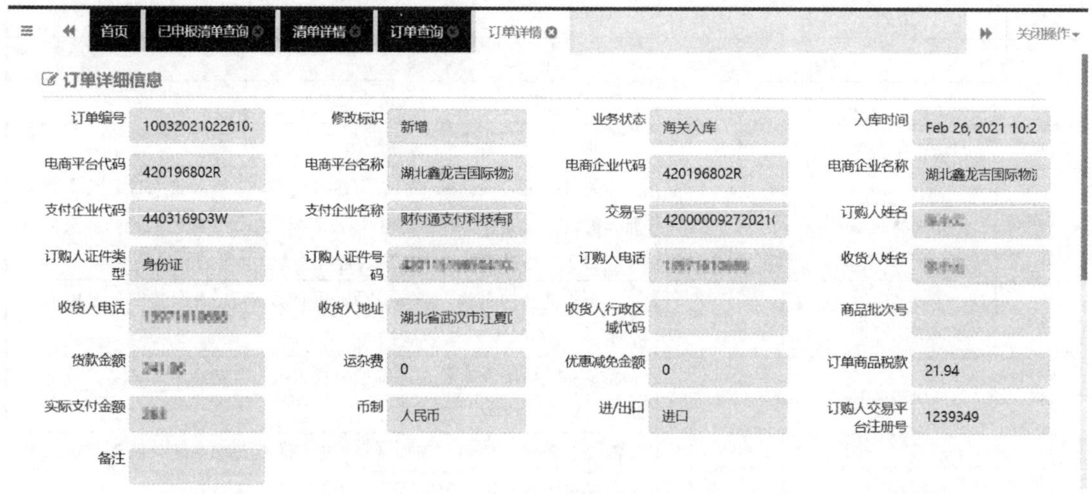

图 5-7　订单详情

订单表体信息

商品序号：1　企业商品货号：E00D00200B0015　企业商品名称：美版美赞臣Enfamil三　商品规格型号：1040g/罐
条码：　单位：罐　数量：1　单价：
总价：　币制：人民币　原产国(地区)：美国　商品描述：美版美赞臣Enfamil三
备注：

商品序号：2　企业商品货号：E00D00200R0064　企业商品名称：美迪惠尔水润保湿面　商品规格型号：27ml*6片/盒
条码：　单位：盒　数量：2　单价：
总价：　币制：人民币　原产国(地区)：韩国　商品描述：美迪惠尔水润保湿面
备注：

商品序号	企业商品货号	企业商品名称	条形码	单位	数量	单价	总价	币制	原产国(地区)
1	E00D00200B0015	美版美赞臣Enfamil三段常规奶粉罐装1040g（costco版本）	-	罐	1	[illegible]	[illegible]	人民币	美国
2	E00D00200R0064	美迪惠尔水润保湿面膜27ml*6片/盒	-	盒	2	[illegible]	[illegible]	人民币	韩国

图 5-7　订单详情（续）

2. 清单申报

湖北鑫龙吉国际物流公司向海关办理清单申报，如图 5-8 所示。

预录入编号：B2021022690988　海关清单编号：47192021I141446　申报类型：新增　业务状态：放行
企业内部编号：4810651　申报口岸：东湖综保　进口口岸：东湖综保　入库时间：Feb 26, 2021 10:2
申报企业代码：420196802R　申报企业名称：湖北鑫龙吉国际物　进口日期：Feb 26, 2021 12:0　申报日期：Feb 26, 2021 12:0
电商企业代码：420196802R　电商企业名称：湖北鑫龙吉国际物　电商平台代码：420196802R　电商平台名称：湖北鑫龙吉国际物
物流企业代码：3120980110　物流企业名称：申通快递有限公司　物流运单编号：77201260733818　订单编号：10032021022610
区内企业代码：4201610008　区内企业名称：武汉金宇综合保税　账册编号：T4719W000096　监管场所代码：
订购人：　订购人证件类型：身份证　订购人证件号码：　订购人电话：
启运国(地区)：中国　许可证号：　收货人地址：湖北省武汉市江夏区东湖高新区光谷三路777号
运输方式：保税区　运输工具编号：　航班航次号：　提运单号：
运费：0　保费：0　币制：人民币　担保企业编号：420196802R
包装种类：纸箱　件数：1　净重(KG)：1.364　毛重(KG)：1.48556
包装种类：纸箱　件数：1　净重(KG)：1.364　毛重(KG)：1.48556
贸易方式：保税电商　核注状态：已核扣　备注：

清单表体信息

商品序号：1　企业商品名称：美版美赞臣Enfamil　商品编码：1901101090　规格型号：1 040g/罐

图 5-8　清单申报

商品货号	H3134130	商品名称	美版美赞臣Enfamil	条码		原产国(地区)	美国
贸易国(地区)	美国	数量	1	计量单位	罐	法定数量	1.04
法定计量单位	千克	第二法定数量		第二计量单位		单价	
总价		币制	人民币	账册备案料号	264	备注	
包装种类	纸箱	件数	1	净重(KG)	1.364	毛重(KG)	1.48556
贸易方式	保税电商	核注状态	已核扣	备注			

清单表体信息

商品序号	2	企业商品名称	美迪惠尔水润保湿	商品编码	3304990039	规格型号	27ml*6片/盒
商品货号	H1517730	商品名称	美迪惠尔水润保湿	条码		原产国(地区)	韩国
贸易国(地区)	韩国	数量	2	计量单位	盒	法定数量	0.324
法定计量单位	千克	第二法定数量	2	第二计量单位	件	单价	
总价		币制	人民币	账册备案料号	164	备注	

图 5-8　清单申报（续）

5.3　其他单证

5.3.1　代理报关委托书

在报关服务实践中，报关作业从洽商委托开始，到管理留存单证结束。报关业务是整个海关进出口业务的中心环节，也是电子口岸执法系统的重要组成部分。在自理报关方式下，企业报关人员进行网上录入、申报、查询、打印报关单，以及网上查询海关回执等操作。在委托报关方式下，专业的报关行或兼营报关服务业务的企业，即代理报关企业，可以受理委托报关的单位代理报关手续。

需要委托报关企业向海关办理申报手续的进出口货物收发货人，在进出口货物之前，应与报关企业办理委托报关手续。接受委托的企业要向委托人收取规定格式的报关委托书。进出口货物收发货人自行办理报关手续时无须提供报关委托书。

《代理报关委托书》（见图 5-9）是进出口货物收发货人委托报关企业从事业务的具有法律效力的授权证明。《委托报关协议》（见图 5-10）是进出口货物收发货人（或单位）与报关企业签署的明确具体委托报关事项和双方责任的具有法律效力的文件，分正文表格和通用条款两部分。

规范统一的《代理报关委托书》《委托报关协议》纸质格式，是将两个独立的文件印制在一张 A4 无碳复写纸上，一式三联，由中国报关协会监制。

《代理报关委托书/委托报关协议》作为代理报关时报关单的必备随附单证使用。双方经办人员应在开始委托报关操作前认真填写《代理报关委托书/委托报关协议》，并按照提示签字、加盖章后生效。

代 理 报 关 委 托 书

编号：

：

我单位现　　　（A. 逐票　B. 长期）委托贵公司代理　　　等通关事宜。[A. 填单申报　B. 申请、联系和配合实施检验检疫　C. 辅助查验　D. 代缴税款　E. 设立手册（账册）　F. 核销手册（账册）　G. 领取海关相关单证　H. 其他］详见《委托报关协议》。

我单位保证遵守海关有关法律、法规、规章，保证所提供的情况真实、完整、单货相符，无侵犯他人知识产权的行为。否则，愿承担相关法律责任。

本委托书有效期自签字之日起至　　　年　　月　　日止。

委托方（盖章）

法定代表人或其授权签署《代理报关委托书》的人（签字）

年　　月　　日

图 5-9　代理报关委托书

委 托 报 关 协 议

为明确委托报关具体事项和各自责任，双方经平等协商签订协议如下：

委托方		被委托方		
主要货物名称		*报关单编码	No.	
HS 编码	□□□□□□□□□□	收到单证日期	年　月　日	
进/出口日期	年　月　日	收到单证情况	合同□	发票□
提（运）单号			装箱清单□	提（运）单□
贸易方式			加工贸易手册□	许可证件□
数（重）量			其他	
包装情况				
原产地/货源地				
		报关收费	人民币：　　元	
其他要求：		承诺说明：		
背面所列通用条款是本协议不可分割的一部分，对本协议的签署构成了对背面通用条款的同意。		背面所列通用条款是本协议不可分割的一部分，对本协议的签署构成了对背面通用条款的同意。		
委托方签章： 经办人签字： 联系电话：　　年　月　日		被委托方签章： 报关人员签名： 联系电话：　　年　月　日		

中国报关协会监制

图 5-10　委托报关协议

目前，为配合海关通关作业无纸化改革，便利企业在报关前办理签署报关委托书时与海关无纸化通关同步运行，中国报关协会组织研发了《代理报关委托书/委托报关协议》

（以下简称《委托书/协议》）电子操作系统。电子版《委托书/协议》是纸质版本的电子无纸化形式。其作为电子报关随附单证，与纸质报关委托书具有同等法律效力。电子报关委托书系统采用企业电子口岸 IC 卡进行管理登陆，适用于全国已在海关注册登记的报关企业和进出口收发货人及其代理人，并可在全国范围内使用。

进出口收发货人（委托方）和报关企业（被委托方）均可向对方发起委托申请，也可以确认对方向自己发起的委托申请，经确认后双方网上签署电子版《委托书/协议》。报关企业可凭电子口岸 IC 卡登录本系统，签署电子版《委托书/协议》系统使用协议后才能进行电子委托报关。报关企业须在该系统中进行备案登记，通过中国报关协会及其授权的地方报关协会审核，方可接受委托报关。委托双方在本系统确认的电子版《委托书/协议》由报关企业将其作为电子报关单随附单证发送海关通关系统。

5.3.2 发票

发票通常指的是商业发票，它是在货物装出时卖方开立的载有货物名称、数量、价格等内容的价目清单，作为买卖双方交接货物和结算货款的主要单证，也是进出口报关完税必不可少的单证之一。发票中相关买卖双方当事人信息，进出口商品的品名、数量、单价、总价及贸易术语等信息是填制报关单相关栏目的重要依据。发票的具体格式如图 5-11 所示。

天津美林食品有限公司

TIANJIN MEILIN FOODS CO.,LTD.

No. 12 XINGANG ROAD,TIANJIN ECONOMIC-TECHNOLOGICAL DEVELOPMENT AREA,TIANJIN,CHINA

TEL:0086-022-59818888 FAX:0086-022-59818886

COMMERCIAL INVOICE

TO:SHINE WOO INDUSTRIES

168-18,YONGSU-RI,CHOWOL-MYEON,KWANGJU-SI,KYONGKI-DO,KOREA 031731-4008

CONTRACT NO:XH16008

DATE:2021.10.16

INVOICE NO:XH16008

MARKS	DESCRIPTION	QUANTITY	UNIT PRICE	AMOUNT
N/M	DEHYDRATED CARROTS	5000KGS	CFR BUSAN USD5.60/KG	USD28000.00

SAY US DOLLARS TWENTY EIGHT THOUSAND HUNDRED ONLY

TOTAL AMOUNT:USD 28000.00

TERMS OF PRICE:CFR BUSAN

LESS OCEAN FREIGHT:USD500.00

COUNTRY OF ORIGIN:CHINA

TIANJIN MEILIN FOODS CO.,LTD.

Authorized Signature(s)

图 5-11 发票的具体格式

5.3.3　装箱单

在国际贸易中，装箱单是发票的补充单据，它列明了信用证（或合同）中买卖双方约定的有关包装事宜的细节，便于国外买方在货物到达目的港时供海关检查和核对货物，通常可以将其有关内容加列在商业发票上，但是在信用证有明确要求时，就必须严格按信用证约定制作。装箱单重在表示进出口货物在运输过程中的实际包装情况，它是买方收货时核对货物的品种、花色、尺寸、规格和海关验收的主要依据。装箱单的具体格式如图 5-12 所示。

天津美林食品有限公司

TIANJIN MEILIN FOODS CO.,LTD.

No. 12 XINGANG ROAD,TIANJIN ECONOMIC-TECHNOLOGICAL DEVELOPMENT AREA,TIANJIN,CHINA

TEL:0086-022-59818888　FAX:0086-022-59818886

PACKING LIST

TO:SHINE WOO INDUSTRIES

168-18,YONGSU-RI,CHOWOL-MYEON,KWANGJU-SI,KYONGKI-DO,KOREA　031731-4008

CONTRACT NO:XH16008

DATE:2021.10.16

INVOICE NO:XH16008

MARKS	DESCRIPTION	PACKAGE	G/N. WEIGHT	MEASUREMENT
N/M	DEHYDRATED CARROTS	500CTNS	5500KGS/5000KGS	66CBM
TOTAL		500CTNS		66CBM

SAY TOTAL:FIVE HUNDRED CARTONS ONLY

TIANJIN MEILIN FOODS CO.,LTD.

Authorized Signature(s)

图 5-12　装箱单的具体格式

5.3.4　提单

提单是承运人与托运人之间处理运输中双方权利和义务的依据，是用以证明海上货物运输合同和货物已经由承运人接收或装船，以及承运人保证据以交付货物的单证。在对外贸易中，提单是运输部门承运货物时签发给发货人（可以是出口人，也可以是货代）的一种凭证。收货人凭提单向货运目的地的运输部门提货，提单须经承运人或船方签字后方能生效。

海运提单，简称提单（Bill of Lading，B/L），是国际结算中的一种最重要的单据。提单作为货物收据，不仅能证明收到货物的种类、数量、标志、外表状况，而且能证明收到货物的时间，即货物装船的时间。在报关环节，报关单录入信息应和提单信息一致。提单的具体格式如图 5-13 所示。

SHIPPER/EXPORTER APUCACOUROS IND.EXPORT.DE COUROS S/A RODOVIA CONTORNO SUL,S/NO. 86808220 APUCARANA-PR.BRAZIL		B/L NO. K2456789 KIEN HUNG SHIPPING CO.LTD	
Consignee TO ORDER OF SHIPPER		**BILL OF LADING**	
Notify Party ZHEJIANG ZHEHAI GARMENTS IMP AND EXP CO. NO.265 CHANGDAI RD.,HAINING CITY ZHEJIANG,CHINA 314400		Combined Transport	
Port of Loading PARANAGUA BRAZILIAN PORT		Pre-Carriage by	
Port of Discharge SHANGHAI PORT,CHINA		Vessel M/V "NORTHERN ENTERPRISE" /302N	
MARKS	NUMBERS OF PKGS;DESCRIPTION OF GOODS		G.W.(KG)
ZHEHAIE0683 SHANGHAI PACKAGE NO:1-9	NINE(9)BALES OF COW WET BLUE UNSPLITTED, TR1SELECTION, MEDIUM SIZE:42SQUAREFEET,MINIMUM:38 SQUARE FEET, FREE OF HUMP, MAX:10PCT HOLES IN BELLY 9 BALES IN ONE 20' CONTAINER		17 520.00
Ex,Rate	FREIGHT&CHARGES Laden on board the vessel dated OCT 16 ,2021	Payable at PARANAGUA ,BRAZIL	Place and date of issue PARANAGUA,BRAZIL OCT 16 ,2021
	Total Prepaid	No of Original B/L(S) THREE(3)	Signed for the carrier KIEN HUNG SHIPPING CO.LTD As Carrier

图 5-13 提单的具体格式

拓展思政案例

多一份细心，少 *N* 次改单与删单

在申报报关单和清单的时候一定要细心谨慎，检查、确认提交申报，第一时间跟进、查询报关进展，及时修正报关单，避免改单与删单。下面就改单和删单的流程解释如下，以备不时之需。

1. 改单

改单即向海关申请修改在海关系统中提交的报关单证的电子数据信息，同时于纸质报关单证上做出更改。

流程如下。

（1）首先明确改单的原因，形成正当的书面改单理由。

（2）准备改单资料：审批表、申请表、确认书、报告。

（3）向海关通关科递交改单资料。

（4）查验。

（5）通关科关员审核申请并转主管审核后，修改海关系统中该报关单证的数据。

（6）海关在报关单上修改项目处盖更改章。

2. 删单

删单即向海关申请删除在海关系统中提交的报关单证的电子数据信息。

流程如下。

（1）首先明确删单的原因，形成正当的书面删单理由。

（2）准备删单资料：审批表、申请表、确认书、报告。

（3）向海关通关科递交删单资料。

（4）查验。

（5）通关科关员审核申请并转主管审核后，删除海关系统中该报关单证的数据。

（6）海关在报关单上盖“作废”章。

（7）重新申报时提供盖“作废”章的报关单复印件，并于重新申报的报关单证“备注栏”前面注明“原作废报关单号××××××××××”或“原作废备案清单号：××××××××××”。

实训练习

实训要求： 能准确翻译并理解商业发票、装箱单等报关单证信息，做好报关前的准备工作；正确填写报关委托书，并提取报关单填制关键信息，完成报关单草单的填报与复核。

实训内容： 根据提供的商业发票、装箱单等相关报关单证，正确填制并复核报关单草单。

实训步骤：

1. 接单，根据相关单据信息，学习小组成员讨论并正确填制报关委托书，接受客户的报关委托。

2. 学习小组成员进行报关前的准备工作，理单并审单。

3. 小组制单员完成报关草单的填制。

4. 小组复核员进行报关单复核。

5. 小组制单员与复核员对报关单填制出错部分进行总结分析。

具体填制案例如下。

请根据以下信息填制报关委托书和出口报关单。

背景信息
出口口岸：洋山港区 2248
境内货源地：咸宁医疗器械有限公司 4405442119
法定计量单位：千克
代理报关单位：锦海捷亚国际货运代理有限公司（4405785663）
医用无纺布商品编码：3005909000
锦海捷亚租船订舱清单信息
卸区：洋山
船名航次：SANMA666-B030E
提单号：WUJH0029951
集装箱号：CMAU5933770；箱型：1*40HQ；自重：2275
稳健医疗用品股份有限公司（海关注册编码：440313814T）

资料一：发票（见图 5-14）。

<table>
<tr><td colspan="5">稳健医疗用品股份有限公司
WINNER MEDICAL CO.,LTD
深圳市龙华镇布龙公路旁稳健工业园
INVOICE</td></tr>
<tr><td colspan="2" rowspan="6">To:
Molnlycke Health Care AB</td><td colspan="3">Invoice No:WN160328MO　　Date: MAR.28,2020</td></tr>
<tr><td colspan="3">L/C No:</td></tr>
<tr><td colspan="3">Issued by:</td></tr>
<tr><td colspan="3">Contract No: MO1522090 F</td></tr>
<tr><td colspan="3">From　Wuhan,China　To　Lyon,France</td></tr>
<tr><td colspan="3">武汉，中国　　里昂，法国</td></tr>
<tr><td>Marks & Nos</td><td>Descriptions</td><td>Quantity</td><td>Unit Price (USD)</td><td>Amount (USD)</td></tr>
<tr><td>N/M</td><td>医用无纺布
5X5CM-10X10CM
医用，30%涤纶，70%粘胶，
MESOFT 牌，零售包装，
100 片/包，300 片/盒，无型号</td><td>5423.71 千克</td><td>FOB Wuhan
4.72</td><td>US $ 25599.91</td></tr>
<tr><td colspan="5">Total:US $ 25 599.91</td></tr>
<tr><td colspan="5">Packed in :1088 纸箱
生产厂家：稳健医疗用品股份有限公司</td></tr>
</table>

图 5-14　发票

资料二：装箱单（见图 5-15）。

稳健医疗用品股份有限公司 WINNER MEDICAL CO.,LTD 深圳市龙华镇布龙公路旁稳健工业园 WEIGHT/PACKING LIST					
As per invoice No: WN160328MO			Date: MAR.28,2020		
Marks&Nos	Descriptions	No of Packages	Quantity	G.W.	N.W.
N/M	医用无纺布 5X5CM-10X10CM Packed in :1088 纸箱 毛重：6598.87 千克 净重：5423.71 千克 体积：63.43 立方米	1088 纸箱	4670400 片	6598.87 千克	5423.71 千克

图 5-15　装箱单

请根据上述资料填写代理报关委托书、委托报关协议和出口货物报关单（分别见图 5-16～图 5-18）。

代 理 报 关 委 托 书

编号：

：

我单位现　　　（A．逐票　B．长期）委托贵公司代理　　　等通关事宜。[A．填单申报　B．申请、联系和配合实施检验检疫　C．辅助查验　D．代缴税款　E．设立手册（账册）　F．核销手册（账册）　G．领取海关相关单证　H．其他］详见《委托报关协议》。

我单位保证遵守海关有关法律、法规、规章，保证所提供的情况真实、完整、单货相符，无侵犯他人知识产权的行为。否则，愿承担相关法律责任。

本委托书有效期自签字之日起至　　　年　　月　　日止。

委托方（盖章）

法定代表人或其授权签署《代理报关委托书》的人（签字）

年　　月　　日

图 5-16　代理报关委托书

委 托 报 关 协 议

为明确委托报关具体事项和各自责任，双方经平等协商签订协议如下：

委托方		被委托方		
主要货物名称		*报关单编码	No.	
HS 编码	□□□□□□□□□□□	收到单证日期	年 月 日	
进/出口日期	年 月 日	收到单证情况	合同□	发票□
提（运）单号			装箱清单□	提（运）单□
贸易方式			加工贸易手册□	许可证件□
数（重）量			其他	
包装情况				
原产地/货源地				
		报关收费	人民币： 元	
其他要求：		承诺说明：		
背面所列通用条款是本协议不可分割的一部分，对本协议的签署构成了对背面通用条款的同意。		背面所列通用条款是本协议不可分割的一部分，对本协议的签署构成了对背面通用条款的同意。		
委托方签章： 经办人签字： 联系电话： 年 月 日		被委托方签章： 报关人员签名： 联系电话： 年 月 日		

中国报关协会监制

图 5-17 委托报关协议

中华人民共和国海关出口货物报关单

预录入编号： 海关编号：

境内发货人	出境关别		出口日期		申报日期		备案号
境外收货人	运输方式		运输工具名称及航次号		提运单号		
生产销售单位	监管方式		征免性质		许可证号		
合同协议号	贸易国（地区）		运抵国（地区）		指运港		离境口岸
包装种类	件数	毛重（千克）	净重（千克）	成交方式	运费	保费	杂费
随附单证及编号							
标记唛码及备注							
项号 商品编号 商品名称及规格型号 数量及单位 单价/总价/币制 原产国（地区） 最终目的国（地区） 境内货源地 征免							

续表

报关人员 申报单位	报关人员单证号	电话	兹申明对以上内容承担如实申报、依法纳税之法律责任 申报单位（签章）	海关批注及签章

图 5-18　出口货物报关单

实训评价：

1. 准确填制报关委托书。（20 分）
2. 正确进行理单、审单。（10 分）
3. 完成报关单草单填制。（40 分）
4. 完成报关单复核。（20 分）
5. 小组讨论交流，分析出错原因，总结正确的报关单填制方法。（10 分）

课后习题

一、判断题

1. 运费费率代码为 1，运费总价代码为 3，运费是否需要填根据成交方式来定。（　　）

2. 出口货物发票显示国际贸易术语为 CIP 鹿特丹，则报关单“成交方式”栏应填报 CFR。（　　）

3. 在跨境电商进口商品清单的填制中，网购保税的运输方式按二线出区。（　　）

4. 跨境电商零售进出口商品清单的包装种类代码填报海关对进出口货物实际采用的外部包装方式的标识代码，采用 1 位数字表示，如木箱、纸箱、桶装、散装、托盘、包、油罐车等。（　　）

5. SGD 是澳大利亚元的国际代码。（　　）

二、单选题

根据以下案例完成后面的选择题。

广州金辉造纸有限公司（海关注册编码 4401442568）委托泛太纸业（东莞）有限公司（海关注册编码 4419931142）进口废纸一批。货物于 2021 年 10 月 23 日由深圳皇岗海关（5301）进境，办理转关手续后运至广州新风海关（5101）办理进口申报手续。

基本信息

进境载货清单号：100046403117；

承运车辆内地车牌号：粤 ZSH90 港；

废纸法定计量单位：千克；

监管条件：7ABP；

固体废物进口许可证编号：SEPAZ2016005846；

自动进口许可证编号：11-19WN8334；

入境货物通关单编号：470100111005133000。

DENISON INTERNATIONAL CO.,LTD.

1302 CAC TOWER,135 HOI BUN ROAD,KWUN TONG,KOWLOON,HONG KONG

发票信息

Commercial Invoice

To:

Pan-Pac Paper(Dongguan)Co.,Ltd.
He Xi Industrial Park,Hong mei,Dongguan,
Guangdong,Chian
Tel:86 8841 ××××
Contract No.:IGD1100223

Invoice NO: CIGD
Date:Feb-2021
TradeTerm :C$FGuangzhou

VIA :BY Truck
POL :Hong Kong
POD :Guangzhou
ETD :22-Oct-2021
ETA :23- Oct -2021
Payment Term :L/C 90 days
Country of Origin :USA
AQSIQ Number :A840042910
It is declared of that doesn't contain wood packing material.

Goods Description	Bales	Gross Weight	Net Weight	Unit Price(USD)	Amount(USD)
Waste Paper AOCC#11	55	21.013	21.013MT	291.8000	6,131.59
Total:	55	21.013	21.013MT	291.8000	6,131.59

USD SIX THOUSAND ONE HUNDRED THIRTY ONE AND CENTS FIFTY NINE ONLY.

FOR & on behalf of

Denison International CO.,Ltd.

Authorized Signature

装箱单信息

PACKING LIST

Port of Loading :Hong Kong　　Port of Discharge: Guangzhou

Contract NO.	S.O.No.	P.O.No.	Price Term	Payment Term
IGD1100223	75433855	75433800	C&F Guangzhou	L/C 90 days

Product Description :Waste Paper AOCC#11

	Container No.	Container Size	No.of Balcs	Gross Weight (MT)	Net Weight (MT)
1	FSCU9242766	40ft	55	21.013	21.013
Total	1×40ft		55	21.013	21.013

1. “进境关别”栏填写（　　）。
A. 5101　　B. 4419　　C. 5301　　D. 4401

2. “境内收货人”栏填写（　　）。
A. 广州金辉造纸有限公司 4401442568
B. 泛太纸业（东莞）有限公司
C. 泛太纸业（东莞）有限公司 4419931142
D. 广州金辉造纸有限公司

3. “运输方式”栏填写（　　）。
A. 4　　B. 3　　C. 9　　D. 2

4. “运输工具名称”栏填写（　　）。
A. @1000464403117　　B. 粤 ZSH90 港/20160223
C. @20110223　　D. 粤 ZSH90 港

5. “监管方式”栏填写（　　）。
A. 0615　　B. 0214　　C. 2225　　D. 0110

6. “征免性质”栏填写（　　）。
A. 外资企业（603）　　B. 其他法定（299）
C. 鼓励项目（289）　　D. 一般征税（101）

7. “启运国（地区）”栏填写（　　）。
A. CHN　　B. JPN　　C. USA　　D. HKG

8. “合同协议号”栏填写（　　）。
A. A840042910　　B. IGD1100223
C. 1000464403117　　D. CIGD1100223

9. “包装种类”栏填写（　　）。
A. 包/袋（06）　　B. 裸装（01）
C. 其他包装（99）　　D. 散装（00）

10. “征免”栏填写（　　）。
A. 特案（4）　　B. 全免（3）
C. 保证金（6）　　D. 照章征税（1）

三、简答题

1. 一份报关单对应一份原产地证书或原产地声明。请写出代码 1 ~ 10 的各优惠贸易协定的中文名称。

2. 请简述报关单中“贸易国（地区）”与“启运国（地区）”“运抵国（地区）”栏目填报的不同之处。

3. 报关单“征免性质”栏目应如何填报？

第 6 章 跨境电商 B2C 监管方式

学习目标

1. 了解跨境电商 B2C“直购进口”“网购保税进口”“一般出口”“特殊区域出口”四种监管方式。

2. 重点掌握四种监管方式的通关流程及相互之间的区别。

3. 在跨境电商通关实务中能根据客户的需求选择不同的监管方式，办理通关流程。

导入案例

湖南海翼电子商务股份有限公司（以下简称海翼股份）成立于 2011 年 12 月，2016 年 6 月完成股改，同年 9 月正式挂牌新三板，同年 12 月完成首笔融资，获得由 IDG 领投的 3.27 亿元，2017 年 7 月完成第二笔融资，公司估值达到 46 亿元。海翼股份专业从事智能移动周边产品、智能生活周边产品及计算机周边产品的研发和销售；产品主要涵盖移动通信设备、智能设备的充电和数据传输等领域。2017 年，海翼股份旗下品牌 Anker 成为美国、欧洲、日本线上销售市场份额第一的智能配件品牌，位列 Amazon 全球品牌卖家排行榜第一，至今已畅销海内外 100 多个国家和地区，在国际上塑造了中国数码配件品牌的良好声誉。

海翼股份线上 B2C 业务约占总业务的 70%，主要面对欧美市场，以 Amazon 渠道为主，分为海外 B2C 渠道和国内 B2C 渠道。在海外 B2C 渠道方面，公司深耕 Amazon，是 Amazon 全球最大的第三方卖家之一。公司在 Amazon 上的运作基本依照第三方独立卖家模式操作，即公司自主管理产品、价格、库存等核心运营项目。同时，公司也以第三方卖家身份在 eBay 等 B2C 平台直接将产品销售给海外消费者。在国内 B2C 渠道方面，公司的 B2C 线上销售平台以京东、天猫为主，产品以 Anker 品牌充电类产品为主。

请分析：

1. 跨境电商零售进出口 B2C 监管方式有哪些？

2. 跨境电商 B2C 下的 9610 监管方式出口报关的适用范围是什么？

分析提示：

随着《关于跨境电子商务零售进出口商品有关监管事宜的公告》（海关总署公告2018年第194号）等文件的发布，跨境电商零售进出口（B2C）的监管方式代码及对应监管通关政策逐步明确。海关对跨境电商零售进口（B2C）分为直购进口（监管方式代码 9610）和网购保税进口（监管方式代码 1210、1239）两种监管方式。目前，1210是网购保税进口的主要方式。

跨境电商 B2C 下的 9610 监管方式是一个四位代码，前两位是按海关监管要求和计算机管理需要划分的分类代码，后两位为海关统计代码。9610 监管方式出口报关针对的是小体量，也就是俗称的集货模式，如国际快递发货。9610 监管方式采用“清单核放、汇总申报”的方式，由跨境电商企业将数据推送给税务、外汇管理部门，实现退税。在 9610 监管方式下，海关只需对跨境电商企业事先报送的出口商品清单进行审核，审核通过后就可办理实货放行手续，这不仅让企业通关效率更高，也降低了通关成本。

网购保税进口在全国范围内区域（中心）开展。依据商务部、发展改革委、财政部、海关总署、税务总局、市场监管总局联合发布的《关于扩大跨境电商零售进口试点、严格落实监管要求的通知》（商财发〔2021〕39 号）文件精神，将跨境电商零售进口试点扩大至所有自贸试验区、跨境电商综试区、综合保税区、进口贸易促进创新示范区、保税物流中心（B型）所在城市（及区域）。今后相关城市（区域）经所在地海关确认符合监管要求后，即可按照《关于完善跨境电子商务零售进口监管有关工作的通知》（商财发〔2018〕486 号）的要求，开展网购保税进口业务。

网购保税进口 1210 监管方式下的通关主要有以下 6 个环节。

① 跨境电商商品通过国际物流批量运输至境内。

② 办结一线进境通关手续后，进入区域（中心）专用仓库仓储备货。

③ 境内消费者在电商平台下单购买区域（中心）内网购保税商品。

④ 相关企业分别向海关传输交易、支付、物流等电子信息，申报《申报清单》。

⑤ 海关通过跨境电子商务进口统一版信息化系统审核《申报清单》。

⑥《申报清单》放行后，仓储企业根据订单分拣打包，办理出区域（中心）手续，由国内物流送递境内消费者。

6.1 直购进口

直购进口是指符合条件的电子商务企业或平台与海关联网，境内个人跨境网购后，电子商务企业或平台将电子订单、支付凭证、电子运单等传输给海关，电子商务企业或其代理人向海关提交清单，商品以邮件、快件方式运送，通过海关邮件、快件监管场所入境，按照跨境电商零售进口商品优惠税率征收税款，并纳入海关统计。

直购进口的海关监管方式代码是 9610。它是根据海关总署公告 2014 年第 12 号增列的海关监管方式代码，全称为“跨境贸易电子商务”，简称“电子商务”，俗称“集货模式”，是指消费者在购买境外商品之后，从海外直接通过快递发货，清关入境的消费形式。9610 监管方式适用于境内个人或电子商务企业通过电子商务交易平台实现交易，并采用“清单核放、汇总申报”模式办理通关手续的电子商务零售进口商品（通过海关特殊监管区域或保税监管场所一线的电子商务零售进口商品除外）。

以 9610 监管方式开展电子商务零售进口业务的电子商务企业、监管场所经营企业、支付企业和物流企业应当按照规定向海关备案，并通过电子商务通关服务平台实时向电子商务通关管理平台传送交易、支付、仓储和物流等数据。其工作流程为：企业备案—用户下单—“三单”对碰—国际物流—清单核放—国内配送。从消费者下单到收货的直购进口工作流程如图 6-1 所示。

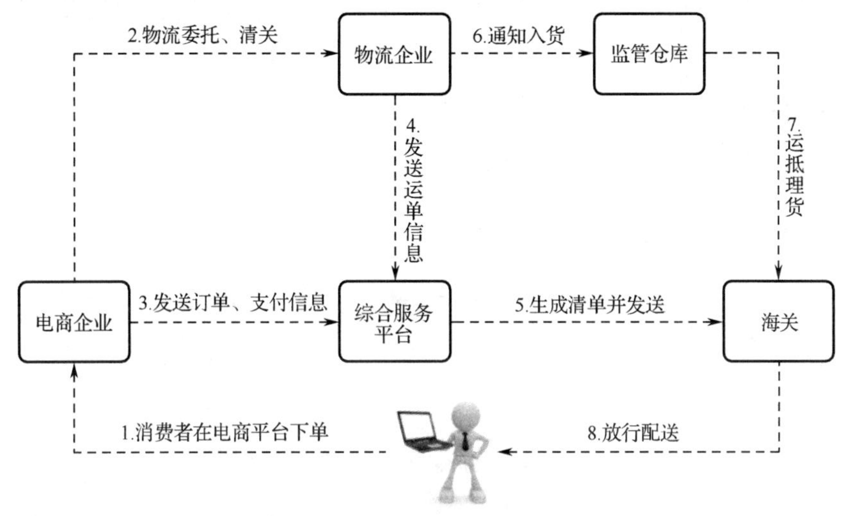

图 6-1　直购进口工作流程

6.1.1　口岸通关

消费者在电商平台下单付款后，电商平台将海外仓中的商品按订单分拣打包，并将包裹批量运输到境内已做过企业备案的口岸，办理口岸转关手续。具体步骤如下所示。

1. 平台销售形成订单

国内消费者在跨境电商平台查看上架展示的商品，下单并完成支付，形成订单。相关主体通过当地的跨境电商通关服务平台向海关等监管部门发送订单、支付单和物流电子信息。

2. 口岸报关报检

跨境电商企业委托通关服务代理企业向运输口岸海关进行申报，办理报关报检手续，然后发送申报物品的运单信息，收到回执后发送个人物品申报单。

3. 场站提货

待航班到达机场后，按机场货站要求进行提货，并装车转关。

4. 口岸转关

先进行转关审核，待审核完成后，加封关锁，运至海关监管作业场所进行卸车、清关。

6.1.2 入区通关

直邮商品运抵目的地海关特殊监管区后，需要在区内办理入区的通关手续，包括进卡口申报、特殊监管区报关报检和舱单核销等。具体步骤如下。

1. 进卡口申报

直邮物品运抵海关监管作业场所后，到该场所核销专窗办理核销及验放。

2. 特殊监管区报关报检

跨境电商企业委托通关服务代理企业向区内海关报关报检，海关受理申报，凭转关资料对进入区内的监管货物进行拆解关锁。

3. 舱单核销

场站经营人向区内海关申报入库明细单数据后核销舱单。

6.1.3 出区通关

直邮进口的个人物品在国外已经根据每个订单打好小包，统一通过航空等国际物流运输至海关监管作业场所，按照小包逐个向海关申报，向海关发送《申报清单》并办理查验（可能会被抽中查验）放行手续。海关放行后包裹由合作的邮政企业、快递企业负责派送，运递至消费者。

1. 查验、核放

区内海关对货物进行抽查，现场报关员协助。海关对货物确认无误后，在出区卡口核放单上签字盖章。由快递公司按国内派送流程将物品送达国内消费者。

2. 缴纳跨境电商综合税

跨境电商综合税代收代缴义务人在海关放行后 30 日内未发生退货或修撤单的，应当在放行后第 31 日至第 45 日内依法向海关办理纳税手续。税单缴纳期限是税单签发后 15 日内，第 16 日开始增收万分之五的滞纳金。

知识链接 6-1

我国禁止携带、邮寄进境的动植物及其产品名录[1]

1. 动物及动物产品类

① 活动物（犬、猫除外[2]），包括所有的哺乳动物、鸟类、鱼类、两栖类、爬行类、昆虫类和其他无脊椎动物，动物遗传物质。

②（生或熟）肉类（含脏器类）及其制品；水生动物产品。

③ 动物源性奶及奶制品，包括生奶、鲜奶、酸奶，动物源性的奶油、黄油、奶酪等奶类产品。

④ 蛋及其制品，包括鲜蛋、皮蛋、咸蛋、蛋液、蛋壳、蛋黄酱等蛋源产品。

⑤ 燕窝（罐头装燕窝除外）。

⑥ 油脂类，皮张、毛类，蹄、骨、角类及其制品。

⑦ 动物源性饲料（含肉粉、骨粉、鱼粉、乳清粉、血粉等单一饲料）、动物源性中药材、动物源性肥料。

2. 植物及植物产品类

① 新鲜水果、蔬菜。

② 烟叶（不含烟丝）。

③ 种子（苗）、苗木及其他具有繁殖能力的植物材料。

④ 有机栽培介质。

3. 其他检疫物类

① 菌种、毒种等动植物病原体，害虫及其他有害生物，细胞、器官组织、血液及其制品等生物材料。

② 动物尸体、动物标本、动物源性废弃物。

③ 土壤。

④ 转基因生物材料。

⑤ 国家禁止进境的其他动植物、动植物产品和其他检疫物。

注：[1]通过携带或邮寄方式进境的动植物及其产品和其他检疫物，经国家有关行政主管部门审批许可，并具有输出国家或地区官方机构出具的检疫证书，不受此名录的限制。

[2]具有输出国家或地区官方机构出具的动物检疫证书和疫苗接种证书的犬、猫等宠物，每人仅限一只。

6.2　网购保税进口

网购保税进口属于 B2C 范畴，2014 年 8 月 1 日实施的《关于增列海关监管方式代码的公告》（海关总署公告 2014 年第 57 号），增列海关监管方式代码 1210，全称“保税跨境贸易电子商务”，简称“保税电商”，俗称“保税备货模式”。

1210 监管方式适用于境内个人或电子商务企业在经海关认可的电子商务平台实现跨境交易，并通过海关特殊监管区域或保税监管场所进出的电子商务零售进出境商品［海关特殊监管区域、保税监管场所与境内区外（场所外）之间通过电子商务平台交易的零售进出口商品不适用该监管方式］。根据商务部、发展改革委等六部门联合印发的《关于扩大跨境电商零售进口试点的通知》（商财发〔2020〕15 号）的规定，1210 监管方式适用于进口时仅限经批准开展跨境贸易电子商务进口试点的海关特殊监管区域和保税物流中心（B 型）。

1210 监管方式的重点在于保税、备货和进口。目前国家政策允许跨境电商保税备货模式业务的地区有北京、天津、上海、唐山、呼和浩特、沈阳、大连、长春、哈尔滨、南京、苏州、无锡、杭州、宁波、义乌、合肥、福州、厦门、南昌、青岛、威海、郑州、武汉、长沙、广州、深圳、珠海、东莞、南宁、海口、重庆、成都、贵阳、昆明、西安、兰州、平潭等 86 个城市（地区）和海南全岛。

在网购保税进口业务中，电商企业将整批商品运入海关特殊监管区域内特设的电子商务专区，即海关特殊监管区域或保税物流中心 （B型） 内，并向海关报关，海关建立电子商务电子账册，实施账册管理。境内个人网购区内商品后，电商企业或平台将电子订单、支付凭证、电子运单等传输给海关，电子商务企业或其代理人向海关提交清单，海关对电子订单、支付凭证、电子运单和清单进行比对，凡相符的，海关按照货物征税，验放后账册自动核销，并纳入海关统计。境内消费者从跨境电商交易平台上的商家购买跨境电商零售进口商品后，所购买的商品从海关特殊监管区域保税物流中心（B 型）内（跨境电商已经运抵进境的保税仓储）完成打包和发货。网购保税进口工作流程包括前期准备—一线入区—“三单”对碰—二线出区—国内配送，送达消费者。下面对前 4 个步骤进行简要介绍。

6.2.1 前期准备

1. 企业备案

参与跨境电商零售进口业务的企业应提前向所在地海关办理企业信息登记或注册登记。参与跨境电商进口业务的企业可分为以下三大类：境外跨境电商企业及其境内代理人、跨境电商平台、境内服务商（提供支付、物流、仓储、申报服务的企业）。

参与跨境电商进口业务的企业应当事先向所在地海关提交《报关单位情况登记表》，如需向海关办理报关业务，应当按照海关对报关单位注册登记管理的相关规定办理注册登记。物流企业和支付企业的要求与直购进口的要求一样，分别获得《快递业务经营许可证》《金融许可证》《支付业务许可证》。提供仓储服务的企业即保税仓，俗称“跨境电商仓储企业”，经海关批准设立，专门存放保税货物及其他未办结海关手续的货物，属于保税监管场所，主要是为进口货物服务的。符合条件的货物可以暂时保税存储在仓库里，并进行简单加工和配送，然后根据需要出仓。进行申报服务的第三方清关平台，指中国国际贸易单一窗口，它整合了各管理部门的内部系统，形成了一套统一的申报接口。

参与跨境电商零售进口业务并在海关注册登记的企业，纳入海关信用管理，海关根据信用等级实施差异化海关管理措施。和 9610 监管方式一样，进境商品按照个人自用进境物品监管。对于 1210 监管方式下的进口商品，各试点城市检验检疫部门对个别商品的要求存在差异，跨境电商企业需提前了解并办理商品备案手续。

2. 数据接入

参与跨境电商零售进口业务的企业应到所在地方电子口岸办理跨境电商进口统一版信息化系统数据接入手续。

跨境电商平台企业或跨境电商企业境内代理人、支付企业、物流企业、提供申报服务的企业等参与跨境电商零售进口业务的企业，应按照相关数据传输的格式及要求，分别同中国国际贸易单一窗口或跨境电商公共服务平台进行信息化系统对接，进而实现同海关系统的对接，以向海关传输交易单、支付单、运单、《申报清单》等电子信息。跨境电商进口通关服务系统的功能如图 6-2 所示。

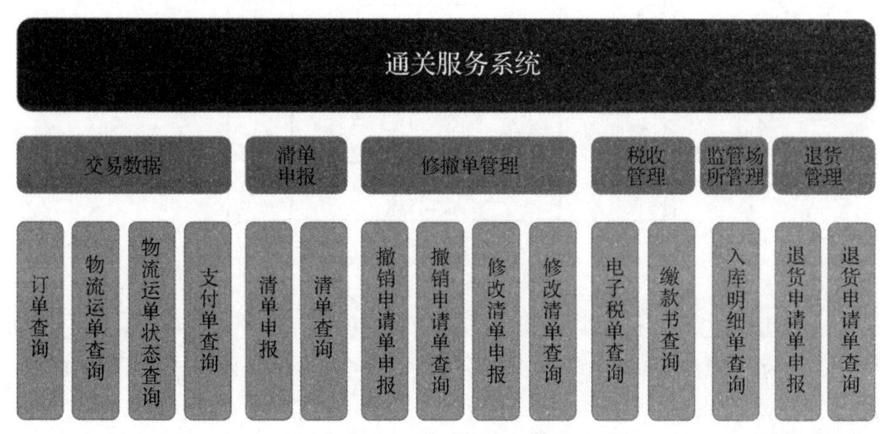

图 6-2　跨境电商进口通关服务系统的功能

3. 建立专用跨境物流账册

以仓储企业为单元向海关申请设立专用的跨境物流账册，实施料号级管理，记录商品的进、出、转、存等情况。

同一仓储企业需根据海关监管要求设立一本或多本账册。账册设立时企业应预先审核提交的商品是否在《跨境电子商务零售进口商品清单》范围内，商品品名、商品编码和规格型号是否符合海关的规范填制要求。企业在海关金关二期系统建立跨境电商专用电子账册，为记录和核算商品进境、存储、出区等做好准备。

4. 税款担保

税款代收代缴义务人应在业务开展前到所在地海关办理网购担保税进口商品的税款担保。

消费者为跨境电商商品的纳税义务人，而跨境电商平台企业、物流企业、申报企业作为税款的代收代缴义务人，在开展业务前以保证或保函方式，向海关提交足额有效的税款担保，海关将据此对跨境电商进口统一版信息化系统的担保额度和担保范围进行维护。代收代缴义务人在跨境电商零售进境商品信息化系统中录入担保信息，海关予以确认。

6.2.2 一线入区①

货物运至海关特殊监管区域，办理一线入区手续。一线入区的流程如图 6-3 所示。

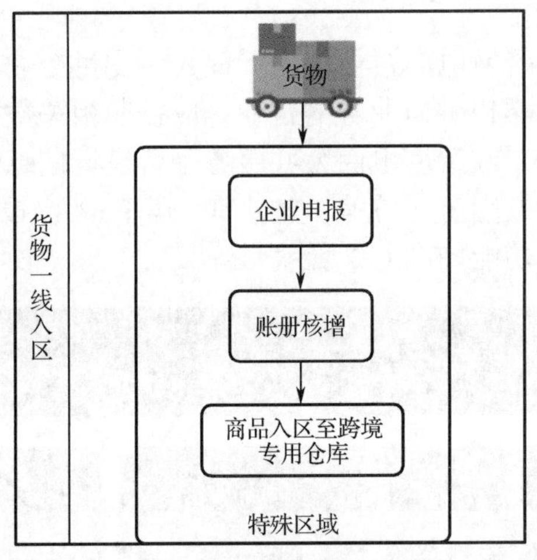

图 6-3 一线入区的流程

商品一般通过海运方式批量运至特殊区域或物流中心，待国内消费者下单后，再运送至消费者。参与跨境电商零售进口业务的企业提前办理网购保税进口商品的进出区手续。

保税电商通关流程涉及的单据流转如下：合同、装箱单、发票、运单—进境备案清单—审结通知书—查验（可能查验）—放行通知书—入库；消费者下单—“三单”对碰—清单申报—二线出区回执—保税核注清单。

1. 申报入区

跨境电商商品同普通货物一样，入境后向海关申报。一线入区按照货物监管方式报关入区，批量货物报关进仓。仓储企业按现行规定办理进境申报手续，在中国国际贸易单一窗口进行相应的“两步申报”工作，然后完成后续的查验及入库。

两步申报流程如下：合同、装箱单、发票、提单—概要申报（见图 6-4）—（查验）提货—理货—申报核注清单（预核扣）—完整申报（见图 6-5）—核注清单已核扣（账册核增）。《中华人民共和国海关进境货物备案清单》和《进口保税核注清单》的监管方式应填报“保税电商”（代码 1210）。

① 此处一线入区指货物从境外进入海关特殊监管区域中心。一线和二线是针对报关是否采用转关而言的。一般一线海关指口岸海关，而二线海关指特殊区域主管海关。

中华人民共和国海关进境货物备案清单 *471920211000001

预录入编号： I20210000570909265　**海关编号：** 471920211000001766　（东湖综保）　非证、非检、非税　**页码/页数：** 1/1

境内收货人（91420100303352521Y） 武汉金宇综合保税发展有限公司	**进境关别**（5301） 皇岗海关	**进境日期** 20210126		**申报日期** 20210126		**备案号**	
境外发货人	**运输方式**（4） 公路运输	**运输工具名称及航次号** 1100365280052/1100365280052		**提运单号** 1100365280052A		**货物存放地点**	
消费使用单位（91420100303352521Y） 武汉金宇综合保税发展有限公司	**监管方式**（1210） 保税电商			**许可证号**		**启运港（地区）**	
合同协议号	**贸易国（地区）**	**启运国（地区）**		**经停港（地区）**		**入境口岸**	
包装种类	**件数** 24	**毛重(千克)** 17136	**净重(千克)** 12960	**成交方式**	**运费**	**保费**	**杂费**
随附单证及编号 随附单证2:代理报关委托协议（电子）							
标记唛码及备注 备注:N/M　集装箱标箱数及号码：2;MOEU0709923;							

项号	商品编号	商品名称及规格型号	数量及单位	单价/总价/币制	原产国(地区)	最终目的国(地区)	境内目的地
1 (1686	190110	美素佳儿婴儿奶粉1段900g 4|3|主要成分含量脱脂奶、无矿物乳清、植物油、乳糖、浓缩乳清蛋白|供婴幼儿	2160千克 2400罐	美元	荷兰 (NLD)	中国 (CHN)	(42016/420100)武汉东湖综合保税区/湖北省武汉市
2 (1684	190110	美素佳儿婴儿奶粉2段900g 4|3|主要成分含量脱脂奶、无矿物乳清、植物油、乳糖、浓缩乳清蛋白|供婴幼儿	3780千克 4200罐	美元	荷兰 (NLD)	中国 (CHN)	(42016/420100)武汉东湖综合保税区/湖北省武汉市
3 (1685	190110	美素佳儿婴儿奶粉3段900g 4|3|主要成分含量脱脂奶、葡萄糖浆固体、植物油、蔗糖、乳糖低聚糖、脂肪|供婴幼儿	5940千克 6600罐	美元	荷兰 (NLD)	中国 (CHN)	(42016/420100)武汉东湖综合保税区/湖北省武汉市
4 (1992	190110	美素佳儿婴儿奶粉4段900g 4|3|主要成分含量脱脂奶、葡萄糖浆固体、植物油、蔗糖、乳糖低聚糖|供婴幼儿	1080千克 1200罐	美元	荷兰 (NLD)	中国 (CHN)	(42016/420100)武汉东湖综合保税区/湖北省武汉市

特殊关系确认：　**价格影响确认：**　**支付特许权使用费确认：**　**公式定价确认：**　**暂定价格确认：**　**自报自缴：** 否

报关人员　**报关人员证号**　**电话**　**兹申明对以上内容承担如实申报、依法纳税之法律责任**　**海关批注及签章**

申报单位　**申报单位（签章）**

图 6-4　概要申报

中华人民共和国海关进境货物备案清单 *471920211000001

预录入编号： I20210000570909265　**海关编号：** 471920211000001766　（东湖综保）　仅供核对用　**页码/页数：** 1/1

境内收货人（91420100303352521Y） 武汉金宇综合保税发展有限公司	**进境关别**（5301） 皇岗海关	**进境日期** 20210127		**申报日期** 20210129		**备案号** T4719W000015	
境外发货人 TJSS E-COMMERCE CO．，LIMITED	**运输方式**（4） 公路运输	**运输工具名称及航次号** 1100365280052/1100365280052		**提运单号** 1100365280052A		**货物存放地点** 武汉东湖综合保税区	
消费使用单位（91420100303352521Y） 武汉金宇综合保税发展有限公司	**监管方式**（1210） 保税电商			**许可证号**		**启运港**（HKG003） 香港（中国香港）	
合同协议号 20210126-001	**贸易国（地区）**（HKG） 中国香港	**启运国（地区）**（HKG） 中国香港		**经停港**（HKG003） 香港（中国香港）		**入境口岸**（420006） 武汉东湖综合保税区	
包装种类（93） 天然木托	**件数** 24	**毛重(千克)** 17136	**净重(千克)** 12960	**成交方式**（1） CIF	**运费**	**保费**	**杂费**
随附单证及编号 随附单证1:保税核注清单QD4719211000002639 随附单证2:发票;合同;装箱单							
标记唛码及备注 备注:全国通关一体化 东湖综保 最终消费使用单位：晶语瞳武汉贸易有限公司 N/M　集装箱标箱数及号码：2;MOEU0709923;							

项号	商品编号	商品名称及规格型号	数量及单位	单价/总价/币制	原产国(地区)	最终目的国(地区)	境内目的地
1 (1686	1901101090	美素佳儿婴儿奶粉1段900g 4|3|主要成分含量脱脂奶、无矿物乳清、植物油、乳糖、浓缩乳清蛋白|供婴幼儿	2160千克 2400罐	美元	荷兰 (NLD)	中国 (CHN)	(42016/420100)武汉东湖综合保税区/湖北省武汉市
2 (1684	1901101090	美素佳儿婴儿奶粉2段900g 4|3|主要成分含量脱脂奶、无矿物乳清、植物油、乳糖、浓缩乳清蛋白|供婴幼儿	3780千克 4200罐	美元	荷兰 (NLD)	中国 (CHN)	(42016/420100)武汉东湖综合保税区/湖北省武汉市
3 (1685	1901101090	美素佳儿婴儿奶粉3段900g 4|3|主要成分含量脱脂奶、葡萄糖浆固体、植物油、蔗糖、乳糖低聚糖、脂肪|供婴幼儿	5940千克 6600罐	美元	荷兰 (NLD)	中国 (CHN)	(42016/420100)武汉东湖综合保税区/湖北省武汉市
4 (1992	1901101090	美素佳儿婴儿奶粉4段900g 4|3|主要成分含量脱脂奶、葡萄糖浆固体、植物油、蔗糖、乳糖低聚糖|供婴幼儿	1080千克 1200罐	美元	荷兰 (NLD)	中国 (CHN)	(42016/420100)武汉东湖综合保税区/湖北省武汉市

特殊关系确认：　**价格影响确认：**　**支付特许权使用费确认：**　**公式定价确认：**　**暂定价格确认：**　**自报自缴：** 否

报关人员　**报关人员证号**　**电话**　**兹申明对以上内容承担如实申报、依法纳税之法律责任**　**海关批注及签章**

申报单位　**申报单位（签章）**

图 6-5　完整申报

知识链接 6-2

海关特殊监管区域

海关特殊监管区域是经国务院批准，设立在我国境内，赋予承接国际产业转移、联结国内国际两个市场的特殊功能和政策，由海关为主实施封闭监管的特定经济功能区域。海关特殊监管区域以保税为基本功能，针对货物实施视同“境内关外”进出口税收政策。海关特殊监管区域包括保税区、出口加工区、保税物流园区、跨境工业园区、保税港区和综合保税区。保税物流中心（B 型）是指经海关批准，由中国境内一家企业法人经营，多家企业进入并从事保税仓储物流业务的海关集中监管场所。

海关特殊监管区域、保税物流中心（B 型）内应设置信息化系统、专用查验场地，配备 X 光机查验分拣线、视频监控等监管设施。企业应建立符合海关监管要求的仓储管理系统，设置专用区域存放电商商品，未经海关同意，不得与其他货物混存。专用区域按照作用可以大致分为以下类型：仓储理货区、打包区、查验等待区及查验区、配送作业区。

2. 查验

网购保税进口商品一线进境进入区域（中心）及跨区域（中心）流转申报的过程中，报关单或备案清单、核放单被布控指令命中的，海关按指令要求及查验规范查验。

3. 入库

商品在进境口岸进行海关检查（检疫）后，放行入特殊区域（中心），进行理货、存储。商品入区后，企业电子账册数据相应核增。

6.2.3 “三单”对碰

1. 货物上架销售

货物进入区内企业仓库，电商企业上架销售。

2. 消费者下单

消费者（订购人）在跨境电商交易平台下单购买商品。

3. 电子信息比对

商品在电商平台销售后，开展跨境贸易电子商务零售进出口业务的跨境电商企业、支付企业和物流企业，通过跨境电商公共服务平台向海关跨境电商统一版信息化系统发送订单、支付单、物流信息电子数据。

海关系统会按照以下规则对信息进行校验，确认是否放行。

（1）订单、支付单、物流运单匹配一致。

（2）电商平台、电商企业备案信息真实有效。

（3）订购人姓名、身份证号匹配查验一致。

（4）订购人年度购买额度不超过 26 000 元，单笔订单实际支付金额不超过 5 000 元。

（5）订单商品价格、代扣税金、实际支付金额等计算正确。

（6）订单实际支付金额与支付单支付金额、支付人信息等一致。

海关对交易订单、支付单、物流运单“三单”电子信息进行比对。电子数据的比对如图 6-6 所示。

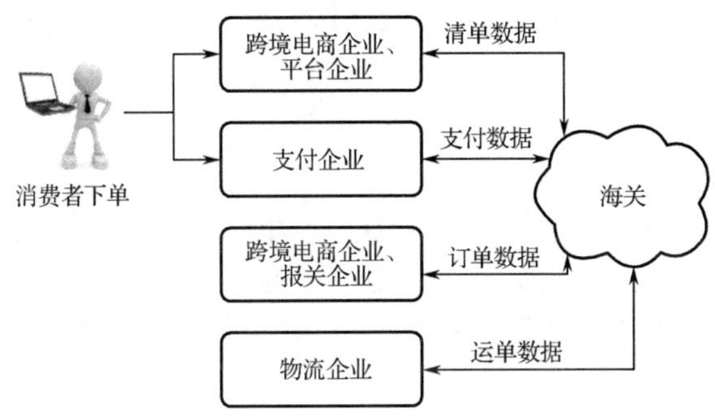

图 6-6　电子数据的比对

4. 查验打包

区内企业拣货、验货、打包，通知国内快递企业提货。

6.2.4　二线出区[①]

消费者购买境外商品后，商品从保税区（境内）发货。保税区属于境内关外，在我国境内进行商品库存管理，但是需要进行清关才能进入国内市场。二线出区的流程如图 6-7 所示。

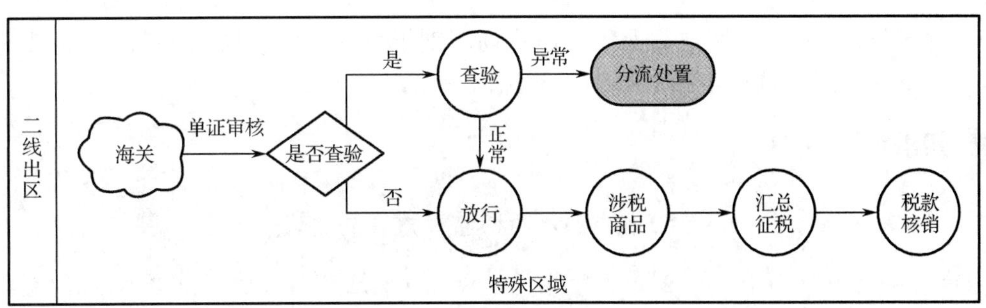

图 6-7　二线出区的流程

1. 进口商品申报清单

区内企业向海关跨境电商进口统一版信息化系统发送“申报清单”电子数据。“三单”电子信息比对通过后，跨境电商企业或其代理人向海关申报《申报清单》办理通关手续。

① 此处二线出区是指货物从特殊监管区域内或中心内货物进入境内。

《申报清单》中的监管方式应与一线入区时申报的监管方式一致，运输方式应为二线出区对应的运输方式。《申报清单》经审核放行后，企业根据《申报清单》汇总形成的《核注清单》向海关申报，通过后再申报《出区核放单》。

2. 查验

主管海关在包裹出区环节对车辆或核放单进行抽核。被布控需查验的车辆或核放单包裹应按照布控指令的有关要求通过分拣线进行查验，查验正常的，海关予以放行；查验异常的，按相关规定处置。

3. 核放出区

货物打包、海关放行后出特殊区域或中心。车辆出区，包裹派送，运送至消费者。货物实际出区后，企业电子账册底账数据相应核减。原则上不允许网购保税进口商品在海关特殊监管区域外开展“网购保税＋线下自提”模式。

4. 缴纳税款

针对涉税的商品，消费者（订购人）为纳税义务人，参与网购保税进口业务的企业可以作为税款代收代缴义务人，如实、准确地向海关申报进口商品的商品名称、规格型号、税则号列、实际交易价格（包括商品零售价格、运费和保险费）及相关费用等税收征管要素。

如果有针对所有消费者的直接打折、满减等优惠促销价格，海关会以优惠后的价格征税。如果使用电商代金券、优惠券、积分等虚拟货币形式支付订单，则海关仍然按照原价格征税。

对符合汇总征税等条件的，海关放行后 30 日内未发生退货或修撤单的，税款代收代缴义务人在放行后第 31 日至第 45 日内向海关办理纳税手续，缴纳税款后担保额度自动恢复。

由上述分析可知，跨境电商保税进口货物区别于直购进口货物，前者是先批量进仓，待消费者下单后进行清单申报，办理配载出区。

知识链接 6-3

9610 和 1210 两种监管方式的比较

跨境电商进口 9610 和 1210 两种监管方式，均属于跨境电商零售进口，是我国境内消费者通过跨境电商第三方平台上的经营者从境外购买商品，并通过直购进口和网购保税进口方式运递进境的消费行为。在海关监管中，两者的进口商品范围、税收政策、消费总（限）额政策、首次进口要求及退货要求相同，具体如下。

1. 进口商品范围相同

两种监管方式下的进口商品全在《跨境电子商务零售进口商品清单（2019 年版）》内。清单备注会对部分商品（如粮食、冻水产品）的进境方式、年度消费数量、有关限制等进行说明。例如，有的商品备注为“列入《进出口野生动植物种商品目录》商品除外”，有的商品备注为“仅限网购保税商品”。

2. 税收政策相同

两种监管方式在税收政策上享受相同的优惠，一般情况下，同普通货物相比，两者在税收上都具有较大优势：在个人年度交易限值以内进口的跨境电商商品，关税税率全部是0%，进口环节增值税、消费税暂按法定应纳税额的70%征收。

3. 消费总（限）额政策相同

消费者单次交易额度不得超过5 000元，年度交易额度不得超过26 000元。如仅购买一件商品，完税价格超过5 000元单次交易限值但低于26 000元年度交易限值，享受相关优惠（如不需要提交许可证），但要按照货物税率全额征收关税和进口环节增值税、消费税，交易额计入年度交易总额；如果年度交易总额超过年度交易限值的，应按一般贸易要求管理，不享受任何跨境电商政策优惠。

4. 首次进口要求相同

海关对货物及个人物品，在数量、金额、许可证等方面执行相同的监管规定。按个人自用进境物品监管，不执行有关商品首次进口许可批件、注册或备案要求。但对相关部门明令暂停进口的疫区商品，以及对出现重大质量安全风险的商品启动风险应急处置时除外。对于已购买的跨境电商零售进口商品，不得进入国内市场再次销售。

5. 退货要求相同

2020年，海关总署推出了《关于跨境电子商务零售进口商品退货有关监管事宜的公告》（海关总署公告2020年第45号），大幅提升了跨境网购退货的便利性。需要退货的商品，必须在海关放行之日起30日内发起申请，45日内将退货商品以原状运抵原海关监管场所、原海关特殊监管区域或保税物流中心（B型）。

跨境零售商品进口常见监管方式有两种，即直购进口和网购保税进口，至于选择哪种方式，消费者可根据自身情况而定，两种方式的比较如表6-1所示。

表6-1　直购进口和网购保税进口的比较

海关监管	直购进口	网购保税进口
实施地理范围	原则上任何城市都可以开展，没有实施城市限制	目前仅支持在全国86个试点城市及海南全岛的海关特殊监管区域或保税物流中心（B型）内试点
物流方式	商品统一通过航空等国际物流运输至国内海关监管作业场所，按照小包逐个向海关申报（有被抽中查验的概率），海关放行后运抵至消费者。商品运输时间长，运费高，时效性低	商品一般通过海运方式批量运至特殊监管区域或物流中心，待国内消费者下单后，再运送至消费者。因已在国内备货，故订单响应速度快，运输时间短，综合运费低
入境后的暂存地点	商品在海关监管作业场所内暂存，即刻放行	商品进口后，作为保税货物存储在特殊区域或物流中心，存放时间可能长达数月
退货手续的复杂度	由于涉及国际物流操作、国外海关清关等业务场景，耗时较长	因备货及物流等在国内进行，故退货手续简单
发货地点	中国香港、美国、加拿大、英国、新西兰、澳大利亚、日本、韩国、东南亚等地区和国家	广州、深圳、重庆、成都、上海、杭州、宁波、天津、郑州、哈尔滨、贵阳、武汉等保税关区
物流时效	跨境物流，平均4～7天，甚至更久	国内发货，从发货到收货2～3天，时效接近国内普通电商快递

续表

海关监管	直购进口	网购保税进口
适用品类	非标品（如生鲜）；长尾产品（需求不旺）	标品；大众产品；复购率高的产品（奶粉、纸尿布、酒水等）
优势分析	品类齐全；库存占用小；环节少；模式灵活	物流快，消费者体验好；集采、运输成本低；海关监管，流程规范
不足分析	物流成本高；时效较慢；海外仓运营成本高	库存量大，占压资金；品类单一，扩充有限，过期物品销货风险大

知识链接 6-4

“1239”海关监管方式

“1239”全称是“保税跨境贸易电子商务 A”，简称“保税电商 A”。2016 年 12 月 5 日，海关总署发布 2016 年第 75 号公告，增列 1239 海关监管方式代码，适用于境内电商企业通过海关特殊监管区域或保税物流中心（B 型）一线进境的跨境电商零售进口商品。按照《跨境电子商务零售进口商品清单（2019 年版）》尾注中的有关要求：跨境电商零售进口商品清单中的商品免于向海关提交许可证件；一线进区时须按货物监管要求执行，二线出区时参照个人物品监管要求执行；依法需要执行首次进口许可批件、注册或备案要求的化妆品、婴幼儿配方奶粉、药品、医疗器械、特殊食品（包括保健食品、特殊医学用途配方食品等）等，按照国家相关法律法规的规定执行。

同 1210 类似，在 1239 监管方式下，商品一般通过海运方式批量运至特殊区域或物流中心，待国内消费者下单后，再运送至消费者。实际上，海关总署发布 1239 监管方式代码，是为了方便海关的监管工作。两者都是保税方式，只是针对的城市不同。目前除享受 1210 监管方式免通关单的跨境电商零售进口试点城市外，其他需要提供通关单的非试点城市，适用 1239 监管代码。

资料来源：《关于增列海关监管方式代码的公告》（海关总署 2016 年第 75 号公告）。

实践案例 6-1

跨境电商企业保税进口报关

2021 年 1 月，湖北某国际贸易有限公司通过一般贸易从瑞典 Nord365 AB 公司处进口森宝 Semper1 段至 3 段的婴儿配方奶粉及 4 段幼儿成长配方奶粉。奶粉的规格型号为 800g/盒，共计 3 200 盒，毛重 3 200kg，净重 2 560kg。该批奶粉从列日（比利时）空运至北京昌北机场，向口岸海关办理转关手续，再转运至东湖综合保税区进行入区理货。当国内消费者在跨境电商平台下单后，综合保税区进行订单分拣、包装贴标等，跨境电商企业向综合保税区海关进行清单申报，待海关核放后，跨境电商企业安排国内派送，奶粉送达消费者手中。

为更好地说明保税电商进口模式，本案例仅从跨境电商企业向综合保税区提交报关资料申报开始，对商品流转中涉及的相关单据进行展示说明。

注：因涉及商业秘密，各表单中的价格部分进行了模糊处理。

1. 一线入区

（1）申报备案清单如图 6-8 所示。

中华人民共和国海关进境货物备案清单

预录入编号：I20210000564134183　　海关编号：471920211000000985　（东湖综保）　　仅供核对用　　页码/页数：1/1

境内收货人 (91420100303352521Y) [illegible]发展有限公司	进境关别 (4006) 昌北机场	进境日期 20210115	申报日期 20210127	备案号 T4719W000015
境外发货人 Nord365 AB	运输方式 (5) 航空运输	运输工具名称及航次号 F56651	提运单号 22750207334	货物存放地点 武汉东湖综合保税区
消费使用单位 (91420100303352521Y) [illegible]发展有限公司	监管方式 (1210) 保税电商		许可证号	启运港 (BEL018) 列日（比利时）
合同协议号 NORD20210106	贸易国（地区） (SWE) 瑞典	启运国（地区） (BEL) 比利时	经停港 (BEL018) 列日（比利时）	入境口岸 (420006) 武汉东湖综合保税区

包装种类 (93)	件数	毛重(千克)	净重(千克)	成交方式 (1)	运费	保费	杂费
天然木托	10	3200	2560	CIF			

随附单证及编号
随附单证1:保税核注清单QD471921I000002399 随附单证2:提/运单;合同;发票

标记唛码及备注
备注:全国通关一体化 东湖综保 最终消费使用单位：湖北海中之王国际贸易有限公司 N/M

项号	商品编号	商品名称及规格型号	数量及单位	单价/总价/币制	原产国(地区)	最终目的国(地区)	境内目的地
1 (7009	1901101090	森宝Semper婴儿配方奶粉1段800g 6个月以下 4|3|主要成分含量浓缩乳清蛋白、植物油、乳糖、玉米糖浆固体、脱脂奶粉、膳	364.8千克 456盒	[illegible] [illegible] 美元	瑞典 (SWE)	中国 (CHN)	(42016/420100)武汉东湖综合保税区/湖北省武汉市
2 (7010	1901101090	森宝Semper婴儿配方奶粉2段800g 6-9个月 4|3|主要成分含量浓缩乳清蛋白、植物油、乳糖、玉米糖浆固体、脱脂奶粉、膳	320千克 400盒	[illegible] [illegible] 美元	瑞典 (SWE)	中国 (CHN)	(42016/420100)武汉东湖综合保税区/湖北省武汉市
3 (7011	1901101090	森宝Semper婴儿配方奶粉3段800g 9-18个月 4|3|主要成分含量浓缩乳清蛋白、植物油、乳糖、玉米糖浆固体、脱脂奶粉、膳	601.6千克 752盒	[illegible] [illegible] 美元	瑞典 (SWE)	中国 (CHN)	(42016/420100)武汉东湖综合保税区/湖北省武汉市
4 (7012	1901101090	森宝Semper幼儿成长配方奶粉4段800g 1岁以上 4|3|主要成分含量浓缩乳清蛋白、植物油、乳糖、玉米糖浆固体、脱脂奶粉、膳	1273.6千克 1592盒	[illegible] [illegible] 美元	瑞典 (SWE)	中国 (CHN)	(42016/420100)武汉东湖综合保税区/湖北省武汉市

特殊关系确认：　　价格影响确认：　　支付特许权使用费确认：　　自报自缴：否

报关人员　　报关人员证号47104158　　电话　　兹申明对以上内容承担如实申报、依法纳税之法律责任

申报单位 (91420102MA4K54H68Q)[illegible]有限公司　　申报单位（签章）

海关批注及签章

图 6-8　中华人民共和国海关进境货物备案清单

（2）进口审结通知书如图 6-9 所示。

进口审结通知书

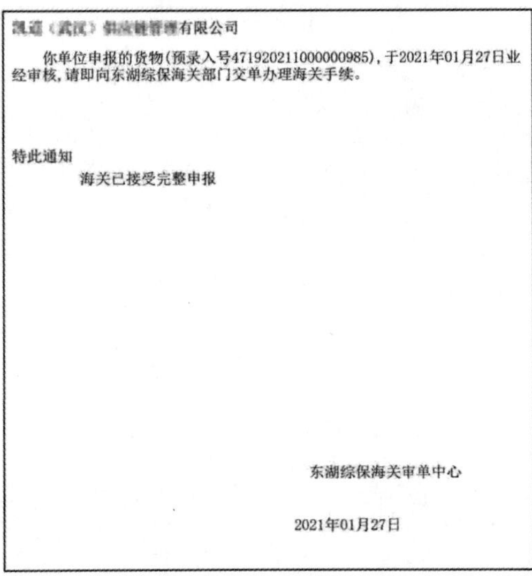

[illegible]有限公司

你单位申报的货物(预录入号471920211000000985)，于2021年01月27日业经审核，请即向东湖综保海关部门交单办理海关手续。

特此通知

海关已接受完整申报

东湖综保海关审单中心

2021年01月27日

图 6-9　进口审结通知书

（3）放行通知书如图 6-10 所示。

通关无纸化进口放行通知书

凯道（武汉）供应链管理有限公司

你公司以通关无纸化方式向海关发送下列电子报关单数据业经海关审核放行，请携带本通知书及相关单证至港区办理装货/提货手续。

东湖综保海关审单中心

2021年　1月　27日

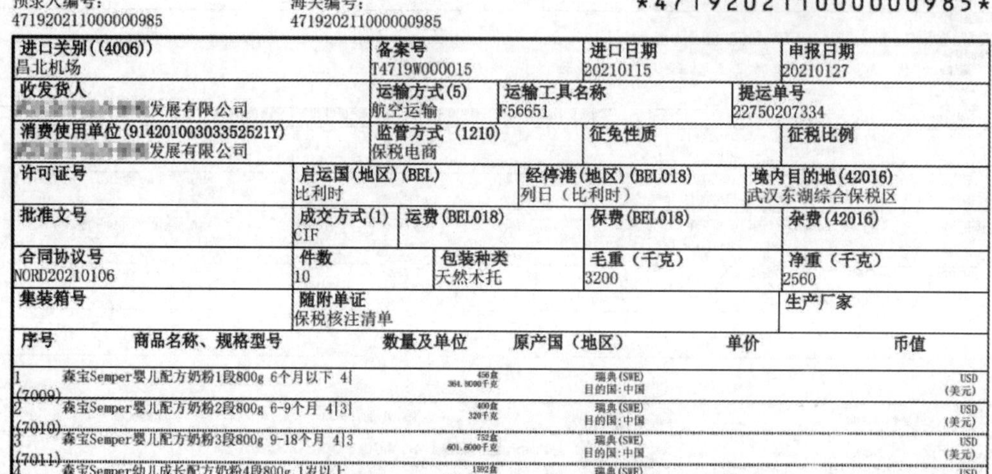

471920211000000985

预录入编号：471920211000000985　　海关编号：471920211000000985

进口关别（(4006)） 昌北机场	备案号 T4719W000015	进口日期 20210115	申报日期 20210127
收发货人 [illegible]发展有限公司	运输方式(5) 航空运输	运输工具名称 F56651	提运单号 22750207334
消费使用单位(91420100303352521Y) [illegible]发展有限公司	监管方式（1210） 保税电商	征免性质	征税比例
许可证号	启运国（地区）(BEL) 比利时	经停港（地区）(BEL018) 列日（比利时）	境内目的地(42016) 武汉东湖综合保税区
批准文号	成交方式(1) CIF　　运费(BEL018)	保费(BEL018)	杂费(42016)
合同协议号 NORD20210106	件数 10　　包装种类 天然木托	毛重（千克） 3200	净重（千克） 2560
集装箱号	随附单证 保税核注清单		生产厂家

序号	商品名称、规格型号	数量及单位	原产国（地区）	单价	币值
1 (7009)	森宝Semper婴儿配方奶粉1段800g 6个月以下 4|	456盒 364.8000千克	瑞典(SWE) 目的国：中国		USD (美元)
2 (7010)	森宝Semper婴儿配方奶粉2段800g 6-9个月 4|3|	400盒 320千克	瑞典(SWE) 目的国：中国		USD (美元)
3 (7011)	森宝Semper婴儿配方奶粉3段800g 9-18个月 4|3	752盒 601.6000千克	瑞典(SWE) 目的国：中国		USD (美元)
4 (7012)	森宝Semper幼儿成长配方奶粉4段800g 1岁以上	1592盒 1273.6000千克	瑞典(SWE) 目的国：中国		USD (美元)

图 6-10　放行通知书

2. 清单申报（此处以其中 1 段奶粉的清单进行展示），如图 6-11 所示。

清单详细信息

预录入编号	B20210127876309099	海关清单编号	47192021I079131682	申报类型	新增	业务状态	放行
企业内部编号	4714266	申报口岸	东湖综保	进口口岸	东湖综保	入库时间	Jan 27, 2021 6:17:17 PM
申报企业代码	420166027E	申报企业名称	湖北海中之王国际贸易有限公司	进口日期	Jan 27, 2021 12:00:00 AM	申报日期	Jan 27, 2021 12:00:00 AM
电商企业代码	420166027E	电商企业名称	湖北海中之王国际贸易有限公司	电商平台代码	420166027E	电商平台名称	湖北海中之王国际贸易有限公司
物流企业代码	3120980105	物流企业名称	上海韵达货运有限公司	物流运单编号	3104339965779	订单编号	1026202101271754182260001
区内企业代码	4201610008	区内企业名称	[illegible]发展有限公司	账册编号	T4719W000015	监管场所代码	
订购人	普洁	订购人证件类型	身份证	订购人证件号码	350102198302052426	订购人电话	13462280248
启运国(地区)	中国	许可证号		收货人地址	福建省福州市台江区银湘浦新村1座601		
运输方式	保税区	运输工具编号		航班航次号		提运单号	
运费	0	保费	0	币制	人民币	担保企业编号	420166027E
包装种类	纸箱	件数	1	净重(KG)	19.2	毛重(KG)	19.44
贸易方式	保税电商	核注状态	已核扣	备注			

清单表体信息

商品序号	1	企业商品名称	森宝Semper婴儿配方奶粉1段800g	商品编码	1901101090	规格型号	800g/盒
商品货号	H3708620	商品名称	森宝Semper婴儿配方奶粉1段800g	条码		原产国(地区)	瑞典
贸易国(地区)	瑞典	数量	24	计量单位	盒	法定数量	19.2
法定计量单位	千克	第二法定数量		第二计量单位		单价	[illegible]
总价	1680	币制	人民币	帐册备案料号	7009	备注	

图 6-11　清单申报

3. 二线出区

（1）二线出区回执，如图 6-12 所示。

基本信息

平台：海中之王　　供应商：湖北时不我与科技发展有限公司
自贸区：湖北　　关区：东湖综保区
订单号：1026202101271754182260001　　下单时间：2021-01-27 17:37:18
订单状态：出库　　撤单状态：初始
贸易类型：保税备货　　毛重：19440克
净重：19200克　　创建时间：2021-01-27 18:02:58
最后编辑时间：2021-01-28 11:29:16

支付与配送

支付方式：敏付　　支付流水号：2021012760000020010195011161971
运单号：3104339965779　　支付时间：2021-01-27 17:55:29

收货信息

收货人：曾洁　　收货邮编：111111
联系电话：13462280248　　收货地址：银湘浦新村1座601

发货信息

发货人：徐鼎　　发货邮编：430000
联系电话：18696080060　　发货地址：中国（湖北）自由贸易试验区光谷三路777号

商品清单

商品编号	商品ID	商品名称	单价(包含运费)	数量	税(包含运费税)	申报单位	原产国
49056	E00R0020020075	森宝Semper婴儿配方奶粉1段800g 6个月以下	[illegible]	24	¥6.37	盒	瑞典

申报信息

支付申报状态	支付申报描述	订单申报状态	订单申报描述	运单申报状态	运单申报描述	清单申报状态	清单申报描述
已申报	海关申报入库成功！	审核成功		审核成功		申报成功	[Code:2600;Desc:放行]

图 6-12　二线出区回执

（2）保税核注清单，如图 6-13 所示。

保税核注清单（进口）

QD4719211000002399

（仅供核对使用）

打印日期：20210225

预录入统一编号	202100000040105183	清单编号	QD4719211000002399	清单类型	区港联动	手(账)册编号	T4719W000015
经营单位代码	4201610008	经营单位社会信用代码	91420100303352521Y	经营单位名称	[illegible]发展有限公司	加工单位编码	4201610008
加工单位社会信用代码	91420100303352521Y	加工单位名称	[illegible]发展有限公司	申报单位编码	4201610008	申报单位社会信用代码	91420100303352521Y
申报单位名称	[illegible]发展有限公司	录入单位编码	4201610008	录入单位社会信用代码	91420100303352521Y	录入单位名称	[illegible]发展有限公司
录入日期	20210127	清单申报日期	20210127	清单进出卡口状态	未过卡	核扣标志	已核扣
企业内部编号	INV1010000IN5505	进境关别	昌北机场	主管海关	东湖综保	启运国(地区)	比利时
料件、成品标志	料件	监管方式	保税电商	运输方式	航空运输	申报表编号	
流转类型		报关标志	报关	报关类型	对应报关	报关单类型	进口两步申报备案清单
关联清单编号		关联手(账)册备案号		对应报关单编号	471920211000000985	对应报关申报单位代码	420198054F
对应报关申报单位社会信用代码	91420102MA4K54H68Q	对应报关申报单位名称	[illegible]有限公司				
备注							

表体																			
商品序号	报关单商品序号	备案序号	商品料号	商品编码	商品名称	规格型号	原产国（地区）	最终目的国(地区)	币制	申报单价	申报数量	申报计量单位	申报总价	法定数量	法定计量单位	第二法定数量	法定第二计量	征免方式	单耗版本号

图 6-13　保税核注清单

																	单位		
1	1	7009	H3708620	1901101090	森宝Semper婴儿配方奶粉1段800g 6个月以下	800g/盒	瑞典	中国	美元	[illegible]	456	盒	[illegible]	364.8	千克			全免	
2	2	7010	H3708720	1901101090	森宝Semper婴儿配方奶粉2段800g 6-9个月	800g/盒	瑞典	中国	美元	[illegible]	400	盒	[illegible]	320	千克			全免	
3	3	7011	H3708820	1901101090	森宝Semper婴儿配方奶粉3段800g 9-18个月	800g/盒	瑞典	中国	美元	[illegible]	752	盒	[illegible]	601.6	千克			全免	
4	4	7012	H3708920	1901101090	森宝Semper幼儿成长配方奶粉4段800g 1岁以上	800g/盒	瑞典	中国	美元	[illegible]	1592	盒	[illegible]	1273.6	千克			全免	

报关单草稿											
报关单统一编号	商品序号	商品编码	商品名称	规格型号	申报单价	申报数量	申报计量单位	申报总价	申报币制	原产国(地区)	最终目的国(地区)
I20210000564134183	1	1901101090	森宝Semper婴儿配方奶粉1段800g 6个月以下	800g/盒	[illegible]	456	盒	[illegible]	美元	瑞典	中国
I20210000564134183	2	1901101090	森宝Semper婴儿配方奶粉2段800g 6-9个月	800g/盒	[illegible]	400	盒	[illegible]	美元	瑞典	中国
I20210000564134183	3	1901101090	森宝Semper婴儿配方奶粉3段800g 9-18个月	800g/盒	[illegible]	752	盒	[illegible]	美元	瑞典	中国
I20210000564134183	4	1901101090	森宝Semper幼儿成长配方奶粉4段800g 1岁以上	800g/盒	[illegible]	1592	盒	[illegible]	美元	瑞典	中国

简单加工清单料件表体/一纳成品内销成品表体																					
商品序号	备案序号	商品料号	商品编码	商品名称	规格型号	原产国(地区)	最终目的国(地区)	币制	申报单价	申报数量	申报计量单位	申报总价	法定数量	法定计量单位	第二法定数量	法定第二计量单位	毛重	净重	征免方式	单耗版本号

选择性征关税料件表体																	
商品序号	备案序号	报关单商品序号	商品编码	商品名称	原产国(地区)	申报计量单位	申报数量	申报单价	申报总价	币制	毛重	原产地证书	原厂商中文名称	优惠贸易协定代码	反倾销税率	单耗版本号	对美加征排除标志
			商品料号	规格型号	最终目的国(地区)	法定计量单位	法定数量	法定第二计量单位	第二法定数量	征免方式	净重	对应原产地证书项目编号	原厂商英文名称	是否符合价格承诺	反补贴税率	保障措施税率	对美加征排查编号

集报清单---出入库单信息	
序号	出入库单编号

保税电商---电商清单信息	
序号	电商清单编号

图 6-13 保税核注清单（续）

6.3 一般出口

一般出口并非传统的一般贸易，它专门针对出口跨境电商，采用“清单核放、汇总申报”的方式。跨境电商一般出口采用9610出口监管方式，指符合条件的电子商务企业或平台与海关联网，境外买家跨境网购后，电子商务企业或平台将电子订单、支付凭证、电子运单“三单”信息传输给海关，海关将这“三单”信息及前期企业和商品的备案信息自动生成清单数据向海关通关系统传递。同时企业将售出的货物交给物流公司，并在海关

现场监管下，流水线自动放行。商品以邮件、快件方式运送出境，货物离境后，企业定期对清单进行申报、退税、结汇，海关据此可以进行贸易统计。综试区海关采用“简化申报、清单核放、汇总统计”方式通关，其他海关采用“清单核放、汇总申报”方式通关。

根据该监管方式，出口企业在接到海外订单后，可将清单信息先行推送至跨境电商公共服务平台，关检部门对清单进行审核，办理实货放行手续。在商品出境后，企业定期汇总已核放清单数据，汇总形成出口报关单向海关申报，此举大大降低了企业通关成本，提高了通关效率。

9610 监管方式下一般出口报关申报单证及申报主体如表 6-2 所示。

表 6-2　9610 监管方式下一般出口报关申报单证及申报主体

申 报 单 证	申 报 主 体
订单	跨境电商企业
收款单	跨境电商企业
运单	物流企业
运抵单	监管场所
清单	跨境电商企业/具有代理报关资质的物流企业
离境单	物流企业
汇总申请单	跨境电商企业/具有代理报关资质的物流企业

9610 监管方式下的 B2C 出口流程为：前期准备—国外买家网上购物—订单付款—清单核放—物流派送—买家收到货物—汇总申报，具体如图 6-14 所示。

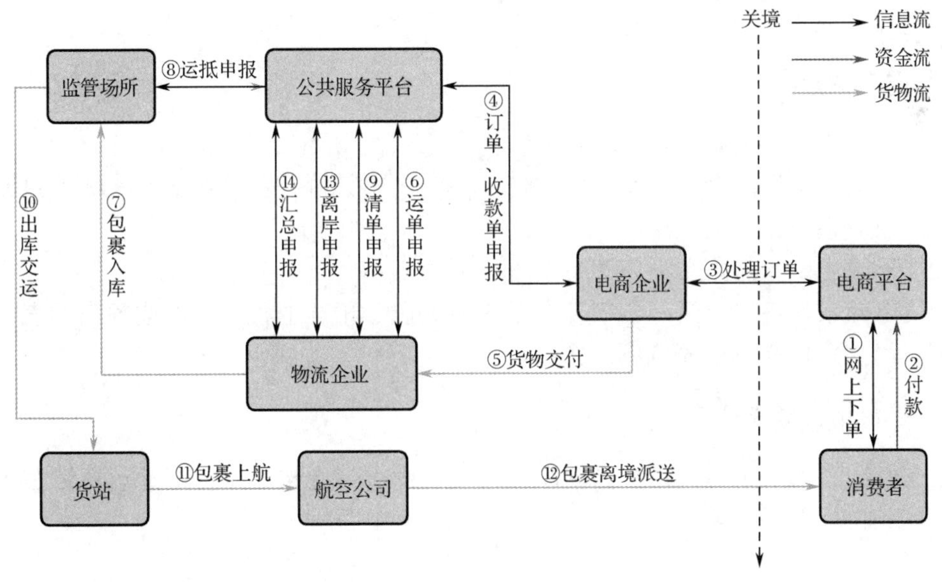

图 6-14　9610 监管方式下的 B2C 出口流程

① 消费者网上下单。
② 消费者付款。
③ 境内跨境电商企业处理订单。

④ 跨境电商企业申报订单、收款单。
⑤ 商品打包，货物交付给物流企业。
⑥ 物流企业过机、称重等后进行运单申报。
⑦ 包裹入库。
⑧ 监管场所完成运抵申报。
⑨ 电商企业或物流企业完成清单申报。
⑩ 监管场所将出口货物交付到货站。
⑪ 货站完成货物出运。
⑫ 包裹离境派送。
⑬ 物流企业发送离境信息。
⑭ 清单申报企业如需汇总申报，则需将《中华人民共和国出口货物报关单》提交至海关。

6.3.1 前期准备

为了按海关要求传输相关交易的电子数据，在开展跨境电商 B2C 出口贸易前，需要做好前期准备工作，包括企业备案、商品备案等。

1. 企业备案

跨境电商企业、物流企业等参与跨境电商零售出口业务的企业，应当向所在地海关办理信息登记；如需办理报关业务，向所在地海关办理注册登记。具体备案要求与前文的直购进口类似，此处不再赘述。

2. 商品备案

（1）整理商品的 HS 编码明细表

按照海关和商检的要求，统一在跨境电商服务平台进行产品备案，具体信息按照各监管地要求整理，包括 HS 编码、产品名称、品牌、制造商等。

（2）形成出口商品预归类表并备案

跨境电商平台将出口商品明细表根据 HS 编码、相同退税原则形成预归类表，报海关审核，海关审批同意后完成商品备案。

3. 平台销售形成订单

企业将通过海关预归类审批的商品在跨境电商平台上架展示，国外消费者在平台下单并完成支付，形成订单。

6.3.2 清单申报

跨境电商零售出口商品申报前，跨境电商企业或其代理人、物流企业应当分别通过中国国际贸易单一窗口或跨境电商公共服务平台，向海关传输交易、收款、物流等电子信息，申报出口明细清单。

1. 货物运抵跨境监管区

交易订单形成后，企业将相关商品打包发货。工作人员根据已形成的订单准备商品后打单发货，打印物流面单。之后将商品交至物流企业，由物流企业集中运输到指定跨境监管区域，形成商品的运单信息。

2. “三单”数据申报

根据现行政策，跨境电商零售出口商品在向海关申报前，跨境电商企业或其代理人、物流企业应当分别通过中国国际贸易单一窗口或跨境电商综合服务平台如实向海关传输订单、收款单、运单等信息，并对数据的真实性承担相应的法律责任。

3. 清单申报

跨境电商综合服务平台接收到订单、运单申报成功回执后，自动生成清单，自动申报。数据分中心接收数据后传输至海关系统。

6.3.3　查验放行

海关接收清单数据后自动审批，审核通过后，过机、随机查验，确认放行。商品出境后，海关将放行信息反馈到跨境电商综合服务平台，平台将信息反馈给跨境电商企业和物流企业。

出口申报清单放行后，跨境电商出口商品通过运输工具运输离境，对应出口申报清单结关。

6.3.4　汇总申报

允许以“清单核放、汇总统计”方式办理报关手续的，不再汇总形成报关单。不涉及出口征税、出口退税、许可证件管理，且单票价值在人民币 5 000 元以内的跨境电商 B2C 出口商品，适用汇总统计。

1. 归类合并

跨境电商零售商品出口后，跨境电商企业或其代理人应当于每月 15 日前（当月 15 日是法定节假日或法定休息日的，顺延至其后的第一个工作日），将上月结关的《申报清单》依据表头“八个同一”规则进行合并，汇总形成报关单向海关申报。“八个同一”规则是指同一收发货人、同一运输方式、同一生产销售单位、同一运抵国、同一出境关别，以及清单表体同一最终目的国、同一 10 位海关商品编码、同一币制的规则。

2. 清单核放、汇总申报

所谓“清单核放、汇总申报”，是指跨境电商出口企业将“三单”信息推送到中国国际贸易单一窗口平台，海关对清单进行审核并办理实货放行手续，由此解决跨境电商 B2C 出口订单数量少、批次多的问题。汇总申报即出口电商企业定期汇总清单形成报关单进行申报，海关为企业出具报关单退税证明，可解决企业退税难题。

3. 核销出境商品清单

海关收到汇总申报后，根据预归类商品审批表、前期汇总形成的报关单进行对应审核，审核无误后即可放行。放行后，海关对已核注的出境商品申报清单核销并结关。货物实际离境后，物流企业将货物实际离境信息通过跨境电商综合服务平台报送海关，由海关核注离境货物对应的清单，运单状态变为结关，并将信息发送到跨境电商综合服务平台。

4. 办理退税

企业提交增值税、发票、收汇联、报关单等单据申请退税。

9610 监管方式下出口报关的核心是清单核放和汇总申报。海关对清单进行审核并办理货物放行手续，使通关效率更高，通关成本更低。跨境电商出口企业定期汇总清单形成报关单进行申报，海关为企业出具报关单退税证明，由跨境企业将数据推送给税务、外汇管理部门，实现退税。

6.4 特殊区域出口

特殊区域出口是指符合条件的跨境电商企业或平台与海关联网，跨境电商企业把整批商品按一般贸易报关进入海关特殊监管区域，企业实现退税；对于已入区退税的商品，境外网购后，海关凭清单核放，由邮政企业、快递企业分送出区离境。出区离境后，海关定期将已放行清单归并形成出口报关单，跨境电商企业凭此办理结汇手续，并纳入海关统计。这种出口模式整批进、分包裹出，能够有效解决跨境电商企业的碎片化订单出口过程中存在的一系列问题，实现“入区即退税”的优势功能，提升跨境电商出口的合规性，同时降低海外库存风险。

1210 监管方式可实现跨境出口两种模式：一是跨境电商特殊区域包裹零售出口模式；二是跨境电商特殊区域出口海外仓零售模式。

跨境电商特殊区域包裹零售出口是指企业将商品批量出口至特殊区域（中心），海关对其实行账册管理，境外消费者通过电商平台购买商品后，在区内打包再为已销商品办理出境手续，并离境通过物流快递形式送达境外消费者的模式。

跨境电商特殊区域出口海外仓零售是指国内企业将商品按货物报关（监管方式为一般贸易 0110），批量出口至区域（中心），企业在区域（中心）内完成理货、拼箱后，批量出口（监管方式为 1210）至海外仓，通过跨境电商平台完成零售后再将商品从海外仓送达境外消费者的模式。

因跨境电商特殊区域出口海外仓零售还处于试点阶段，此处仅对特殊区域包裹零售出口进行介绍。

6.4.1　前期准备

与前文网购保税进口的前期准备类似，特殊区域包裹零售出口的前期准备包括企业跨境出口注册备案、企业入网、跨境出口专用电子账册建立。跨境电商出口账册如图 6-15 所示。

A	经营企业编号	××××××××××	仓库编号	××××××××××
	经营企业名称	天津市×××国际贸易有限公司	仓库名称	天津市××× 国际贸易有限公司
	经营企业社会信用代码	91120000687705××××	仓库面积	753 平方米
	申报企业编号	1207660	仓库容积	(空) 立方米
	申报企业名称	天津市×××国际贸易有限公司	仓库地址	海天物流园
	申报企业社会信用代码	91120000687705××××	统一编号	20210000000040××××
B	申报时间	2021-05-21 09:17:40	企业类型	保税港区
	主管海关	天津东疆保税港区	申报单位类型	企业
	区域场所类别	保税港区	申报类型	备案申请
	联系人		联系电话	
	备案批准时间	(空)	录入日期	2021-05-20 00:00:00
	变更批准时间	(空)	结束有效日期	2021-12-01
C	退税标志	(空)	记账模式	可累计
	暂停变更标记	(空)	审核状态	转尚
	申报标志	电子口岸申报	账册用途	跨境出口

图 6-15　跨境电商出口账册

6.4.2　货物入区

跨境电商企业、商家与国外经销商、分销商在跨境电商平台进行交易磋商，达成协议，确认订单。跨境电商企业、商家备好货物后安排运入海关特殊监管区进行暂存，入区前办理报关手续进入海关特殊监管区域，企业实现退税。

该模式可实现入区即退税，具有退税流程简便、周期短、效率高、减轻生产企业经营压力等优势，特别适用于生产制造企业“卖全球”的跨境电商货物。

6.4.3　清单核放

境外网购后，货物销售的订单数据、支付单数据、物流商信息等，由跨境电商卖家或电商平台向海关跨境电商出口申报系统发送数据。区内拣货，打包发货，进行跨境单证申报，并办理查验和放行手续。

6.4.4　汇总统计

海关凭清单核放，由邮政企业、快递企业分送出区离境。出区离境后，海关定期将已放行清单进行汇总统计，向海关申报，并办理收汇、退税等手续。

特殊区域出口模式下，在还没有被买家下单前，商品就从企业成品仓库进入海关特殊监管区域。境外买家一下单，商品就能快速根据平台订单情况从区内直接打包运往目的地，使国内企业物流运营成本更低，境外买家购买商品也更便捷。

相比 9610 监管方式下的出口，1210 监管方式下的出口提前备货至特殊区域，增加了物流、申报等环节（有入区、仓储、出区等作业），因此会增加成本。但特殊区域出口优势明显，具体如下。

① 便利的“入区即退税”（保税区除外），可有效缩短企业资金运转周期，减少退税时间成本。

② 货物批量入区及集货运输出口，可有效降低企业物流成本。

③ 畅通跨境电商出口退货渠道，保障跨境商品“出得去，退得回”，解决企业后顾之忧。

实践案例 6-2

武汉金宇综合保税发展有限公司 1210 通关模式

湖北省文化旅游投资集团有限公司旗下武汉金宇综合保税发展有限公司（以下简称金宇公司）整合仓储、物流等供应链服务，建设跨境电商综合服务平台，为传统跨境贸易服务、物流服务赋能，建立贯穿上下游企业和相关利益体的生态体系，助力武汉外贸产业升级，推动武汉构筑国际贸易创新高地，提升武汉的城市影响力和国际竞争力。金宇公司打造的仓储—通关一体化的跨境电商综合服务平台的功能如图 6-16 所示。

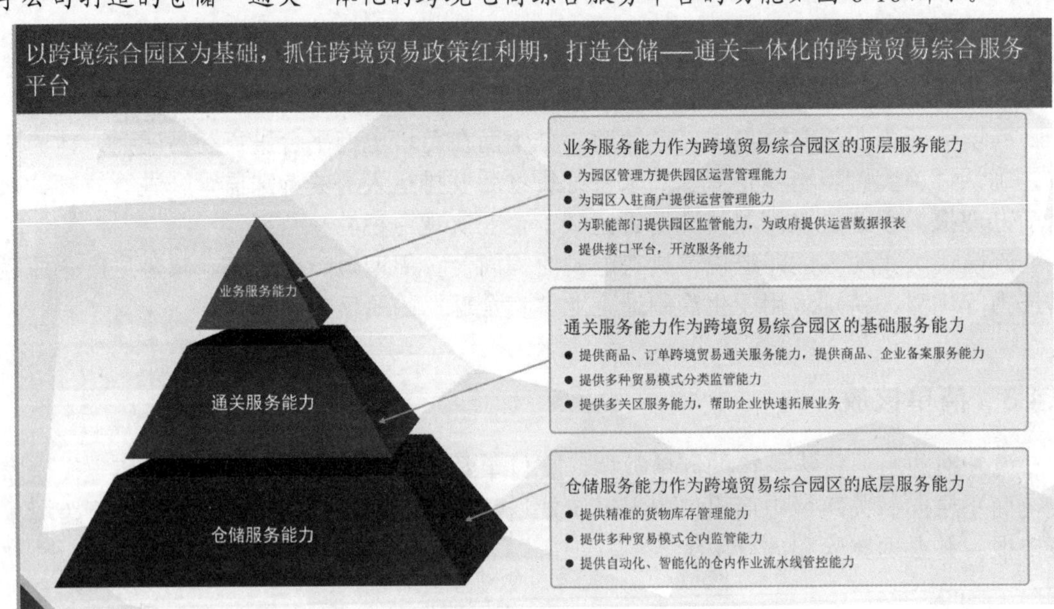

图 6-16　跨境电商综合服务平台的功能

金宇公司的跨境 1210 通关模式如下。

1. 跨境电商商户入驻

跨境电商商户在跨境电商公共服务仓备货之前，首先登录金宇公司的跨境电商综合服务平台（见图 6-17），完成商户备案、商品备案等前期准备工作。有了综合服务平台，商户不再需要自行投入大量的人力、物力和时间成本去开发系统，与监管关联主体、物流企业、支付企业做技术对接。

图 6-17　登录跨境电商综合服务平台

（1）商户备案

跨境电商商户在跨境电商综合服务平台完成商户资料填写并提交备案后，系统会自动完成商户的备案，如图 6-18 所示。

境内企业备案　境内企业管理人员备案　境内企业证件管理

* 名称：	湖北鑫龙吉国际物流有限公司	* 英文名称：	xinlongji
* 简称：	湖北鑫龙吉国际物流有限公司	营业执照号：	
* 地址：	湖北	英文地址：	
邮编：	443000	联系人：	
电话：		传真：	
电子邮件：		法人代表：	
法人电话：		投资总额(万)：	
注册资本(万)：		注册资本币种：	请选择
开户银行：		开户银行账户：	
经营区域范围：		* 注册有效日期：	
经营范围：		主要商品类别：	
年审日期：		注册日期：	
* 零售商品种：	其他	* 海关总署商户编号：	
* 海关总署商户名称：	湖北鑫龙吉国际物流有限公司		

图 6-18　商户备案

（2）商品备案

跨境电商商户在跨境电商综合服务平台完成商品资料填写并提交备案后，系统会自动完成商品商检和商品备案流程，如图 6-19 所示。

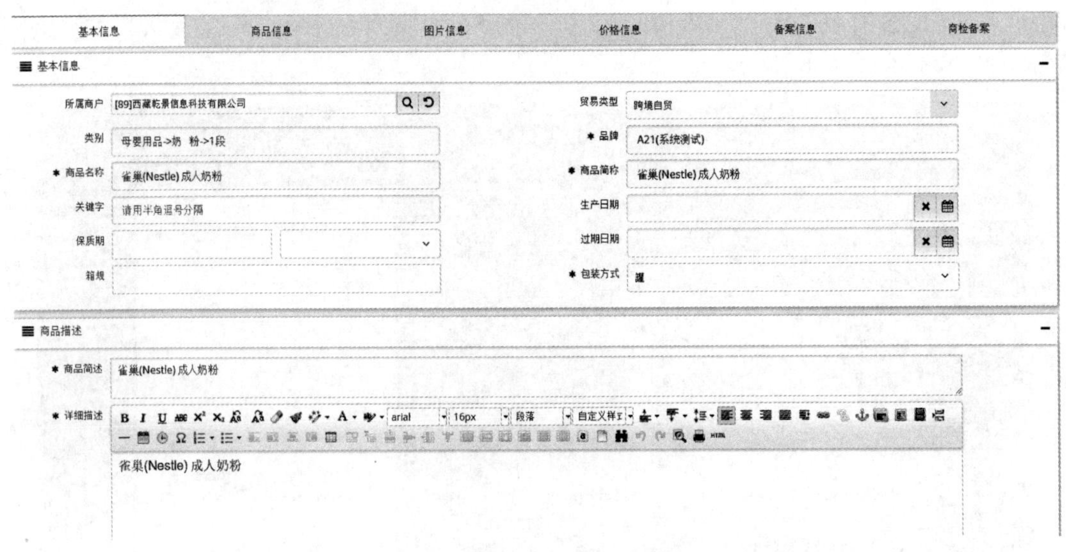

图 6-19　商品备案

2. 商品一线入区

前期准备工作完成后，跨境电商商户可在系统中下业务订单，同时即可安排海外发货。值得一提的是，在 1210 监管方式下，所有跨境电商正面清单里的货物进入东湖综合保税区均免通关单。

（1）跨境电商商户创建 PO 单

商户、商品备案成功后，商户即可在跨境电商综合服务平台创建 PO 单（见图 6-20），同时即可安排海外发货。

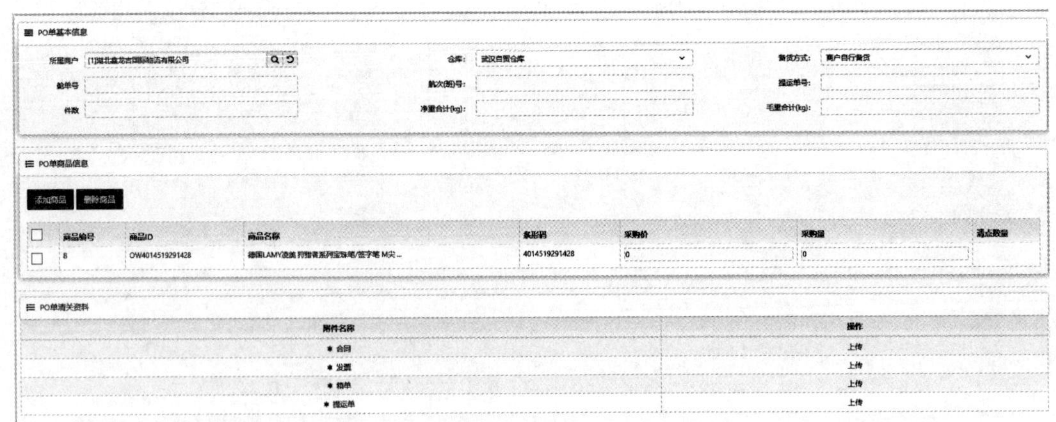

图 6-20　创建 PO 单

（2）商品运抵和提货申请、入区核放申请

商品从海外通过运输工具（飞机、铁路、轮船）到达武汉，公司的报关团队在跨境电商综合服务平台向海关监管系统发起提货申请（见图 6-21）、入区核放申请，海关审批通过后即可在线下口岸提货（货车）至东湖综合保税区湖北跨境电商公共服务仓。

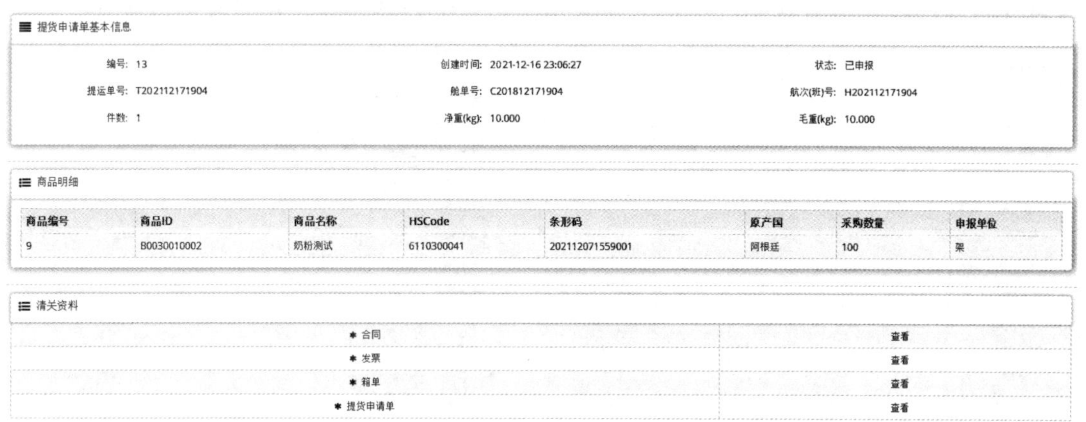

提货申请单基本信息

编号:	13	创建时间:	2021-12-16 23:06:27	状态:	已申报
提运单号:	T202112171904	舱单号:	C201812171904	航次(班)号:	H202112171904
件数:	1	净重(kg):	10.000	毛重(kg):	10.000

商品明细

商品编号	商品ID	商品名称	HSCode	条形码	原产国	采购数量	申报单位
9	B0030010002	奶粉测试	6110300041	202112071559001	阿根廷	100	架

清关资料

* 合同	查看
* 发票	查看
* 箱单	查看
* 提货申请单	查看

图 6-21　提货申请

该公共服务仓在海关监管区内由金宇公司建设和运营，一楼为湖北跨境电商监管分中心，库内设置有专门分拣区、查验区、暂扣区及海关办公区等，并配备有满足 1210 监管方式和业务承载能力的查验线、分拣线设备。

（3）仓库理货和报关单、补录入核放申请

仓库操作人员对商品进行理货，理货完成后，将理货确认数量通过 WMS 系统发送给跨境电商综合服务平台，由报关团队在跨境电商综合服务平台向中国国际贸易单一窗口和海关监管系统再次进行申报，申报内容包括：报关单申请（中国国际贸易单一窗口）、报关申请单申请、补录入核放单申请。

（4）商品账册库存数量增加

所有申报完成后，商品账册库存数量增加，消费者即可下单。

3. 消费者下单和订单申报

（1）消费者下单

消费者在跨境电商销售网站下单（见图 6-22），订单数据会自动同步到跨境电商综合服务平台。

图 6-22　消费者下单

（2）订单申报

跨境电商商户在跨境电商综合服务平台对订单进行数据申报（见图 6-23），“三单”对碰成功后，跨境电商综合服务平台将操作指令发送到湖北跨境电商公共服务仓。

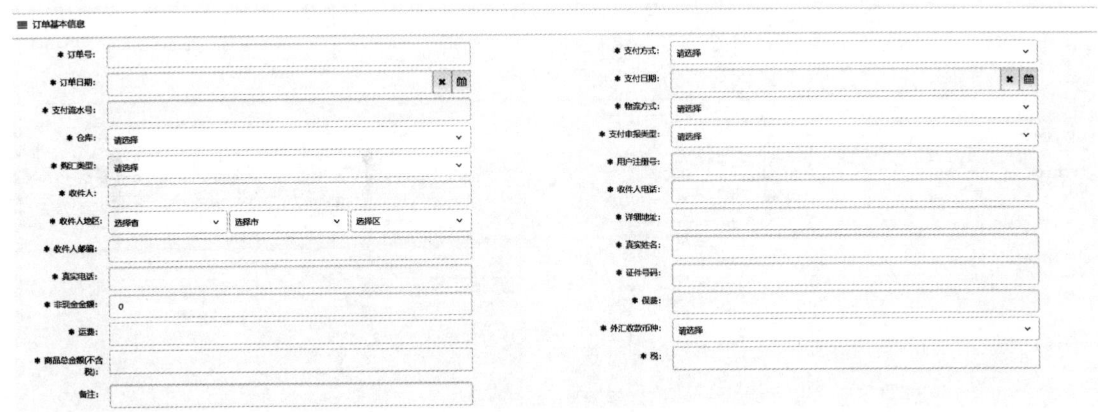

图 6-23　订单申报

4. 订单二线出区

（1）订单推送到 WMS 系统

订单申报完成后，将订单信息推送给 WMS 系统，仓库工作人员根据海关审核通过的实时订单进行拣货、打包。打包好的货物将被投放至监管分中心的查验分拣线。通过布控的方式，包裹将被海关抽查。海关现场查验被布控的包裹，查验完成后，包裹被输送至快递分拣口，无须查验的包裹将被系统直接输送至快递分拣口。这一系列动作都由全自动智能化系统操作。

（2）海关申报，包裹出区

公司报关团队在跨境电商综合服务平台向海关监管系统申报，出区申请单和出区核放单，申报完成后包裹即可运输出去。

拓展思政案例

杭州跨境电商破题双循环和高质量发展

2020 年，杭州跨境电商进出口额 1 084.16 亿元，跨境出口网店数 30 353 家，比 2019 年增加了 10 560 家。杭州跨境电商的发展为什么如此迅猛？原因有以下三个。

1. 加强传统外贸数字化转型

开展数字赋能工程，推动传统企业开展数字化转型升级和开拓海外市场。构建数字丝路战略枢纽，推进“数字口岸”建设。创新“互联网+口岸”新服务，建设具有数据联通、数字围网、秒级通关、智能物流、综合服务等功能的“数字口岸”。发挥杭州跨境电商平台服务企业优势，加强与 Amazon、阿里巴巴国际站、全球速卖通等平台合作，引导传统外贸、制造和国内电商转型跨境电商，同时支持在杭平台与全国跨境电商综试区城市合作。

2. 优化跨境电商供应链和海外服务网络

支持引导杭州 15 个跨境电商产业带发展，加强引导跨境电商平台及服务与产业带深入合作。支持生产制造企业运用数字化技术降低供应链成本。大力开展跨境电商新制造出海行动，推动制造企业提高产品设计研发能力，加强对产品国际标准的研究，规范跨境电商出口产品的标准和质量。加快构建以杭州为中心、面向全球主要电商市场的跨境电商海外服务网络。优化跨境电商海外服务生态，充分利用国内、国际两种资源，着力完善海外配套。支持依托重点国别、重点市场的海外仓，打造以全球海外仓为网络支撑的“一带多点、联动发展”的跨境电商生态圈。

3. 持续提升跨境电商品牌化营销能力

鼓励跨境电商企业建立优势品牌，不断优化品牌供应链。通过新技术、新场景的应用，提高品牌化的营销能力。开展跨境电商企业和社交媒体、数字内容平台等新兴领域的交流合作，加强与海外电商资源的对接，赋能品牌出海，提高国际市场竞争力。

资料来源：亿邦智库。

实训练习

跨境电商直邮监管虚拟仿真实训，以浙江师范大学开发的跨境电商直邮监管虚拟仿真实验教学系统进行操作。

实训要求：

跨境电商直邮进口监管涉及海关、跨境物流企业、跨境电商企业、跨境电商平台等多个主体，且信息流、物流、资金流在多个系统间交互，学生开展实体实验受到相当大的现实条件制约。本实验借助浙江师范大学开发的跨境电商直邮监管虚拟仿真实验教学系统，利用虚拟现实技术，通过再现仓储、物流、跨境监管场所及离境口岸四大场景，从获取海外用户订单信息开始，依次开展订单申报、运单申报及清单申报等工作，熟悉跨境电商直邮进口业务，提高学生的创新意识和实践能力。

建议下载 Google Chrome 浏览器，以获取最佳的使用效果。在实训中可进行小组合作，协同学习，或者借助实验帮助菜单进行答疑。

实训内容：

1. 模拟真实场景，包含跨境电商企业仓库、物流仓库、跨境电商监管场所及离境口岸，使学生通过三维操作体验，熟悉跨境电商在 9610 监管方式下的出口常规流程。

2. 通过仿真系统对跨境电商出口涉及的订单、运单、清单、清单总单等进行申报，让学生更深刻地理解相关信息流、资金流、物流。

实训步骤：

1. 登录 http://www.ilab-x.com/details/v5?id=5330，完成用户注册并做好实验前准备工作。

（1）单击右上角的“注册”选项（见图 6-24），完成用户注册。

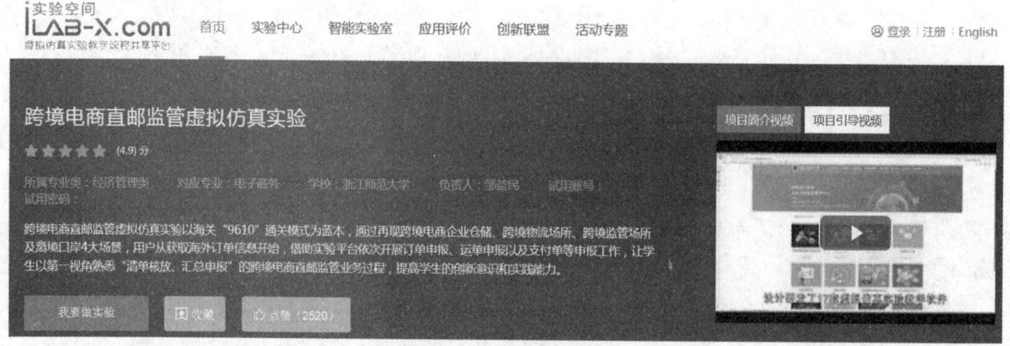

图 6-24　用户注册

（2）返回系统登录页面，单击“登录”选项，登录系统（见图 6-25）。

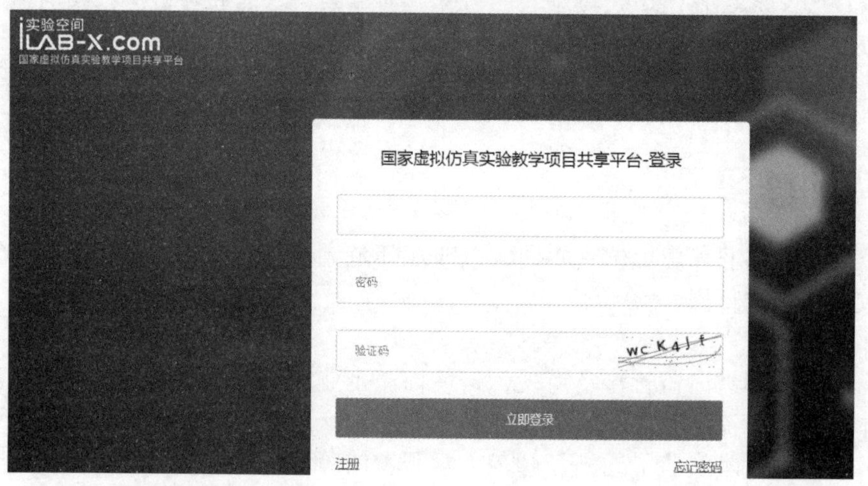

图 6-25　登录系统

（3）进入系统主界面，在“实验中心”导航栏输入关键词“直邮监管”进行搜索（见图 6-26），搜索结果如图 6-27 所示。

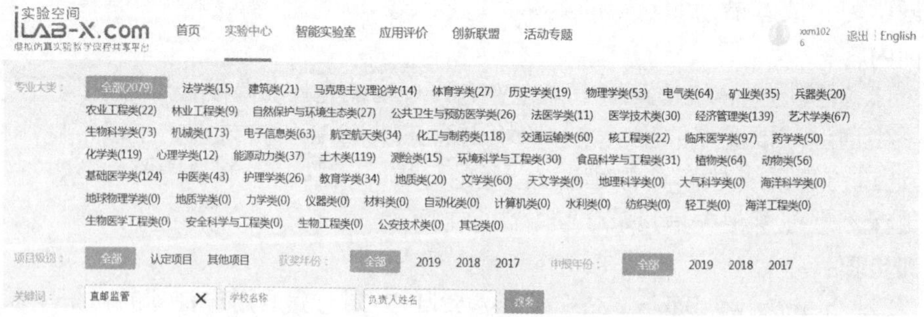

图 6-26　输入关键词“直邮监管”

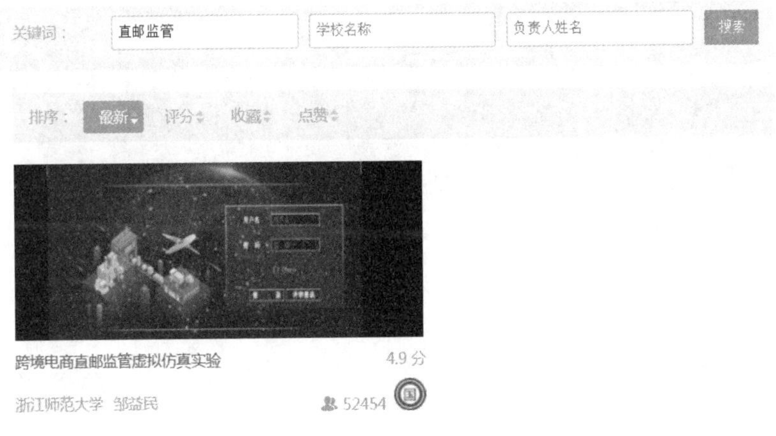

图 6-27　搜索结果

（4）回到首页，单击“我要做实验”选项，如图 6-28 所示。

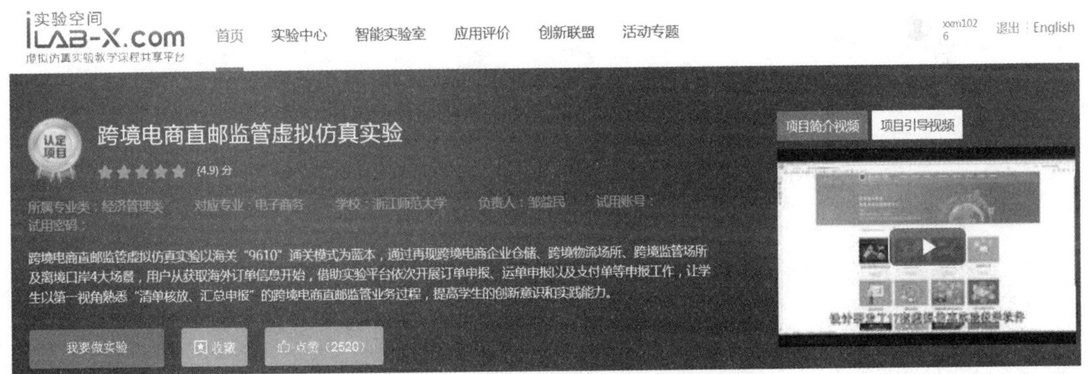

图 6-28　单击“我要做实验”选项

（5）单击跳转提示中的链接，如图 6-29 所示。

图 6-29　单击跳转提示中的链接

（6）单击“开始实验”选项，进入实验流程，如图 6-30 所示。

图 6-30　单击“开始实验”选项

2. 通过实训，完成直邮监管出口流程。具体步骤如下。

（1）跨境电商平台收到用户订单。

（2）仓库拣货。

（3）订单数据申报。

（4）运单数据申报。

（5）支付单数据申报。

（6）清单申报。

（7）跨境物流分包。

（8）清单总单申报。

（9）运抵申报。

（10）跨境监管场所分拣。

（11）离境口岸查验。

（12）汇总报关。

实训评价：

1. 熟悉跨境电商直邮监管虚拟仿真实验教学系统。（10 分）
2. 完成实训过程中的考核点，顺利完成实训步骤。（60 分）
3. 导出实验报告。（20 分）
4. 完成课后习题。（10 分）

课后习题

一、判断题

1. “三单”对碰是指海关对“三单”（订单、支付单、物流单）信息和清单信息进行数据比对。（　　）

2. 在跨境出口通关过程中，按各地关区的要求，需传送订单、收款单、运单信息，与清单信息进行数据对碰。（　　）

3. 跨境电商零售商品出口后，跨境电商企业或其代理人应于每月 15 日前按规定将上月结关的《申报清单》进行归并，汇总形成《出口货物报关单》进入中国国际贸易单一窗口平台向海关申报。（　　）

4. 在跨境电商零售进口时，消费者单次交易额度不超过 5 000 元，年度交易额度不超过 26 000 元，享受免税待遇。如仅购买一件商品，完税价格超过 5 000 元单次交易限值但低于 26 000 元年度交易限值，应按一般贸易要求管理，不享受任何电商政策优惠。（　　）

5. 跨境电商保税进口需要退货的商品，必须在海关放行之日起 30 日内发起申请，45 日内将退货商品以原状运抵原海关监管场所。（　　）

二、单选题

1. 海关特殊监管区域以（　　）为基本功能，针对货物实施视同“境内关外”进出口税收。

A. 保税　　B. 免税　　C. 纳税　　D. 减税

2. 传统的跨境电商出口零售，报关的主体是（　　）。

A. 跨境电商企业　　B. 跨境电商支付企业

C. 跨境物流企业　　D. 跨境电商平台企业

3. 海关 9610 监管方式下的通关方式是（　　）。

A. 清单核放、汇总申报　　B. 订单汇总、清单申报

C. 清单核放、总单申报　　D. 运单汇总、清单核放

4. 海关 9610 监管方式的意义在于（　　）。

A. 降低企业报关成本　　B. 提高通关效率

C. 有利于规范和监管　　D. 以上都是

5. 海关 9610 监管方式主要为哪种业务服务？（　　）

A. 跨境电商海外仓模式　　B. 跨境电商直邮模式

C. 一般贸易出口　　D. 个人物品邮寄

6. 分属不同关境的交易主体，通过电子商务的手段将传统进出口贸易中的展示、洽谈和成交环节电子化，并通过跨境物流送达商品、完成交易的一种国际商业活动，被称为（　　）。

A. 电子商务　　B. 国际贸易

C. 农村电商　　D. 跨境电商

7. 结关状态的运单应当于每月（　　）日前进行汇总申报。

A. 5　　B. 10　　C. 15　　D. 20

8. 运抵申报具体是由（　　）向海关发送运抵数据。

A. 电商企业负责人　　B. 物流企业负责人

C. 监管场所作业人　　D. 海关办公人员

9. 9610 是（　　）海关总署新增的跨境电商监管方式代码。

A. 2014 年 2 月　　B. 2015 年 2 月

C. 2015 年 12 月　　D. 2016 年 2 月

10. 跨境电商 B2C 保税进口模式下，在进口清单中，“监管方式”栏应输入（　　）。

A. 一般贸易

B. 保税区进出境仓储、转口货物

C. 保税电商

D. 电子商务

三、简答题

1. 简述保税电商进口的通关流程。
2. “两步申报”的要求是什么？

第 7 章 跨境电商 B2B 监管方式

学习目标

1. 掌握跨境电商 B2B 直接出口和跨境电商出口海外仓的特点及通关模式。
2. 依据企业的需求，选择跨境电商 B2B 出口的通关模式，降低企业通关成本。

导入案例

A 公司是位于浙江的一家电子商务公司，深耕出口贸易领域十余年，产品主要出口美国、英国、德国、日本和东南亚地区。2019 年，该公司在宁波口岸的 B2C 出口额达 4 000 万美元（监管方式代码 9610）。

2020 年 6 月 12 日，海关总署发布《关于开展跨境电子商务企业对企业出口监管试点的公告》，增列“跨境电子商务 B2B 直接出口”（9710）和“跨境电子商务出口海外仓”（9810）两种监管方式代码。

之后，A 公司积极进行 B2B 出口交易的转型升级，业务操作层面也迅速对政策做出了响应，完成了报文修改及推送对接工作。2020 年 8 月初成功申报一批出口到德国某大型集团的商品，货值达 800 万元。A 公司在实际业务操作后的反馈表明，9710 监管方式下的清单申报与一般贸易相比，具有简化申报、优先查验、便利通关的优点，出口效率得到了显著提升。

请分析:

1. 什么是“跨境电子商务 B2B 直接出口”和“跨境电子商务出口海外仓”？
2. 9710 和 9810 监管方式下如何进行通关？
3. 针对跨境电商 B2B 出口，海关有什么便利措施？

分析提示：

2020 年 6 月 12 日，海关总署发布《关于开展跨境电子商务企业对企业出口监管试点的公告》（海关总署公告 2020 年第 75 号），开展跨境电商 B2B 出口试点，增列海关监管方式代码 9710 和 9810。监管方式代码 9710，全称“跨境电子商务企业对企业直接出口”，简称“跨境电商 B2B 直接出口”，适用于跨境电商 B2B 直接出口的货物；

监管方式代码9810，全称“跨境电子商务出口海外仓”，简称“跨境电商出口海外仓”，适用于跨境电商出口海外仓的货物。

监管方式代码9710和9810适用于境内企业通过跨境电商平台与境外企业达成交易后，通过跨境物流将货物直接出口送达境外企业，或者境内企业将出口货物通过跨境物流送达海外仓，通过跨境电商平台实现交易后，再从海外仓送达消费者手中。

（1）通关系统方面，对于单票金额在5 000元以下且不涉证、不涉检、不涉税的跨境电商B2B直接出口（9710）、跨境电商出口海外仓（9810）出口货物，企业可选择跨境电商统一版或H2018新一代海关通关管理系统（以下简称H2018系统）通关。通过跨境电商统一版申报的货物无须汇总申报报关单。其中不涉及出口退税的货物可按照6位HS编码简化申报。对于单票金额在5 000元以上或涉证、涉检、涉税的跨境电商B2B直接出口（9710）、跨境电商出口海外仓（9810）出口货物，企业必须通过H2018系统通关。

（2）退货监管方面，通过9710和9810监管方式出口的货物均可以开展退货业务，对1年内退运进境的，免征进口关税，不涉及退税的可进境销售。

针对跨境电商B2B出口货物，海关的便利措施如下。

① 对于不涉及出口退税的跨境电商B2B低值货物的出口，跨境电商综合试验区注册企业可通过中国国际贸易单一窗口按6位HS编码以简化申报模式向海关申报电子清单。

② 海关对跨境电商B2B出口货物可优先安排查验。

③ 跨境电商B2B出口货物适用全国通关一体化，关区内企业可以选择向属地海关进行申报，货物在口岸地海关进行验放。

④ 跨境电商B2B出口货物和退货货物可按照“跨境电商”类型进行转关。其中，跨境电商综试区所在地海关通过跨境电商出口统一版系统申报的，可将货物品名以总运单形式录入“跨境电商商品一批”。

7.1 跨境电商B2B直接出口

7.1.1 跨境电商B2B直接出口概述

1. 跨境电商B2B直接出口的定义

跨境电商B2B直接出口属于B2B范畴，依据海关总署公告2020年第75号，其海关监管方式代码为9710，全称“跨境电子商务企业对企业直接出口”，简称“跨境电商B2B直接出口”，适用于跨境电商B2B直接出口的货物。具体来说，就是国内跨境电商企业通过B2B跨境电商平台开展线上商品、企业信息展示，并与国外企业建立联系，在线上或线下完成沟通、下单、支付并履约的流程。从业务模式上看，跨境电商B2B直接出口是境内跨境电商企业，按照境外企业买家在电子商务网站上下的订单，将商品发往境外企业买家的贸易形式。

2. 跨境电商 B2B 直接出口业务的参与主体

跨境电商 B2B 直接出口企业为参与跨境电商 B2B 出口业务的境内企业，包括跨境电商企业、受跨境电商企业委托的代理报关企业、跨境电商平台企业（境内或境外 B2B 平台）、物流企业等。这些企业应当依据海关报关单位注册登记的有关规定在海关办理注册登记，同时需要在海关企管系统中勾选相应的跨境电商企业类型。已办理注册登记未勾选企业类型的，在中国国际贸易单一窗口平台提交注册信息变更申请。

跨境电商 B2B 直接出口业务可以分为两种申报模式，分别是清单申报模式和报关单申报模式。在清单申报模式下，涉及的市场主体主要有跨境电商企业、物流企业、监管场所及境外采购企业四大类，订单的报送需通过数据接入报文方式申报。在报关单申报模式下，涉及的市场主体有实际开展电商出口业务的境内电商卖家、报关企业及境外采购企业，报关企业需要具备代理报关资质，如果境内电商卖家自行报关，跨境电商企业和报关企业即为同一家企业。报关单申报有两种方式，包括通过数据接入报文申报和通过中国国际贸易单一窗口平台录入。

3. 跨境电商 B2B 直接出口申报要求

跨境电商企业或其委托的代理报关企业、境内跨境电商平台企业、物流企业应当通过中国国际贸易单一窗口或“互联网+海关”平台向海关提交申报数据，传输电子信息，并对数据的真实性承担相应法律责任。

选择跨境电商 B2B 直接出口的企业申报前需上传交易平台生成的在线订单截图等交易电子信息，并填写收货人名称、货物名称、件数、毛重等在线订单内的关键信息。跨境电商 B2B 出口监管试点分为清单和报关单两种方式申报。以清单方式申报的，出口申报前，跨境电商出口企业或其代理人（含境内跨境电商平台企业）应向海关传输交易订单电子信息；物流企业向海关传输物流电子信息，具备条件的可加传收款信息，收款单信息为可选项，企业可以选择不申报，并对数据的真实性负责。以报关单方式申报的，出口申报前，跨境电商出口企业或其代理人（含平台企业）应向海关传输交易订单电子信息，具备条件的可加传收款信息，并对数据的真实性负责。

4. 跨境电商 B2B 直接出口的优势

（1）降低中小企业参与国际贸易门槛

在传统外贸业态中，中小微企业或个人因规模小、资金不足，很难取得相应的进出口资质，因此很难独自参与到国际贸易中，只能借助外贸代理商实现进出口，需承担较大的资金成本和风险。而且中小微企业通常只生产中间产品，无法及时与终端客户沟通，获得市场的有效反馈，从而丧失了建立自身品牌和高溢价的可能性。现阶段，跨境电商 B2B 平台将碎片化、小单化、移动化的贸易流程变得十分简明，操作起来更加容易。中小微企业和个人可以通过跨境电商 B2B 平台寻找全球各地的买家，极大地降低了参与全球贸易的门槛。

（2）有利于获得新外贸用户

跨境电商 B2B 改变了过去“工厂—外贸企业—国外商贸企业—国外零售企业—海外消费者”的贸易链条，使国内出口企业能够直接对话海外消费者和小企业这两大目标群，使中国成为支撑全球卖家的定制化供应链服务中心。

（3）有利于抢占新市场

当前，东盟、中东、非洲、拉丁美洲等已经成为跨境电商快速增长的新兴市场，中小外贸企业通过跨境电商平台能够平等地参与到新兴市场的竞争中，凭借自身灵活的供应链，能够较快地适应新兴市场的个性化消费需求，获取新的市场空间。

7.1.2 跨境电商 B2B 直接出口流程

1. 跨境电商 B2B 直接出口清关流程

跨境电商 B2B 直接出口清关流程如图 7-1 所示。

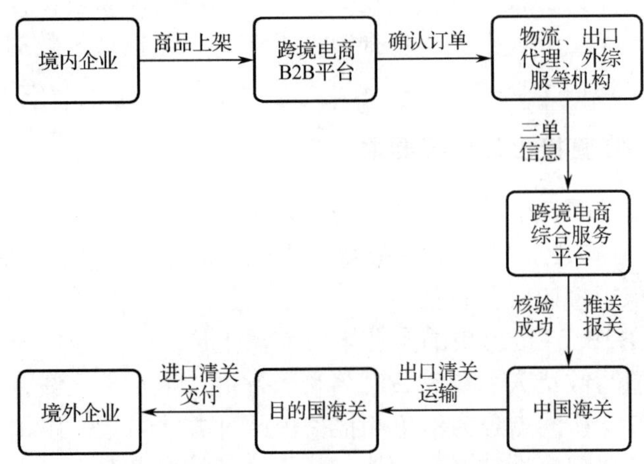

图 7-1 跨境电商 B2B 直接出口清关流程

2. 跨境电商 B2B 直接出口申报流程

跨境电商 B2B 直接出口在通关方面以单票金额 5 000 元为分割线：在单票金额 5 000 元（含）以下且货物不涉税、不涉检的情况下，可向海关提供订单、物流单、清单，通过 H2018 系统或跨境电商出口统一版报关，使用跨境电商出口统一版通关的，无须汇总申报报关单，其中不涉及退税的清单可按 6 位 HS 编码简化申报（仅需要填写 6 项信息）；单票金额 5 000 元以上或涉检、涉税的货物需要提供订单、报关单，并通过 H2018 系统报关，且适应全国通关一体化。跨境电商 B2B 直接出口申报流程如图 7-2 所示。跨境电商 B2B 直接出口业务单据流转如图 7-3 所示。

3. 跨境电商 B2B 直接出口清单及报关单填写注意事项

跨境电商 B2B 直接出口分为清单申报和报关单申报两种申报模式。两种申报模式的填写注意事项如下。

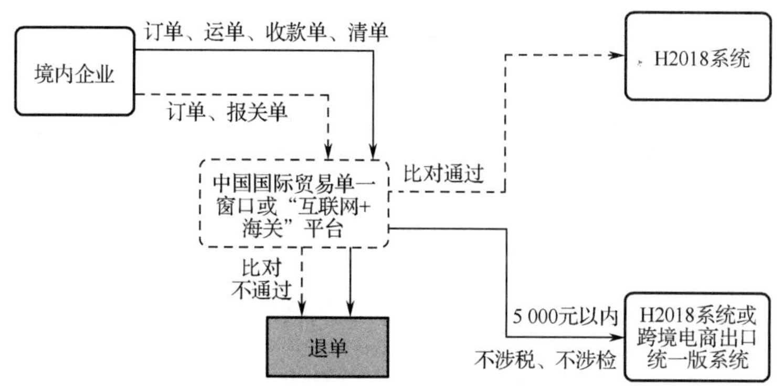

图 7-2 跨境电商 B2B 直接出口申报流程

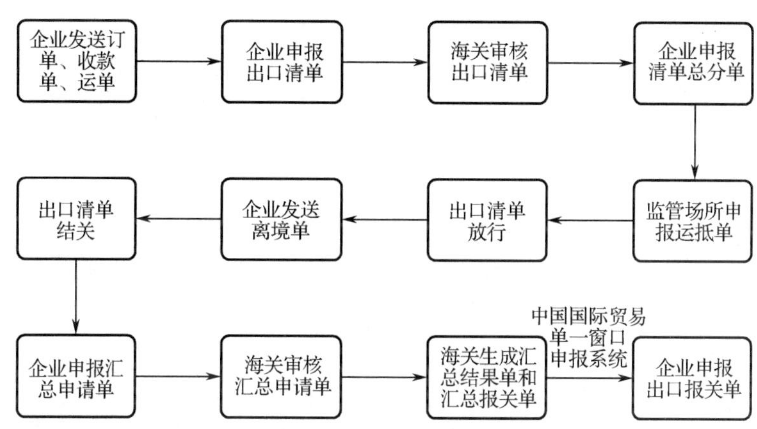

图 7-3 跨境电商 B2B 直接出口业务单据流转

（1）清单申报模式填写注意事项

① 订单类型为 B，电商平台代码（对于境外平台等无法提供具体信息的）可填写“无”，电商平台名称按实际填写。

② 要求货值 5 000 元（含）以下且不涉证、不涉检、不涉税。

③ 清单的贸易方式为 9710，申报地海关为试点关区，可选 6 位 HS 编码简化申报。

④ 其他单证和流程参照 9610 出口。

（2）报关单申报模式填写注意事项

① 订单类型为 B，电商平台代码（对于境外平台等无法提供具体信息的）可填写“无”，电商平台名称按实际填写。

② 没有货值等要求。

③ 报关单的贸易方式为 9710，申报地海关为试点关区。

④ 报关单的随附单据类别代码 10000004（跨境电商 B2B 出口单证）填写电商订单编号。

⑤ 在报关单申报环节应进行报关单（表头和表体）与订单（表头和表体）的比对校验（参考 9610 清单与订单比对）。

⑥ 报关单可按现有方式录入或导入，也可选择跨境电商通道导入报关单（仅限 9710、9810），报关单回执原路从跨境电商通道下发。

⑦ 其他内容参照 0110 出口。

7.2 跨境电商出口海外仓

7.2.1 跨境电商出口海外仓概述

1. 跨境电商出口海外仓的定义

跨境电商出口海外仓属于 B2B 范畴，只适应出口，出自海关总署公告 2020 年第 75 号。其海关监管方式代码为 9810，全称“跨境电子商务出口海外仓”，简称“跨境电商出口海外仓”，适用于跨境电商出口海外仓的货物。具体来说，就是国内企业通过跨境物流将货物以一般贸易方式批量出口至海外仓，经跨境电商平台完成线上交易后，货物再由海外仓送至境外消费者的一种货物出口模式。在 9810 出口业务中，境内的跨境电商企业将所销售的货物批量出口至海外仓，当境外消费者下订单后，再从海外仓将商品发出。

从商品运输轨迹可以看出，9710 出口业务的运输是境内到境外，属于一段式，而 9810 出口业务的运输是商品从境内运往境外海外仓，再从海外仓运往境外消费者，属于两段式。

根据海关总署公告 2020 年第 75 号第一条的定义，跨境电商 B2B 应具备以下几个条件：交易主体是境内企业和境外企业；通过跨境电商平台达成交易；根据海关要求传输相关电子数据。9810 与 9710 的区别主要在于企业通过跨境物流将货物运至海外仓后送达消费者。

2. 跨境电商出口海外仓参与主体

在跨境电商出口海外仓模式中，主要涉及跨境电商出口企业、物流企业、外贸综合服务企业、公共海外仓经营企业、跨境电商平台企业（境内或境外 B2C 平台）、境外物流企业、境外消费者等参与主体。开展跨境电商出口海外仓业务的境内企业应在海关办理注册登记，且企业信用等级为一般信用及以上。

3. 申请跨境电商出口海外仓的申报要求

申请跨境电商出口海外仓业务模式备案，企业应当向主管地海关递交以下资料。

① 两个登记表：《跨境电子商务海外仓出口企业备案登记表》（见表 7-1）和《跨境电子商务海外仓信息登记表》（见表 7-2）（一仓一表），一式一份。

② 海外仓证明材料：海外仓所有权文件（自有海外仓）、海外仓租赁协议（租赁海外仓）、其他可证明海外仓使用的相关资料（如海外仓入库信息截图、海外仓货物境外线上销售相关信息、情况说明）等。

③ 海关认为需要的其他资料，如企业营业执照。

上述资料应向企业主管地海关递交，如有变更，企业应及时向海关更新相关资料。

表 7-1　跨境电子商务海外仓出口企业备案登记表

编号：

企业名称		申请时间	
主管海关			
海关注册编码		统一社会信用代码	
企业法人		通信地址	
联系人		联系电话	
线上销售平台			
主要海外仓名称	1.		
	2.		
	3.		
海外仓说明及随附资料	年　月　日		
其他说明			
审核意见： 年　月　日			
备注： 年　月　日			

表 7-2　跨境电子商务海外仓信息登记表

海外仓信息			
企业名称		海关注册编码	
海外仓名称		面积（平方米）	
所在国家		所在城市	
海外仓地址		仓库性质	
线上销售平台			
备注			

选择跨境电商出口海外仓的企业申报前需上传海外仓委托服务合同等海外仓订仓单电子信息，并填写海外仓地址、委托服务期限等关键信息。出口货物入仓后需上传入仓电子信息，并填写入仓商品名称、入仓时间等关键信息。代理报关企业应填报货物对应的委托企业工商信息。企业申报的“三单”信息应为同一批货物信息，申报企业应对上传的电子信息、填报信息的真实性负责。

4. 申请跨境电商出口海外仓的优势

跨境电商出口海外仓的本质是跨境电商 B2C 零售出口的升级演变，通过海外仓的前置备货，使商品更快地送达海外消费者手中，其目的是更高效地服务海外跨境电商消费者，提高跨境电商零售出口整体运行效率。特别是在新冠肺炎疫情防控期间，海外仓对外贸企业的重要作用更加凸显。

（1）提升配送时效

跨境电商 B2B 直接出口的跨境物流链条相对较长，主要环节包括国内物流、国内海关、国外海关、国外物流等，即便在空运物流形式下，通常也需要 15 天左右才能到达消费者手中，还要面临破损率高、旺季拥堵等风险。而在海外仓出口模式下，商品到达消费者手中只需要经历国外本土物流一个环节，其他环节都已经前置完成，大大缩短了物流时间，甚至能够实现当日达、次日达，同时破损丢包率也能有效降低，提升消费者购买体验，促进消费者复购。

（2）提高销量

商品进入海外仓后，在跨境电商平台中，商品所在地即为本地，海外消费者在选购商品时，为缩短收货时间，通常会优先选择当地发货，因此海外仓出口有助于提高销量。此外，由于海外仓出口模式下物流时间大幅缩短，使消费者因物流时间过长和物流信息不及时导致的物流纠纷明显减少，对提高商品交易量和快速回款都有明显帮助。

（3）物流成本更低

跨境电商 B2C 直邮出口以邮政小包为主，其物流通常采用航空带货方式。伴随着 E 邮宝价格逐年上涨，而在海外仓出口模式下，先将商品以一般贸易方式批量出口到海外仓，物流方式通常以海运为主，成本相对更低。以 3C 数码产品为例，同一个时间段，B2C 直邮运费约为 120 元，而在海外仓出口模式下，海运至海外仓运费约合 60 元。更低的物流成本意味着出口企业可以拥有更高的利润空间。

（4）售后更有保障

在 B2C 模式下，商品发生退换货问题时，由于再发货成本过高和时间过长，大多数卖家会进行退单处理，而商品通常在本地进行销毁、废弃，即便是换货，也大概率会导致海外消费者的负面评价，售后体验较差。而在 B2B2C 模式下，通过海外仓可以对商品进行有效的退换货处理，退货的商品也可以通过海外仓进行维修和二次包装，或者批量复运回国内进行维修，给消费者带来更高品质的售后服务保障。

7.2.2 跨境电商出口海外仓流程

1. 跨境电商出口海外仓清关流程

跨境电商出口海外仓清关流程如图 7-4 所示。

2. 跨境电商出口海外仓申报流程

① 企业通过中国国际贸易单一窗口标准版或“互联网+海关”平台的跨境电商公共服务系统和货物申报系统，向海关提交申报数据，传输电子信息。跨境电商 B2B 出口有关电子信息报文，沿用跨境电商通关服务系统现有的 B2C 接入通道模式，新增支持 B2B 出口报关单报文导入；货物申报系统支持 B2B 出口报关单按现有模式录入和导入。

② 通关方面同样以单票金额 5 000 元为分割线，在单票金额 5 000 元（含）以下且货物不涉税、不涉检的情况下可向海关提供订仓单、物流单、清单，通过 H2018 系统或跨境电商出口统一版报关，使用跨境电商出口统一版通关的，无须汇总申报报关单，其中不涉及退税的清单可按 6 位 HS 编码简化申报（仅需要填写 6 项信息）；在单票金额 5 000

元以上或涉检、涉税的货物，需要提供订仓单、报关单，并通过 H2018 系统报关，且适应全国通关一体化。

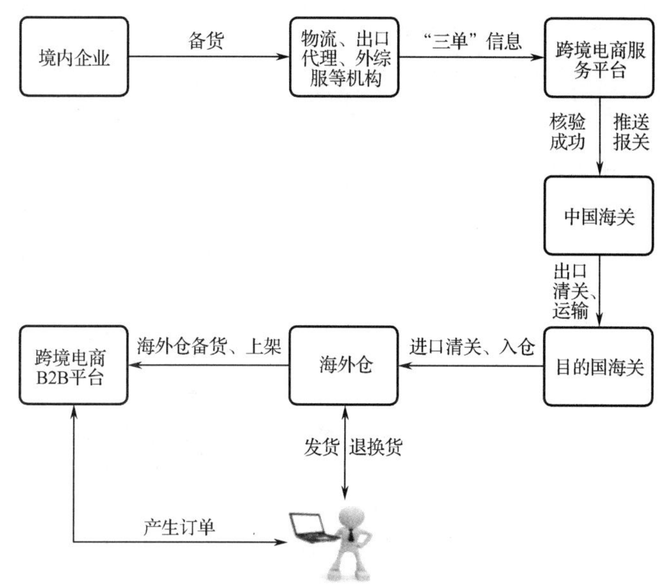

图 7-4　跨境电商出口海外仓清关流程

③ 跨境电商出口海外仓业务可以分为两种申报模式，分别是清单申报模式和报关单申报模式。

在清单申报模式下，出口申报前，跨境电商出口企业或其代理人（含境内跨境电商平台企业）应向海关传输海外仓订仓单电子信息，物流企业向海关传输物流电子信息，具备条件的可加传收款信息，并对数据的真实性负责。在清单模式中，订单的报送需通过数据接入报文方式申报。

在报关单申报模式下，出口申报前，跨境电商出口企业或其代理人（含境内跨境电商平台企业）应向海关传输海外仓订仓单电子信息，具备条件的可加传收款信息，并对数据的真实性负责。以报关单模式申报有两种方式，包括通过数据接入报文申报和通过中国国际贸易单一窗口平台录入。

跨境电商出口海外仓申报流程如图 7-5 所示。

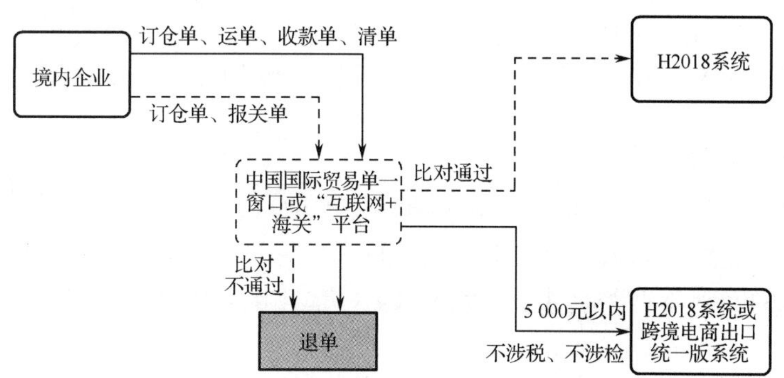

图 7-5　跨境电商出口海外仓申报流程

跨境电商 B2B 直接出口和出口海外仓通关系统比较如表 7-4 所示。

表 7-4 跨境电商 B2B 直接出口和出口海外仓通关系统比较

通关平台	电子信息传输		清单申报	报关单申报
	跨境电商 B2B 直接出口	跨境电商出口海外仓		
H2018 系统通关	申报前，跨境电商企业或跨境电商平台企业应向海关传输交易订单信息	申报前，跨境电商企业应向海关传输海外仓订仓信息		跨境电商企业或其代理人向海关申报报关单，系统对企业资质及申报内容进行校验。通过系统校验的，向 H2018 通关系统申报报关单
跨境电商出口统一版系统通关	货物申报前，跨境电商企业、物流企业应分别向海关传输交易订单、物流信息	货物申报前，跨境电商企业、物流企业应分别向海关传输海外仓订仓信息、物流信息	跨境电商企业或其代理人向海关申报清单，系统对企业资质及申报内容进行校验。通过系统校验的，向跨境电商出口统一版申报清单。清单无须汇总申报报关单	

3. 跨境电商出口海外仓清单及报关单填写注意事项

跨境电商出口海外仓分为清单申报模式和报关单申报模式。两种申报模式的填写注意事项如下。

（1）清单申报模式的填写注意事项

① 订单类型为 W，电商平台代码填写“无”，电商平台名称填写海外仓名称，备注填写海外仓地址。

② 要求货值 5 000 元（含）以下且不涉证、不涉检、不涉税。

③ 清单的贸易方式为 9810，申报地海关为试点关区，可选 6 位 HS 编码简化申报。

④ 清单的收发货人（电商企业）或生产销售单位，提前在海关完成申报关区+海外仓业务备案。

⑤ 其他单证和流程参照 9610 出口。

（2）报关单申报模式的填写注意事项

① 订单类型为 W，电商平台代码填写“无”，电商平台名称填写海外仓名称，备注填写海外仓地址。

② 没有货值等要求。

③ 报关单的贸易方式为 9810，申报地海关为试点关区。

④ 报关单的收发货人或生产销售单位，提前在海关完成申报关区+海外仓业务备案。

⑤ 报关单的随附单据类别代码 10000004（跨境电商 B2B 出口单证）填写海外仓订仓单编号。

⑥ 在报关单申报环节应进行报关单（表头和表体）与订单（表头和表体）的比对校

验（参考 9610 清单与订单比对）。

⑦ 报关单可按现有方式录入、导入，也可选择跨境电商通道导入报关单（仅限 9710、9810），报关单回执原路从跨境电商通道下发。

⑧ 其他内容参照 0110 出口。

知识链接 7-1

海关总署公告 2020 年第 75 号《关于开展跨境电子商务企业对企业出口监管试点的公告》

为贯彻落实党中央国务院关于加快跨境电子商务（以下简称“跨境电商”）新业态发展的部署要求，充分发挥跨境电商稳外贸保就业等积极作用，进一步促进跨境电商健康快速发展，现就跨境电商企业对企业出口（以下简称“跨境电商 B2B 出口”）试点有关监管事宜公告如下：

一、适用范围

（一）境内企业通过跨境电商平台与境外企业达成交易后，通过跨境物流将货物直接出口送达境外企业（以下简称“跨境电商 B2B 直接出口”）；或境内企业将出口货物通过跨境物流送达海外仓，通过跨境电商平台实现交易后从海外仓送达购买者（以下简称“跨境电商出口海外仓”）；并根据海关要求传输相关电子数据的，按照本公告接受海关监管。

二、增列海关监管方式代码

（二）增列海关监管方式代码“9710”，全称“跨境电子商务企业对企业直接出口”，简称“跨境电商 B2B 直接出口”，适用于跨境电商 B2B 直接出口的货物。

（三）增列海关监管方式代码“9810”，全称“跨境电子商务出口海外仓”，简称“跨境电商出口海外仓”，适用于跨境电商出口海外仓的货物。

三、企业管理

（四）跨境电商企业、跨境电商平台企业、物流企业等参与跨境电商 B2B 出口业务的境内企业，应当依据海关报关单位注册登记管理有关规定，向所在地海关办理注册登记。

开展出口海外仓业务的跨境电商企业，还应当在海关开展出口海外仓业务模式备案。

四、通关管理

（五）跨境电商企业或其委托的代理报关企业、境内跨境电商平台企业、物流企业应当通过国际贸易“单一窗口”或“互联网+海关”向海关提交申报数据、传输电子信息，并对数据真实性承担相应法律责任。

（六）跨境电商 B2B 出口货物应当符合检验检疫相关规定。

（七）海关实施查验时，跨境电商企业或其代理人、监管作业场所经营人应当按照有关规定配合海关查验。海关按规定实施查验，对跨境电商 B2B 出口货物可优先安排查验。

（八）跨境电商 B2B 出口货物适用全国通关一体化，也可采用“跨境电商”模式进行转关。

五、其他事项

（九）本公告有关用语的含义：

“跨境电商 B2B 出口”是指境内企业通过跨境物流将货物运送至境外企业或海外仓，并通过跨境电商平台完成交易的贸易形式。

“跨境电商平台”是指为交易双方提供网页空间、虚拟经营场所、交易规则、信息发布等服务，设立供交易双方独立开展交易活动的信息网络系统。包括自营平台和第三方平台，境内平台和境外平台。

（十）在北京海关、天津海关、南京海关、杭州海关、宁波海关、厦门海关、郑州海关、广州海关、深圳海关、黄埔海关开展跨境电商 B2B 出口监管试点。根据试点情况及时在全国海关复制推广。

（十一）本公告自 2020 年 7 月 1 日起施行，未尽事宜按海关有关规定办理。

资料来源：中华人民共和国海关总署网站。

知识链接 7-2

海关总署公告 2020 年第 92 号《关于扩大跨境电子商务企业对企业出口监管试点范围的公告》

为进一步贯彻落实党中央国务院关于做好“六稳”工作、落实“六保”任务的部署要求，加快跨境电子商务新业态发展，海关总署决定进一步扩大跨境电子商务企业对企业出口（以下简称“跨境电商 B2B 出口”）监管试点范围。现将有关事项公告如下：

在现有试点海关基础上，增加上海、福州、青岛、济南、武汉、长沙、拱北、湛江、南宁、重庆、成都、西安等 12 个直属海关开展跨境电商 B2B 出口监管试点，试点工作有关事项按照海关总署公告 2020 年第 75 号执行。

本公告自 2020 年 9 月 1 日起施行。

资料来源：中华人民共和国海关总署网站。

拓展思政案例

海南自贸港：开放创新走向世界、拥抱世界

2020 年海南外贸进出口 933 亿元，同比增长 3%，增速高于全国 1.1 个百分点。2020 年 6—12 月，即《海南自由贸易港建设总体方案》发布后的 7 个月，海南外贸进出口增速高达 15.2%，增速高于同期全国 8.9 个百分点。其中，外贸进口增速跃居全国首位，达到 42.5%，高于全国 40.2 个百分点。

1. 三箭齐发，跨境贸易新业态蓬勃发展

海口综合保税区保税仓储、保税电商等新业态发展迅速，共进出口 233.1 亿元，增长 193%。其中，跨境电商进出口 8.4 亿元，增长 796%；保税物流货物 71.8 亿元，增长 906%；新增易货贸易 3.5 亿元。

洋浦保税港区保税维修、粮食加工、跨境电商、融资租赁等产业发展初具雏形，共进出口 22 亿元，增长 487%。

博鳌乐城国际医疗旅游先行区进口临床急需药品和医疗器械及器具 1.6 亿元，增长 3.6 倍。

三个区域合计进出口 256.7 亿元，增长 153%，对全省外贸增长贡献率高达 572%。

2. 百花齐放，贸易伙伴新格局更加多元

2020 年，海南对外贸易伙伴涉及全球 183 个国家和地区，东盟、欧盟和美国仍为前三大贸易伙伴。其中：

对东盟进出口 236.6 亿元，占全省总额的 25.36%；

对欧盟进出口 154.9 亿元，占全省总额的 16.60%；

对美国进出口 86.5 亿元，占全省总额的 9.27%；

对日本进出口 63.2 亿元、同比增长 92.9%，占全省总额的 6.77%；

对英国进出口 62.3 亿元、同比增长 201%，占全省总额的 6.68%。

从出口情况看，出口市场数量从 159 个增加到 183 个，同比增长 10.7%。

资料来源：海南自由贸易港公众号。

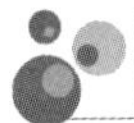

实训练习

为进一步优化营商环境，促进贸易便利化，推动跨境电商出口业务健康快速发展，海关总署于 2020 年 3 月 27 日发布了《关于全面推广跨境电子商务出口商品退货监管措施有关事宜的公告》（海关总署公告 2020 年第 44 号），请据此简述跨境电商特殊区域出口海外仓零售退货流程。

实训要求：

1. 了解跨境电商出口商品退货监管措施。
2. 掌握办理退货的流程。
3. 正确填制退货商品的报关单。

实训内容：

1. 查阅海关总署《关于全面推广跨境电子商务出口商品退货监管措施有关事宜的公告》。
2. 熟悉跨境电商出口商品退货事宜。
3. 知晓跨境电商特殊区域的海关监管政策。
4. 联系海关总署公告 2020 年第 44 号，结合跨境电商特殊区域的监管政策，解读跨境电商特殊区域出口海外仓零售退货流程。

实训步骤：

1. 退货申报管理。退货商品由境外退运至原特殊区域时，区内企业向海关申报保税核注清单，根据保税核注清单数据归并生成进口报关单/进境备案清单，并在报关单/备案清单录入界面“业务事项”选项中勾选“跨境电子商务海外仓”复选框，监管代码为退运货物（4561），在“备注”栏首位填写区内原出口报关单号/出境备案清单号。

2．查验管理。对跨境电商特殊区域出口海外仓零售的退货商品，海关按照布控指令进行查验，并重点验核其是否为原出口商品复运进境。对出口海外仓商品及其退货，优先查验。

3．账册核增。退货商品对应的进口报关单/进境备案清单审核放行后，对应特殊区域的原海外仓出口底账相应核增。

4．退运至境内区外。从境外海外仓原状退回特殊区域的退货商品，因品质或规格等原因需出区进口至境内区外的，原国内出口企业应在原出口进区报关单放行之日起1年内以退运货物（4561）监管方式向主管海关申报进口报关单，在报关单“备注”栏首位填写原出口报关单号，并提交不涉及退税或未退税、退税已补税等相关证明材料，经海关审核同意后准予不征税复进口至境内区外。

实训评价：

1．在实训步骤中能说明跨境电商退货商品报关的流程：申报—查验—放行，则该实训成绩为及格。

2．在上一条要求的基础上，同时考虑退货商品的退税事宜，并能提及不涉及退税或未退税、退税已补税等相关证明材料，该实训成绩为良好。

3．在上一条要求的基础上，能联系报关单的填制规范，进行入区和出区进口至境内区外的监管方式和“备注”栏的正确申报，该实训成绩为优秀。

课后习题

一、判断题

1．跨境电商B2B出口与传统一般贸易出口的通关流程相同。（　　）

2．跨境电商在以B2B模式出口货物时必须委托专业报关公司代理报关。（　　）

3．如果某商品的监管条件代码包含B，则该商品出口时需要办理报检手续。（　　）

4．申请跨境电商出口海外仓业务模式备案时，企业只需向主管地海关递交《跨境电商海外仓出口企业备案登记表》。（　　）

二、单选题

1．监管方式代码9710是指（　　）。

A．跨境电商B2B直接出口　　B．直购进口
C．保税出口　　D．跨境电商出口海外仓

2．对于单票金额在5 000元以下且不涉证、不涉检、不涉税的跨境电商B2B出口货物，企业可报送（　　）校验通过后自动推送至跨境电商出口统一版系统。

A．报关单　　B．备案清单　　C．运单　　D．申报清单

3．跨境电商B2B出口货物一般通过中国国际贸易单一窗口平台向海关申报出口报关单，其中单票金额在（　　）以下且不涉证、不涉检、不涉税的低值货物，企业可选择通过中国国际贸易单一窗口平台向海关申报电子清单。

A．2 000元　　B．5 000元　　C．20 000元　　D．26 000元

4. 至 2020 年年底，海关开展跨境电商 B2B 出口监管工作试点的范围扩展到（　　）地。

A. 24　　B. 105　　C. 22　　D. 85

5. 开展海外仓出口业务的跨境电商企业，其监管方式代码为（　　）。

A. 1210　　B. 9610　　C. 9710　　D. 9810

三、简答题

1. 简述跨境电商 B2B 直接出口和出口海外仓的申报流程。
2. 跨境电商 B2B 直接出口和出口海外仓分别适用于什么模式？
3. 跨境电商 B2B 出口模式为企业提供了哪些通关便利？

第 8 章 跨境电商通关法规与政策

学习目标

1. 了解跨境电商通关的合规管理内容，包括零售进出口商品清单、通关管理、税收管理、监管方式等方面的法规。

2. 运用合规管理的法规指导跨境电商通关实务，降低企业成本，提高通关效率。

导入案例

作为新兴贸易业态，跨境电商在新冠肺炎疫情防控期间进出口贸易额出现了不降反升的迹象。据海关统计，2020 年我国跨境电商进出口规模达 1.69 万亿元，强势增长 31.1%，其中出口 1.12 万亿元，增长 40.1%。

受新冠肺炎疫情的影响，超万家传统外贸企业触网上线、提质增效，跨境电商成为企业开展国际贸易的首选和外贸创新发展的排头兵。疫情后海外消费者对“中国制造”的需求上升，我国的电子产品、日用品等受到海外消费者的青睐。海关数据显示，2020 年我国出口笔记本电脑等“宅经济”产品达 2.51 万亿元，增长 8.5%。随着我国出口跨境电商的不断发展，越来越多的中国商品开始走向海外，全球消费者的需求也不断升级。这得益于国家针对跨境电商出台的一系列利好政策，不断加持跨境电商的发展。从跨境零售进口试点和跨境电商综试区的新增，到跨境 B2B 出口监管试点的增加等，相关政策不仅覆盖进出口市场，还覆盖零售和批发模式，政策对跨境电商的发展起到了重要的推动作用。

请分析：

1. 海关对跨境电商企业的通关管理包括哪些方面？

2. 对跨境电商进出口商品清单中的商品如何征税？

3. 海关总署对跨境电商的监管模式有哪些？

分析提示：

海关对跨境电商企业的通关管理通过法律法规进行合规管理。针对通关管理，从跨境电商参与主体管理、跨境电商企业注册登记、进出口商品退货事宜、建立跨境电商综试区等多方面落实对应的监管措施。

对跨境电商进出口商品清单中的商品进行征税时，完税价格的确定、税率的选择及税费的计算见第 3 章。

海关总署对跨境电商的监管方式分为跨境电商 B2C（监管方式代码 9610、1210、1239）和跨境电商 B2B（监管方式代码 9710 和 9810），其中 9610 对应海关总署公告 2014 年第 12 号，1210 对应海关总署公告 2014 年第 57 号，1239 对应海关总署公告 2016 年第 75 号，9710 和 9810 对应海关总署公告 2020 年第 75 号，具体的监管方式见第 6 章和第 7 章的相关内容。

8.1　正面清单

8.1.1　正面清单的具体法规与政策

1. 正面清单的定义

所谓正面清单，即《跨境电子商务零售进口商品清单》，又称海淘免税“白名单”，表示不在正面清单的商品，将无法通过直购进口和网购保税进口模式进行购买。近年来，国家先后多次扩容了正面清单，使其内容涵盖了服饰鞋包、数码产品、家用电器、美妆护肤用品、保健品、婴幼儿用品等消费需求比较旺盛的商品。

2019 年 12 月 24 日，财政部等 13 部门联合发布了《关于调整扩大跨境电子商务零售进口商品清单的公告》。公告指出，为落实国务院关于调整扩大跨境电商零售进口商品清单的要求，促进跨境电商零售进口的健康发展，《跨境电子商务零售进口商品清单（2019 年版）》自 2020 年 1 月 1 日起实施，财政部等 13 个部门联合发布的《关于调整跨境电子商务零售进口商品清单的公告》（2018 年第 157 号）所附的清单同时废止。

2019 年版正面清单在对进口清单内商品实行限额内零关税、进口环节增值税和消费税按法定应纳税额 70%征收的基础上，进一步扩大了享受优惠政策的商品范围，新增了消费者需求量大的 92 个税目商品，包括冷冻水产品、酒类、自行车等，清单中的部分产品标注仅限网购保税进口模式。

正面清单合规管理法规如表 8-1 所示。

表 8-1　正面清单合规管理法规

序号	法　　规	文　　号	内　　容	实施时间/状态
1	《关于公布跨境电子商务零售进口商品清单的公告》	2016 年第 40 号	跨境电商零售进口商品清单	废止
2	《关于公布跨境电子商务零售进口商品清单（第二批）的公告》	2016 年第 47 号	跨境电商零售进口商品清单（第二批）	废止
3	《关于调整跨境电子商务零售进口商品清单的公告》	2018 年第 157 号	跨境电商零售进口商品清单（2018 年版）	废止
4	《关于调整扩大跨境电子商务零售进口商品清单的公告》	2019 年第 96 号	跨境电商零售进口商品清单（2019 年版）	2020 年 1 月 1 日

2. 跨境电商零售进口商品的监管特点

跨境电商零售进口商品的主要监管特点如下。

① 网购保税进口和直购进口商品必须包含在正面清单内。现行的正面清单包含 1 413 个税目的商品。对于正面清单之外的商品，无法通过网购保税进口或直购进口。

② 跨境电商零售进口商品只要求符合原产地有关质量、安全、卫生、环保、标识等标准或技术规范要求，不要求符合我国标准。

③ 进口商品不要求有中文标签，只要求在网站上公示电子标签。

④ 不执行有关商品首次进口许可批件、注册或备案要求。

8.1.2 正面清单的运用

实践案例 8-1

商品不在正面清单内，影响国家税款征收

案例背景：

某海关于 2021 年 11 月 26 日对当事人进口商品进行查验时，发现以跨境电商直购模式进口的商品包含创口喷雾、静脉曲张片等药品。该批药品不属于跨境电商正面清单的范畴，属于国家限制进出口的物品，且当事人未提供进口药品和销售药品的许可。

根据有关法律规定，海关决定对当事人涉案进口商品不予放行，处以罚款；并根据《中华人民共和国海关行政处罚实施条例》第五条规定，责令当事人提交涉案商品进境许可证件。

案例分析：

本案当事人按照跨境电商直购进口方式申报商品，而商品却属于正面清单之外的品种，本身已经不符合跨境电商监管方式的规定，而且其进口的药品本身具有贸易管制的要求，因此按照有关规定不予放行，并给予行政处罚。

值得注意的是，虽然正面清单中的货品名称是比较清楚的，但是进口之前至少要重视以下两方面的问题。

一方面，正面清单中货品名称对应的“备注”项目，这些备注的内容实际上是对正面清单列明的货品做了例外规定。例如，规定货品仅限网购保税进口商品，即这些商品不能通过直购进口方式进口；再如，规定货品不能列入《进出口野生动植物种商品目录》，即列入该目录的货品不能通过跨境电商方式进口。因此，符合备注要求是适用正面清单货品的前提条件。

另一方面，正面清单中货品名称对应的税则号列，也可能具有货品排除规定。正面清单注 2 中明确规定“表中货品名称为简称，具体范围以税则号列为准”，换言之，从对货品的精确定义而言，税则号列比货品名称具有更高的优先级。税则号列中排除的货品，不能按照跨境电商监管方式进口。

资料来源：中国质量新闻网。

8.2　通关管理

8.2.1　通关管理的具体法规与政策

1. 通关管理法规

通关管理法规如表 8-2 所示。

表 8-2　通关管理法规

序号	公　　告	文　　号	内　　容	实施时间/状态
1	《关于跨境电子商务零售进出口商品有关监管事宜的公告》	海关总署公告 2016 年第 26 号	跨境电商零售进出口商品监管	废止
2	《关于规范跨境电子商务支付企业登记管理的公告》	海关总署公告 2018 年第 27 号	跨境电商支付企业登记管理	废止
3	《关于跨境电子商务零售进出口商品有关监管事宜的公告》	海关总署公告 2018 年第 194 号	跨境电商零售进出口商品通关管理、税收征管、退货管理	2019 年 1 月 1 日
4	《关于跨境电子商务企业海关注册登记管理有关事宜的公告》	海关总署公告 2018 年第 219 号	跨境电商企业海关注册登记管理	2019 年 1 月 1 日
5	《关于完善跨境电子商务零售进口监管有关工作的通知》	商财发〔2018〕486 号	跨境电商零售进口参与主体的责任与义务	2019 年 1 月 1 日
6	《关于全面推广跨境电子商务出口商品退货监管措施有关事宜的公告》	海关总署公告 2020 年第 44 号	跨境电商出口商品退货监管措施	2020 年 3 月 27 日
7	《关于跨境电子商务零售进口商品退货有关监管事宜的公告》	海关总署公告 2020 年第 45 号	跨境电商进口商品退货监管措施海关总署公告 2018 年第 219 号与本公告不一致的，以本公告为准）	2020 年 3 月 28 日

2. 关于跨境电商零售进出口商品有关监管事宜

（1）跨境电商参与主体及义务

跨境电商参与主体及义务如表 8-3 所示。

表 8-3　跨境电商参与主体及义务

参与主体	概　　念	义　　务
跨境电商企业	自境外向境内消费者销售跨境电商零售进口商品的境外注册企业，或者境内向境外消费者销售跨境电商零售出口商品的企业，为商品的货权所有人	履行对消费者的提醒告知义务，建立商品质量安全风险防控机制，建立健全网购保税进口商品质量追溯体系 承担商品质量安全的主体责任，并按规定履行相关义务

续表

参与主体	概念	义务
跨境电商平台企业	在境内办理工商登记，为交易双方（消费者和跨境电商企业）提供网页空间、虚拟经营场所、交易规则、信息发布等服务，设立供交易双方独立开展交易活动的信息网络系统的经营者	建立平台内交易规则、交易安全保障、消费者权益保护、不良信息处理等管理制度 建立消费纠纷处理和消费维权自律制度，建立商品质量安全风险防控机制，建立防止跨境电商零售进口商品虚假交易及二次销售的风险控制体系
物流企业	在境内办理工商登记，接受跨境电商平台企业、跨境电商企业或其代理人委托，为其提供跨境电商零售进出口物流服务的企业	具备《快递业务经营许可证》，直购进口模式下为邮政企业或进出境快件运营人；如实向监管部门实时传输施加电子签名的跨境电商零售进口物流电子信息，并对数据的真实性承担相应责任
支付企业	在境内办理工商登记，接受跨境电商平台企业或跨境电商企业境内代理人委托，为其提供跨境电商零售进口支付服务的银行、非银行支付机构及银联等	银行机构应具备《金融许可证》，非银行机构应具备《支付业务许可证》 应如实向监管部门实时传输施加电子签名的跨境电商零售进口支付电子信息，并对数据的真实性承担相应责任
境内代理人	开展跨境电商零售进口业务的境外注册企业所委托的境内代理企业	在海关办理注册登记，接受跨境电商企业委托向海关申报清单，承担如实申报责任，依法接受相关部门的监管，并承担民事责任

（2）监管措施

① 按照个人物品监管。对跨境电商直购进口商品及适用网购保税进口（监管方式代码 1210）政策的商品，按照个人自用进境物品监管，不执行有关商品首次进口许可批件、注册或备案要求。对相关部门明令暂停进口的疫区商品和对出现重大质量安全风险的商品启动风险应急处置时除外。

② 申报渠道。通过中国国际贸易单一窗口或跨境电商公共服务平台向海关传输交易、支付、物流等电子信息。在直购进口模式下，邮政企业、进出境快件运营人可以接受跨境电商平台企业或跨境电商企业境内代理人、支付企业的委托，在承诺承担相应法律责任的前提下，向海关传输交易、支付等电子信息。

③ 验放方式。进口采用“清单核放”；出口采用“清单核放、汇总申报”；综试区城市出口可继续采取“清单核放、汇总统计”方式。《申报清单》与《中华人民共和国海关进（出）口货物报关单》具有同等法律效力。

④ 消费者身份信息审核。跨境电商平台企业、跨境电商企业境内代理人应对交易的真实性和消费者（订购人）身份信息的真实性进行审核，并承担相应责任；身份信息未经国家主管部门或其授权的机构认证的，订购人与支付人应当为同一人。

⑤ 汇总报关。每月 15 日前汇总申报，不再汇总形成《中华人民共和国海关出口货物报关单》。

（3）关于跨境电商进出口商品退货事宜

跨境电商进出口商品退货管理如表 8-4 所示。

表 8-4 跨境电商进出口商品退货管理

管理依据	跨境电商出口(海关总署公告 2020 年第 44 号)	跨境电商进口(海关总署公告 2020 年 第 45 号)
退货企业	跨境电商出口企业、特殊区域[包括海关特殊监管区域和保税物流中心(B 型)]内跨境电商相关企业或其委托的报关企业	跨境电商企业境内代理人或其委托的报关企业
是否跨境原进出口商品	建立退货商品流程监控体系,保证退货商品为原出口商品	原跨境电商零售进口商品
部分或全部退货	对原《中华人民共和国海关出口货物报关单》、《中华人民共和国海关跨境电子商务零售出口申报清单》或《中华人民共和国海关出境货物备案清单》所列全部或部分商品申请退货	对《申报清单》所列全部或部分商品
退货时间及退货场地	可单独运回,也可批量运回,退货商品应在出口放行之日起 1 年内退运进境	在《申报清单》放行之日起 30 日内申请退货,并且在《申报清单》放行之日起 45 日内将退货商品运抵原海关监管作业场所、原海关特殊监管区域或保税物流中心(B 型)
法律责任	如实申报,接受海关监管,并承担相应的法律责任	

3. 关于建立跨境电商综试区

(1)跨境电商综试区(截至 2020 年 4 月 27 日)(见表 8-5)

表 8-5 跨境电商综试区(截至 2020 年 4 月 27 日)

时 间	国务院批文	城 市
2015 年 3 月 7 日	《国务院关于同意设立中国(杭州)跨境电子商务综合试验区的批复》(国函〔2015〕44 号)	杭州
2016 年 1 月 12 日	《国务院关于同意在天津等 12 个城市设立跨境电子商务综合试验区的批复》(国函〔2016〕17 号)	宁波、天津、上海、重庆、合肥、郑州、广州、成都、大连、青岛、深圳、苏州
2018 年 7 月 24 日	《国务院关于同意在北京等 22 个城市设立跨境电子商务综合试验区的批复》(国函〔2018〕93 号)	北京、呼和浩特、沈阳、长春、哈尔滨、南京、南昌、武汉、长沙、南宁、海口、贵阳、昆明、西安、兰州、厦门、唐山、无锡、威海、珠海、东莞、义乌
2019 年 12 月 15 日	《国务院关于同意在石家庄等 24 个城市设立跨境电子商务综合试验区的批复》(国函〔2019〕137 号)	石家庄、太原、赤峰、抚顺、珲春、绥芬河、徐州、南通、温州、绍兴、芜湖、福州、泉州、赣州、济南、烟台、洛阳、黄石、岳阳、汕头、佛山、泸州、海东、银川
2020 年 4 月 27 日	《国务院关于同意在雄安新区等 46 个城市和地区设立跨境电子商务综合试验区的批复》(国函〔2020〕47 号)	雄安新区、大同、满洲里、营口、盘锦、吉林、黑河、常州、连云港、淮安、盐城、宿迁、湖州、嘉兴、衢州、台州、丽水、安庆、漳州、莆田、龙岩、九江、东营、潍坊、临沂、南阳、宜昌、湘潭、郴州、梅州、惠州、中山、江门、湛江、茂名、肇庆、崇左、三亚、德阳、绵阳、遵义、德宏傣族景颇族自治州、延安、天水、西宁、乌鲁木齐

（2）跨境电商综试区分析

从地区分布看，全国 5 批 105 个跨境电商综试区覆盖 30 个省、自治区、直辖市。从布局范围看，前两批 13 个试点城市主要设在东部大中型城市，第三批开始向中西部和东北地区的省会城市扩展，第四批延展到二三线城市。

除北京、天津、上海、重庆四个直辖市外，以获批城市数量为标准，可以将这些跨境电商综试区所在省份划分为三大梯队。第一梯队：综试区数量≥10 个；第二梯队：综试区数量≥5 个城市但<10 个；第三梯队：综试区数量<5 个。

第一梯队：广东省（13 个）、浙江省（10 个）、江苏省（10 个）。

第二梯队：山东省（7 个）、福建省（6 个）、辽宁省（5 个）。

第三梯队：湖南省（4 个）、四川省（4 个）、河北省（3 个）、内蒙古自治区（3 个）、黑龙江省（3 个）、吉林省（3 个）、安徽省（3 个）、江西省（3 个）、河南省（3 个）、湖北省（3 个）、山西省（2 个）、广西壮族自治区（2 个）、海南省（2 个）、贵州省（2 个）、云南省（2 个）、陕西省（2 个）、甘肃省（2 个）、青海省（2 个）、宁夏回族自治区（1 个）、新疆维吾尔自治区（1 个）。

为了促进跨境电商的发展，国务院同时出台了一系列政策措施支持企业发展，具体如下。

① 在税收方面，对跨境电商综试区内电子商务出口企业未取得有效进货凭证的货物，按规定试行增值税、消费税免税政策。

② 在监管方面，对具备条件的跨境电商综试区所在的城市，纳入跨境电商零售进口的试点范围，即可开展保税备货业务，对进口的商品按照个人自用物品监管，在交易限额内适用优惠税率。

③ 在便利化方面，适用“简化归类”和“清单验放”，提高支付机构跨境外汇支付单笔交易限额，简化小微跨境电商货物贸易收支手续，优先增设国际邮件互换局等便利化措施。

8.2.2 通关管理的运用

实践案例 8-2

通过跨境电商零售进口方式从事二次销售

案例背景：

某公司于 2021 年 9 月至 12 月，在开展跨境贸易电子商务的过程中，其法定代表人、被告人 A 为谋取非法利益，决定利用事先获得的公民个人信息，采取指使公司员工虚构交易订单的方式，以跨境贸易电子商务的名义申报进口纸尿裤等货物，再批量销售给他人。经海关核定，被告单位采取上述方式走私进口货物 9 票，偷逃税款共计 1 280 675.19 元。法院一审判决认定 A 的行为构成走私普通货物罪，依法应予惩处。

案例分析：

跨境电商监管方式要求在进口环节，向海关申报的收货人应为个人消费者，如果收货人为中间商、批发商、零售商等，则不能按照跨境电商监管方式进口，一般应以一般贸易方式进口，全额缴纳进口税款，并按照贸易管制规定提交许可证件。在跨境电商监管方式下可以享受税收及贸易管制的优惠，因此，如果明明应该按照货物贸易进口货物，却假借跨境电商监管方式进口，就可能涉及偷逃进口税款和逃避贸易管制的走私违规行为。

从本案来看，该公司进口货物后先在境内囤货，然后销售给他人，该公司实际上属于批发商，而不是进口商品的最终消费者，但是该公司利用跨境电商监管方式，虚构订单，套取跨境电商进口商品，再批量销售给他人，属于法规明令禁止的“二次销售”行为，当事人存在故意逃避海关监管并进行非法牟利的情节。而选择以跨境电商监管方式代替一般贸易进口，就会存在进口商品的税差，即偷逃进口货物的税款，当偷逃税款达到法定金额时，即构成走私普通货物罪。

8.3 监管方式

8.3.1 监管方式的具体法规与政策

1. 监管方式的相关法规（见表 8-6）

表 8-6　监管方式的相关法规

序号	法　　规	文　　号	内　　容	实施时间/状态	备　　注
1	《关于增列海关监管方式代码的公告》	海关总署公告 2014 年第 12 号	增列海关监管方式代码 9610	2014 年 2 月 10 日	—
2	《关于增列海关监管方式代码的公告》	海关总署公告 2014 年第 57 号	增列海关监管方式代码 1210	2014 年 8 月 1 日	—
3	《关于增列海关监管方式代码的公告》	海关总署公告 2016 年第 75 号	增列海关监管方式代码 1239	2016 年 12 月 1 日	天津、上海、杭州、宁波、福州、平潭、郑州、广州、深圳、重庆 10 个城市暂不适用 1239
4	《关于开展跨境电子商务企业对企业出口监管试点的公告》	海关总署公告 2020 年第 75 号	增列海关监管方式代码 9710、9810 在 10 个直属海关开展跨境电商 B2B 出口监管试点	2020 年 7 月 1 日	在北京、天津、南京、杭州、宁波、厦门、郑州、广州、深圳、黄埔开展试点

续表

序号	法　规	文　号	内　容	实施时间/状态	备　注
5	《关于扩大跨境电子商务企业对企业出口监管试点范围的公告》	海关总署公告2020年第92号	增加12个直属海关开展跨境电商B2B出口监管试点	2020年9月1日	上海、福州、青岛、济南、武汉、长沙、拱北、湛江、南宁、重庆、成都、西安等

2. 相关法规解析

（1）监管方式适用的范围

依据上述法规，9610监管方式针对采用“清单核放、汇总申报”模式办理通关手续的电子商务零售进出口商品（通过海关特殊监管区域或保税监管场所一线的电子商务零售进出口商品除外）。1210监管方式适用于境内个人或电子商务企业在经海关认可的电子商务平台实现跨境交易，并通过海关特殊监管区域或保税监管场所进出的电子商务零售进出境商品［海关特殊监管区域、保税监管场所与境内区外（场所外）之间通过电子商务平台交易的零售进出口商品不适用该监管方式］。1210监管方式适用于进口时仅限经批准开展跨境贸易电子商务进口试点的海关特殊监管区域和保税物流中心（B型）。1239监管方式适用于境内电子商务企业通过海关特殊监管区域或保税物流中心（B型）一线进境的跨境电商零售进口商品。天津、上海、杭州、宁波、福州、平潭、郑州、广州、深圳、重庆10个城市开展跨境电商零售进口业务暂不适用1239监管方式。9610、1210和1239监管方式针对的是跨境在线零售业务。

跨境电商B2B出口适用于境内企业通过跨境电商平台与境外企业达成交易后，通过跨境物流将货物直接出口送达境外企业；或者境内企业将出口货物通过跨境物流送达海外仓，通过跨境电商平台实现交易后从海外仓送达购买者。自2020年7月1日起，跨境电商B2B出口货物适应全国通关一体化，也可采用跨境电商模式进行转关。首先在北京、天津、南京、杭州、宁波、厦门、郑州、广州、深圳、黄埔海关开展跨境电商B2B出口监管试点，根据试点情况及时在全国海关复制推广，有利于推动外贸企业扩大出口，促进外贸发展。其中9710监管方式适用于像阿里国际站等业务场景，9810监管方式适用于像Amazon物流服务等业务场景。

（2）跨境电商参与主体海关备案及传输电子数据要求

开展电子商务零售进出口业务的跨境电商企业、监管场所经营企业、支付企业和物流企业应当按照规定向海关备案，并通过电子商务通关服务平台实时向电子商务通关管理平台传送交易、支付、仓储和物流等数据。开展跨境电商B2B出口业务的跨境电商企业、跨境电商平台企业、物流企业等，应当依据海关报关单位注册登记管理有关规定，向所在地海关办理注册登记。开展出口海外仓业务的跨境电商企业，还应当在海关进行开展出口海外仓业务模式备案。跨境电商企业或其委托的代理报关企业、境内跨境电商平台企业、物流企业应当通过中国国际贸易单一窗口或“互联网+海关”平台向海关提交申报数据，传输电子信息，并对数据的真实性承担相应的法律责任。

8.3.2　监管方式的运用

实践案例 8-3

苏州海关助力探索“跨境电商+中欧班列”新业态

案例背景：

2021 年 3 月 18 日，江苏首列中欧班列跨境电商出口专列从江苏苏州鸣笛发车，标志着中欧班列为跨境电商企业构建的通往中东欧国家的“黄金通道”开始常态化运作。

据悉，这批跨境电商货物主要为纺织品和家居用品等，共计 4 468 票，总货值约 79.33 万美元，以跨境电商 B2B 直接出口（监管方式代码 9710）清单模式申报，在高新区跨境电商监管区查验施封后运至江苏（苏州）国际铁路物流中心，通过中欧班列，以转关方式运至新疆阿拉山口口岸离境。

据统计，依托苏州外向型经济优势和现代化交通资源，运行 8 年以来，苏州中欧班列运量及发运频次均实现较大增长。2021 年 1—2 月，苏州中欧班列开行量同比增长 131.82%，搭载集装箱量同比增长 146.58%，货值同比增长 229.89%。

案例分析：

相比空运和海运，中欧班列采用国际铁路联运分段运输模式，不涉及人员检疫，具有独特的优势，有利于降低新冠肺炎疫情全球蔓延的风险，已经成为连通欧亚大陆的主要桥梁和绿色通道。

此外，作为江苏省最早获批的跨境电商综试区城市和零售进口试点城市，苏州一直以来把大力支持跨境电商新业态、积极发展“丝路电商”、加速跨境电商品牌集聚等作为综试区建设的重点工作，而跨境电商货物具有包裹小、散件多等特点，与中欧班列的运输方式非常匹配。“跨境电商+中欧班列”的常态化运行，为长三角地区与“一带一路”沿线欧洲各国的经贸合作提供了更加便捷的物流通路，从而加快实现产业经济转型升级，为维护全球供应链稳定发挥重要作用。下一阶段，苏州海关将与地方政府加强配合，积极响应国家号召，依托中欧班列（苏州）的发展优势，实现“跨境电商+中欧班列”的深度融合，充分发挥自身特色，持续推动功能转型与产业升级，进一步为企业高质量发展搭建平台，为区域提升贸易便利化、高水平化营商环境做出贡献。

资料来源：中华人民共和国海关总署网站。

8.4 税收管理

8.4.1 税收管理的具体法规与政策

1. 税收管理法规（见表 8-7）

表 8-7 税收管理法规

序号	法规	文号	内容	实施时间/状态
1	《关于修订〈中华人民共和国进境物品归类表〉和〈中华人民共和国进境物品完税价格〉》	海关总署公告2012年第15号	修订进境物品归类表及税率	2012年4月15日
2	财政《关于跨境电商零售出口税收政策的通知》	财税〔2013〕96号	电子商务出口企业适用增值税、消费税退免税政策	2014年1月1日
3	《关于〈中华人民共和国进境物品归类表〉和〈中华人民共和国进境物品完税价格表〉的公告》	海关总署公告2016年第25号	部分调整进境物品归类表及税率	2016年4月8日
4	《关于跨境电子商务零售进口税收政策的通知》	财关税〔2016〕18号	限值、计税、纳税义务人等	2016年4月8日
5	《关于跨境电子商务综合试验区零售出口货物税收财政的通知》	财税〔2018〕103号	跨境电商综合试验区零售出口免税政策	2018年10月1日
6	《关于〈中华人民共和国进境物品归类表〉和〈中华人民共和国进境物品完税价格表〉的公告》	海关总署公告2018年第140号	调整进境物品归类表及税率	2018年11月1日
7	《关于完善跨境电子商务零售进口税收政策的通知》	财关税〔2018〕49号	限值修改，不允许线下自提等	2019年1月1日
8	《国务院关税税则委员会关于调整进境物品进口税有关问题的通知》	税委会〔2019〕17号	进境物品进口税税目1、2的税率分别调降为13%、20%	2019年4月8日
9	《关于调整〈中华人民共和国进境物品归类表〉和〈中华人民共和国进境物品完税价格表〉的公告》	海关总署公告2019年第63号	部分调整进境物品归类表及税率	2019年4月9日

2. 跨境电商零售进口商品征税内容

（1）税收种类

跨境电商零售进口商品按照货物征收关税和进口环节增值税、消费税，合并为综合税。

（2）征税商品范围

跨境电商零售进口税收政策适用于从其他国家或地区进口的、正面清单范围内的以下商品。

① 所有通过与海关联网的电子商务交易平台交易，能够实现交易、支付、物流电子信息“三单”比对的跨境电商零售进口商品。

② 未通过与海关联网的电子商务交易平台交易，但邮政企业、快递企业能够统一提供交易、支付、物流等电子信息，并承诺承担相应法律责任进境的跨境电商零售进口商品。

不属于跨境电商零售进口的个人物品及无法提供交易、支付、物流等电子信息的跨境电商零售进口商品，按现行规定执行。

（3）纳税义务人

购买跨境电商零售进口商品的个人作为纳税义务人，跨境电商企业、跨境电商平台企业、物流企业或清单申报企业可作为税款的代收代缴义务人。进口商品申报币制为人民币。按时段汇总计征税款，代收代缴义务人应当依法向海关提交足额有效的税款担保。

（4）完税价格

以实际交易价格（包括货物零售价格、运费和保险费）作为完税价格。

（5）单次交易限值及个人年度交易限值

跨境电商零售进口商品的单次交易限值为 5 000 元，个人年度交易限值为 26 000 元。在限值以内进口的跨境电商零售进口商品，关税税率暂设为 0%；进口环节增值税、消费税取消免征税额，暂按法定应纳税额的 70%征收。

（6）退缴税

海关放行后 30 日内未发生退货或修撤单的，代收代缴义务人在放行后第 31 日至第 45 日内向海关办理纳税手续。跨境电商零售进口商品自海关放行之日起 30 日内退货的，可申请退税，并相应调整个人年度交易总额。

（7）不允许二次销售及线下自提

已经购买的电商进口商品属于消费者个人使用的最终商品，不得进入国内市场再次销售；原则上不允许网购保税进口商品在海关特殊监管区域外开展“网购保税+线下自提”模式。

3. 进境物品的税率及完税价格

（1）我国进境物品进口税税率表（节选，见表 8-8）及进境物品完税价格（节选，见表 8-9）

表 8-8　我国进境物品进口税税率

税　　号	物 品 类 别	范　　围	税率
01000000	食品、饮料、药品	食品：乳制品、糖制品、调味品，人参、高丽参、红参、奶粉及其他保健品、补品等 饮料：矿泉水、汽水，咖啡、茶，其他无酒精饮料 药品：中药酒等	13%
		国家规定减按 3%征收进口环节增值税的进口药品①	3%

① 对国家规定减按 3%征收进口环节增值税的进口药品，按照货物税率征税。抗癌药品、罕见病药品定义及范围详见《关于抗癌药品增值税政策的通知》（财税〔2018〕47 号）《关于罕见病药品增值税政策的通知》（财税〔2019〕24 号）。

续表

税　　号	物品类别	范　　围	税率
02000000	酒	包括啤酒、葡萄酒（香槟酒）、黄酒、果酒、清酒、米酒、白兰地、威士忌、伏特加、朗姆酒、金酒、白酒、保健酒、鸡尾酒、利口酒、龙舌兰、柯迪尔酒、梅子酒等用粮食、水果等含淀粉或糖的物质发酵或配制而制成的含乙醇的酒精饮料	50%
03000000	烟	包括卷烟、雪茄烟、再造烟草、均化烟草、其他烟草及烟草代用品的制品，烟丝、斗烟、水烟、烟末等	50%
04000000	纺织品及其制成品	衣着：外衣、外裤、内衣裤、衬衫/T恤衫、其他衣着等 配饰：帽子、丝巾、头巾、围巾、领带、腰带、手套、袜子、手帕等 家纺用品：毛毯、被子、枕头、床罩、睡袋、幔帐等 其他：毛巾、浴巾、桌布、窗帘、地毯等	20%
05000000	皮革服装及配饰	包括各式皮革服装及皮质配饰	20%
06000000	箱包及鞋靴	箱：各种材质的箱子 挎包、背包、提包：各种材质的挎包、背包、提包 钱包、钥匙包：各种材质的钱包、钥匙包、卡片包 其他：化妆包、包装袋（盒、箱）等	20%

表 8-9　我国进境物品完税价格

税　　号	品名及规格	单　　位	完税价格（人民币：元）	税　　率
01000000	食品、饮料、药品			
01010000	-食品			
01010400	—参	千克	2000	13%
01010700	—奶粉	千克	200	13%
01010800	—调味品	千克	200	13%
01019900	—其他食品	件、千克	另行确定	13%
01020000	-饮料			
01020100	—茶叶	千克	200	13%
01020200	—咖啡	千克	200	13%
01029900	—其他饮料	千克	另行确定	13%
01030000	-药品			
01030100	—抗癌药品	件	另行确定	3%
01030200	—中药酒	瓶	另行确定	13%
01030300	—罕见病药品	件	另行确定	3%
01039900	—其他药品	件	另行确定	13%
02000000	酒			
02010000	-啤酒			

续表

税　　号	品名及规格	单　　位	完税价格 （人民币：元）	税　　率
02010100	—12 度以下（不含 12 度）	瓶（不超过 750 毫升）	5	50%
02010200	—12 度至 22 度（不含 22 度）	瓶（不超过 750 毫升）	10	50%
02020000	-葡萄酒			
02020100	—12 度以下（不含 12 度）	瓶（不超过 750 毫升）	100	50%
02020200	—12 度至 22 度（含 22 度）	瓶（不超过 750 毫升）	200	50%

（2）进境物品的完税价格及归类原则

海关总署公告 2012 年第 15 号、2016 年第 25 号、2018 年第 140 号和 2019 年第 63 号都对进境物品的完税价格及归类表进行了修订与调整，但完税价格确定原则和归类原则不变，因此进境物品的完税价格及归类表以海关总署公告 2019 年第 63 号为准，但其他完税价格确定原则与归类原则以海关总署公告 2012 年第 15 号为准，相关条款如下。

① 进境物品依次遵循以下原则归类。

a.《物品归类表》已列名的物品，归入其列名类别。

b.《物品归类表》未列名的物品，按其主要功能（或用途）归入相应类别。

c. 不能按照上述原则归入相应类别的物品，归入“其他物品”类别。

② 进境物品完税价格遵循以下原则确定。

a.《完税价格表》已列明完税价格的物品，按照《完税价格表》确定。

b.《完税价格表》未列明完税价格的物品，按照相同物品相同来源地最近时间的主要市场零售价格确定其完税价格。

c. 实际购买价格是《完税价格表》列明完税价格的 2 倍及以上，或者是《完税价格表》列明完税价格的 1/2 及以下的物品，进境物品所有人应向海关提供销售方依法开具的真实交易的购物发票或收据，并承担相关责任。海关可以根据物品所有人提供的上述相关凭证，依法确定应税物品完税价格。

8.4.2　税收管理的运用

实践案例 8-4

“互联网+快递”原产地证书助企业畅享关税优惠

案例背景：

2021 年 3 月 6 日，受企业委托的快递员在鄂尔多斯海关报关大厅取走了 3 份签发完成的中国—东盟原产地证书，这 3 份原产地证书能帮助企业的国外客户享受近 6 000 元的关税优惠。

"海关推出的'互联网+快递'原产地证书签发模式，给我们公司带来了极大的便利。"鄂尔多斯市中轩生化股份有限责任公司业务员丁瑞玲说道，"我们公司出口黄原胶，去年虽然受到新冠肺炎疫情的影响，但黄原胶出口量仍与上一年基本持平，这离不开海关的政策支持。疫情防控期间，为了减少人员流动，鄂尔多斯海关主动推出'零接触、零跑腿、零耽误'工作模式，采用'互联网+快递'签发模式，使我们足不出户就能申领证书，帮助我们节约了大量成本，客户也凭借原产地证书享受到了进口国的关税优惠。"

案例解析：

原产地证书素有"纸黄金"之称，是国际贸易货物享受进口方差别关税待遇的必要凭证。出口企业通过签发原产地证书获取关税减免，可以大幅降低贸易成本，提高出口商品的国际市场竞争力。

自 2020 年以来，鄂尔多斯海关积极指导企业用好原产地签证境外关税优惠政策，在做好疫情防控的同时，落实好促进外贸稳增长举措和一系列原产地证书管理新政，通过指导企业进行线上申请、自助打印，持续落实智能审核举措，为出口企业办证提速减负。

资料来源：中华人民共和国海关总署网站

拓展思政案例

跨境电商经营主体注册登记合规监管

对跨境电商企业来说，顺应新的合规监管形势，及时向工商、海关部门做好注册登记，取得并及时提供相应资质，是企业合规运营的基本要求。

作为配套《中华人民共和国电子商务法》第二十六条规定而出台的跨境电商系列新政，商财发〔2018〕486 号、海关总署 2018 年第 194 号和第 219 号均与《中华人民共和国电子商务法》紧密结合，明确了跨境电商企业、跨境电商企业境内代理人、跨境电商平台企业、物流企业、支付企业等不同类型企业有关注册登记的要求。

纳入海关注册登记的跨境电商经营主体，需按照相应类型的申请材料要求及程序办理注册登记手续。下述流程仅供参考。

第一步：办理报关单位注册登记

企业可通过中国国际贸易单一窗口标准版企业资质子系统，或者"互联网+海关"平台企业管理和稽查栏目下的企业资质办理子系统填写相关信息，并向海关提交申请。

申请提交成功后，企业需到所在地海关企业政务服务窗口提交加盖公司印章的《报关单位情况登记表》（广州海关辖区企业可通过"粤商通"企业注册登记无纸化办理，无须提交纸本申请材料）。

第二步：办理电子口岸 IC 卡

具体办理流程可咨询当地电子口岸。

第三步：变更企业信息

已经办理报关单位注册登记的企业，需要通过申请注册登记变更的方式向海关申请跨境贸易电子商务企业备案；海关受理后，予以确认，完成备案。提交申请时，应在“经营范围”栏目注明跨境电商类型和跨境电商网站网址。

资料来源：12360 海关热线。

实训练习

某公司法定代表人陈某，采取虚构个人客户、伪造交易订单的方式，以保税跨境贸易电子商务的名义申报进口纸尿裤等货物，再另行销售给非跨境电商平台下单的客户，偷逃税款 51 万余元。法院最终判决以走私普通货物罪追究该公司及陈某的刑事责任。

实训要求：依照本章跨境电商的相关法律法规对上述违规事项进行分析，由小组代表以 PPT 形式进行说明。

实训内容：以小组讨论形式展开实训。

1. 分析陈某虚构个人客户、伪造交易订单的行为违反了海关针对跨境零售进口活动的哪些监管规定。

2. 分析“陈某将以保税跨境贸易电子商务的名义申报进口纸尿裤等货物，再另行销售给非跨境电商平台下单的客户”行为违规的原因。

实训步骤：

1. 分组（建议 3～5 名成员）阶段。选举小组组长及发言人。

2. 讨论阶段。在组长的带领下，小组成员分析本案例中的违规事项，就实训内容中的两点查阅相关法律法规。

《关于跨境电子商务零售进出口商品有关监管事宜的公告》（海关总署公告 2018 年第 194 号）第二十九条规定了违规行为的内容，包括参与制造或传输虚假交易、支付、物流“三单”信息、为二次销售提供便利、未尽责审核消费者（订购人）身份信息的真实性等，导致出现个人身份信息或年度购买额度被盗用、进行二次销售及其他违反海关监管规定情况。跨境电商企业作为申报清单的主体，应比照货物收发货人承担如实申报的义务，对于申报价格、归类编码、原产地等要素申报不实的行为，根据《中华人民共和国海关行政处罚实施条例》第十五条的规定，海关会根据行为的严重程度进行处罚。

3. 分工协作阶段。一部分成员制作案例分析演示 PPT，另一部分成员撰写案例展示讲话稿；小组发言人进行 PPT 演示，其他成员进行评议并逐步完善 PPT 内容。

4. 小组展示评比阶段。按抽签顺序由各小组发言人进行分析展示，其他成员进行补充，老师点评并总结跨境电商合规管理规定，最后对综合评比前 5 名的小组进行积分奖励。

实训评价：

1. 小组发言紧扣相关法规，分析有理有据，针对性强。（50 分）

2. PPT 制作简洁大方，条理清晰。（20 分）

3. 发言人仪态端庄，语言流畅。（20 分）

4. 团队成员相互配合。（10 分）

评委由各小组组长及老师组成，每个评委按上述 4 项进行打分。取各小组组长的平均分，占比 60%，老师打分占比 40%，形成总分，取前 5 名进行奖励。

课后习题

一、判断题

1. 跨境电商参与主体包括跨境电商企业、跨境电商企业境内代理人、跨境电商平台企业、支付企业、物流企业。 (　　)

2. 跨境电商零售进口商品的单次交易超过 2 000 元时，按照一般贸易方式全额征税。 (　　)

3. 中国国际贸易单一窗口注册需要由电商企业注册，不能委托其他专业机构代理。 (　　)

4. 跨境电商零售进口商品自海关放行之日起 30 日内退货的，可申请退税，并相应调整个人年度交易总额。 (　　)

5. 参与跨境电商的物流企业需具备《快递业务经营许可证》。 (　　)

二、单选题

1. 根据财关税〔2018〕49 号政策，跨境电商 B2C 网购保税进口模式下个人物品的进口税收政策为（　　）。

A. 按照个人自用物品征收行邮税
B. 按照个人自用物品免税放行
C. 按照货物征收进口环节增值税、消费税
D. 按照货物征收关税

2. 海关查验内容的重点是（　　）。

A. 货物的质量是否达标　　B. 是否有疫情疫病
C. 申报内容与货物是否相符　　D. 包装是否结实

3. 要核实商品的监管条件，必须先核实商品的（　　）。

A. 成交数量　　B. 适用税率　　C. 国外客户　　D. 税号

4. 依据海关总署公告 2018 年第 219 号，境外跨境电商企业应委托境内代理人向该代理人所在地海关办理（　　）。

A. 信息登记　　B. 注册登记　　C. 备案登记　　D. 企业登记

5. 在（　　）模式下，物流企业应为邮政企业或已向海关办理代理报关登记手续的进出境快件运营人。

A. 直购进口　　B. 网购保税进口　　C. 一般进口　　D. 一般出口

6. 跨境电商零售商品出口时，跨境电商企业或其代理人应提交《申报清单》，一般采取（　　）方式办理报关手续。

A. 清单核放　　B. 清单核放、汇总申报
C. 汇总征税　　D. 清单核放、汇总统计

7. 海关放行后（　　）内未发生退货或修撤单的，代收代缴义务人在放行后第 31

日至第 45 日内向海关办理纳税手续。

A. 15 日　　B. 30 日　　C. 45 日　　D. 10 日

8. 跨境电商支付企业、物流企业应当按照海关总署公告 2018 年第 194 号的规定取得相关（　　），并按照主管部门相关规定，在办理海关注册登记手续时提交。

A. 注册登记证书　　B. 工商营业执照

C. 资质证书　　D. 统一社会信用代码

9. 截至 2020 年 9 月 1 日，我国已在（　　）个直属海关开展跨境电商 B2B 出口监管试点。

A. 30　　B. 46　　C. 105　　D. 22

10. 海关增列全称“跨境贸易电子商务”、简称“电子商务”的海关监管方式，其海关代码为（　　）。

A. 9610　　B. 1210　　C. 0110　　D. 9710

三、简答题

1. 比较跨境电商 B2C 和 B2B 的海关监管方式。
2. 海关对跨境电商出口商品如何进行退货管理？
3. 海关对跨境电商零售进出口商品参与主体如何进行管理？

参 考 文 献

[1] 肖新梅，高洁. 报关实务[M]. 武汉：华中科技大学出版社，2015.

[2] 叶红玉，刘小聪. 跨境电商通关实务[M]. 北京：中国人民大学出版社，2018.

[3] 冯晓鹏. 跨境电商通关运营与合规[M]. 北京：法律出版社，2019.

[4] 中国报关协会编. 关务基础知识[M]. 北京：中国海关出版社，2020.

[5] 中国报关协会编. 关务基本技能[M]. 北京：中国海关出版社，2020.

[6] 中华人民共和国海关总署，http://www.customs.gov.cn.

[7] 中华人民共和国商务部，http://www.mofcom.gov.cn.

[8] 中国电子口岸，https://www.chinaport.gov.cn.

[9] 中华人民共和国财政部，http://www.mof.gov.cn.

[10] 通关网，https://www.hscode.net.

[11] 全球速卖通，https://www.aliexpress.com.